KB274174

반기문은…

반기문 총장은 식량 안보 문제뿐 아니라 아랍의 봄 사태 당시 자유와 민주주의를 신장시키기 위해 자신의 본능을 따라 일했을 때가 가장 최고였다.

_ 존 볼턴John Bolton 미국 전 유엔 대사

반기문 총장은 세계에서 가장 문제 많은 지역에서 인권을 신장시킨, 원칙 있는 지도자이다.

_ 인권 단체 '유엔 워치UN Watch' 힐리엘 뉴어Hilliel Neuer 대표

반기문 총장은 평화와 안보의 옹호자이자 발전의 지지자이며, 전 세계 인권의 대변인이다.

_ 수전 라이스Susan Rice 미국 유엔 대사

반기문 총장은 업무에 관한 뛰어난 소통한 사신감과 빈틈없는 판단력으로 효율적인 정치적 성과를 낸다는 평가를 받아왔다. 이런 덕목이야말로 이 조직UN의 비전을 분명히 하는 데 필요한 것들이다.

_ 샘 도우스Sam Daws 영국 유엔협회 사무국장

영광스럽게도 반기문 총장의 새천년개발목표MDG 관련 특별보좌관
으로 일했다. 그 덕에 전 세계에 걸친 반 총장의 활약을 지켜볼 수 있
었는데 이는 참으로 의미 있는 경험이었다. 가난과 환경 문제 그리고
폭력 사태 같은 전 세계적 문제를 결국 해결할 수 있으리라는 희망을
갖게 됐기 때문이다.

_ **제프리 색스**Jeffrey Sachs **미국 컬럼비아 대학 교수**

반기문 총장은 강인하고 자신의 마음을 아는 사람이다. 그의 부드러
운 접근을 약하다는 사인으로 해석해선 안 된다. 그는 결과지향적 인
물로 분석적 마음가짐을 통해 사람과 상황을 쉽게 꿰뚫어본다.

_ **울프강 호프만**Wolfgang Hoffman **포괄적 핵실험준비조약기구**CTBTO **사무총장**

반기문 총장은 놀라운 정도의 객관성과 독립성을 유지하면서 때로는
몹시 어렵고 노력이 필요한 상황 속에서도 모든 대륙에서 평화와 정
의 그리고 국제적 안보를 신장시키기 위해 일해왔다.

_ **넬슨 메소네**Nelson Messone **가봉 유엔 안보리 의장**

반기문의 도전

세계의 대통령 10년
반기문의 도전

1판 1쇄 인쇄 2017. 1. 20.
1판 1쇄 발행 2017. 1. 25.

지은이 남정호

발행인 김강유
편집 박주란, 김지용 | 디자인 홍세연
발행처 김영사
등록 1979년 5월 17일(제406-2003-036호)
주소 경기도 파주시 문발로 197(문발동) 우편번호 10881
전화 마케팅부 031)955-3100, 편집부 031)955-3250 | 팩스 031)955-3111

◆《반기문의 도전》은 2014년 출간된 《반기문, 나는 일하는 사무총장입니다》의
  증보판입니다.

값은 뒤표지에 있습니다.
ISBN 978-89-349-7707-0 13320

독자 의견 전화 031)955-3200
홈페이지 www.gimmyoung.com   카페 cafe.naver.com/gimmyoung
페이스북 facebook.com/gybooks   이메일 bestbook@gimmyoung.com

좋은 독자가 좋은 책을 만듭니다.
김영사는 독자 여러분의 의견에 항상 귀 기울이고 있습니다.

이 도서의 국립중앙도서관 출판시도서목록(CIP)은 서지정보유통지원시스템 홈페이지
(http://seoji.nl.go.kr)와 국가자료공동목록시스템(http://www.nl.go.kr/kolisnet)에서
이용하실 수 있습니다.(CIP제어번호 : CIP2017000730)

세계의 대통령 10년

반기문의 도전

남정호 지음

김영사

잠들지 않는 영혼,
깨어 있는 신념

새벽 2시 대서양 상공 위를 나는 비행기 안에서 깨어 있는 오직 한 사람, 반기문이었다. 그는 분쟁과 살육, 빈곤과 차별이 만연하고 도덕과 가치가 사라지는 세상에서 자신에게 주어진 책임과 숙명을 명확히 알고 있었다. 그는 인류를 대신해 한층 나은 미래를 고민하고, 아무도 알아주지 않더라도 끊임없이 연구하고, 달려가고, 행동했다. 지구 위 어딘가에 그의 한마디, 그의 한 걸음을 기다리는 사람이 있기 때문이었다.

반기문   제8대 유엔 사무총장.
1944년 6월 13일 충청북도 음성 출생. 서울대학교와 하버드 대학교 졸업. 제3회 외무고시에 합격하면서 외교관의 길로 들어섰다. 인도, 미국 대사관을 거쳐 오스트리아 대사를 지냈다. 노무현 대통령 정부에 외교보좌관으로 입성, 2004년 외교부 장관직에 오른 뒤 2006년 유엔 사무총장에 당선되었다. 2017년 10년의 임기를 마치고 귀국했다.

차 례

내가 본 반기문 사무총장

윤여철

그동안 반기문 총장에 대한 책이 제법 출간되었다. 그간 나온 책들은 한국 출신 인사가 세계의 대통령이라 일컫는 유엔 사무총장 자리에 올랐다는 사실 하나에 초점을 맞추었다. 그러다 보니 얼마나 대단한 인물이기에 그런 성취를 이루었는지를 분석하는 위인전식의 접근, 그 자리에 오른 것을 삶의 종착역으로 보는 시각이 지배적이었다. 그러나 이 책의 저자는 그간의 접근 방식과 달리 반기문이라는 인물이 유엔 사무총장 자리에서 과연 무슨 일을 어떻게 하고 있으며, 어떻게 국제 정치에 영향을 미치는지, 그리고 어떤 인물로 세계사에 남을 것인지를 조명하고 있다. 접근 방식부터 근본적 차이가 보인다.

아마도 저자는 뉴욕 주재 특파원으로, 동시에 유엔 담당 기자로 일한 4년간 부지런히 취재력을 발휘했을 것으로 생각한다. 특히 그는 세계 각국에서 온 200명 가까운 유엔기자협회UNCA 부회장을 역임할 정도로 유엔과 반 총장의 활동을 이해하고 깊은 관심을 가져왔다. 그러기에 이토록 깊이 있고도 독자가 쉽게 이해할 수 있는 글을 완성할 수 있었으리라 본다. 이 책을 통해 독자는 반기문 사무총장이 어떠한 철학으로 유엔을 운영하고 주요 사안을 다루어왔는지, 그리고 어떠한 리더십을 발휘하는지 이해할 수 있을 것이라 생각한다.

나는 유엔에 들어와 반기문 총장 옆에서 일하면서 '외국인에게 반 총장의 리더십을 어떻게 설명할 수 있을까'에 대해 생각해본 적이 있다. 그리고 곁에서 그가 일하는 방식이나 직원을 대하는 태도 등을 지켜보며 몇 가지 키워드를 찾아낼 수 있었다. 내가 본 반 총장은 다섯 가지가 없고 세 가지가 풍부한 사람이었다.

먼저 그는 다섯 가지가 없는, 영어로는 '~less한' 사람이다.
우선 유엔 사무총장직은 정말 영양가 없는, **아무도 고마운 줄 모르는**thankless 자리이다. 게다가 회원국의 돈을 받아 유지하는 국제기구이기 때문에 살림살이도 궁색하고, 일반인이 상상하는 화려한 삶과는 거리가 멀다. 어느 나라의 국익에도 쏠리지 않는 불편부당함을

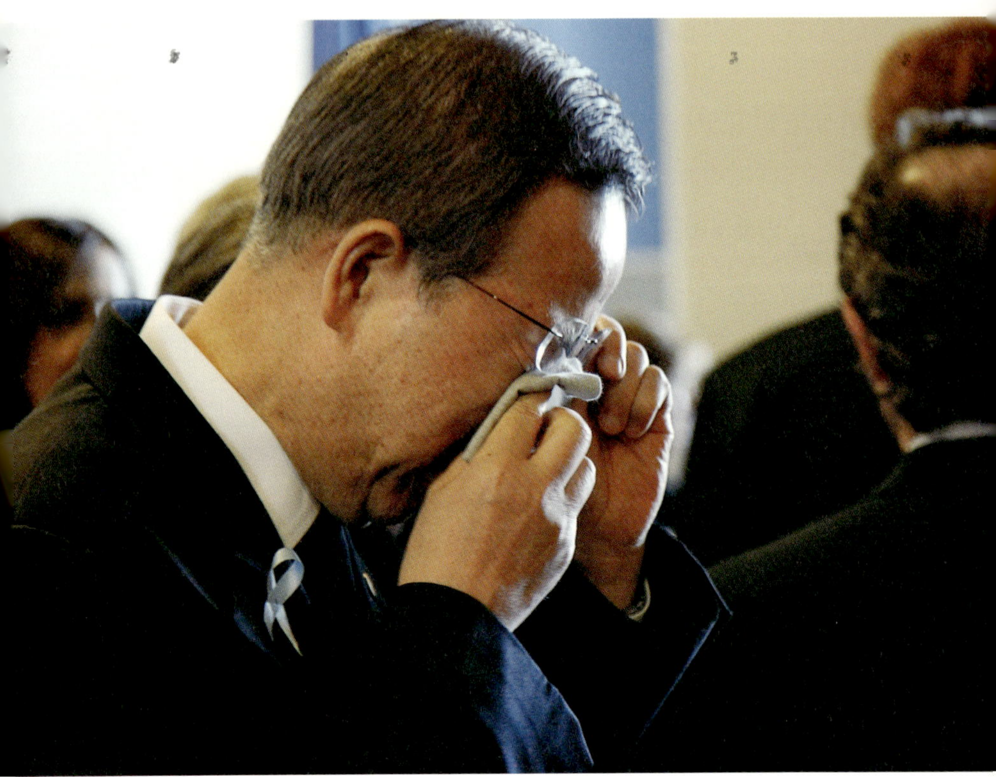

유지해야 하고, 인류 전체의 이익을 수호한다는 도덕적 권위밖에 가진 게 없다. 그래서 일반적으로 유엔 사무총장을 세속의 교황이라고 한다. 의식 있는 지도자는 그래도 이 도덕적 권위를 높이 존경하지만, 강대국이나 의식 수준이 낮은 독재자는 도덕적 권위의 의미 를 무시하거나 잘 모르는 경우도 흔하다. 윈스턴 처칠Winston Churchill이 소련의 스탈린Stalin에게 전후 처리 문제와 관련해 교황의 견해도 참작해야 할 것이라고 말했을 때 스탈린은 "교황은 군대를 몇 사단이나 가지고 있나?"라고 물었다는 유명한 이야기처럼 아직도 세계에는 유엔의 의미를 모르는 지도자들이 있다.

그러나 반 총장은 사명감으로 영양가 없는 일을 열심히 수행한다. 그는 **사심이 없는**self-less 사람이기 때문이다. 물론 사심이 있는 사람이라면 처음부터 '얻는 것도 없이 이 힘든 일을 왜 하나?'라는 근본 의문을 품고 달아났을 것이다. 그러나 사무총장으로 봉직 과정을 지켜보면 그의 순수한 자세에 깊은 감명을 받고, 그의 판단과 정책을 무시할 수 없게 된다. 또 이러한 사심 없는 자세는 그의 도덕적 권위를 더욱 강화해주는 근원이 된다. 각종 지원이 부족한 유엔에서 반 총장은 본인의 호주머니를 털어서라도 크고 작은 행사를 주관하곤 한다. 그가 개인적으로 여유가 있는 사람이 아니라는 사실은 알 만한 사람은 다 알기에 그런 작은 행동 하나하나가 감동을 준다.

셋째, 반 총장은 **지치지 않는**tire-less 사람이다. 아마 독자들이 그의 스케줄을 본다면 아연 질색할 것이다. 대서양을 건너며 비행기에서 자료를 검토하느라 2시간 정도 잠을 자고, 유럽에 도착하면 아침 행사를 시작한다. 하루가 끝날 때까지 아무렇지도 않게 각종 회담에 참석하고 웃는 얼굴로 연설을 끝낸다. 거의 매일 이런 식의 살인적 일정을 소화해내는 그를 보면서 사람들은 고개를 갸우뚱한다. 많은 사람이 격무에도 체력을 유지하는 비결이 있는지, 별로 운동도 하지 않는데 어떻게 버틸 수 있는지 묻지만 별다른 대답이 없다. 타고난 강골인가? 물론 그렇기도 하다. 본인도 부모님께서 물려주신 타고난 체력에 감사드린다고 했지만, 그것만이 답은 아니다. 반 총장은 동양의 공직자가 지켜야 하는 자세, 지도자로서 사명감, 일종의 선비 의식에 대한 깊은 철학이 있다. 체력도 있지만, 이른바 '정신력'이라는 강력한 무기로 무장하고 보통 사람은 상상하기 힘든 일정을 웃으면서 수행해나가고 있다.

넷째, 그는 자신이 수행해야 할 일, 자신이 수호해야 할 원칙에 관해서는 **겁없는**fear-less 사람이다. 서방 언론이 한동안 그를 좋은 게 좋다는 식의 '동양 관료'라고 비판하기도 했지만, 반 총장은 옳다고 생각하는 바가 있으면 상대방이 강대국이든 독재자이든 상관없이 의사를 분명히 표현한다. 기존 방식을 거부하고 해결해나간 코소보 문제에서 그리했고, 모두가 반대하는 미얀마 방문, 스리랑카 방문, 이란 방문 시에도, 시리아 화학무기 사태와 관련해 강대국과 의견 차이가 있을 때에도 자신의 뜻을 관철시켰다. 가끔 뜻밖의 행동을 하고선 호탕하게 웃으며 "사람이 좀 무식해야 사고를 치지!"라고 말하는 호기는 언론을 통해 부드러운 인상만 접한 사람으로서는 상상하기 어렵다.

마지막으로 반 총장은 일단 일을 시작하면 제대로 하고자 하는 의욕에 불타는 사람이다. 그래서 그의 지휘는 **가차 없다**relent-less. 스스로가 먼저 솔선수범해 끝없이 일하고 있기에, 이를 뒷받침하기 위해 유엔의 시스템도 힘차게 돌아가야 한다. 부드러운 리더십에서 나오는 가차 없는 추진력. 본인이 죽기 살기로 뛰면서 전략을 세우고 지침을 내리니 직원들이 불평할 여지도 없다. 그만큼 신속하게 움직여야 하는 것은 물론이다. 이는 유엔의 기강과 업무 자세가 상당한 압력을 받으면서 바뀌는 과정이었다. 7년 반이 지난 지금, 직원들은 모두 높은 업무 기준을 몸에 익히고 각자의 역할을 충실히 해나가고 있다. 이제 그의 스타일이 유엔에 정착한 것으로 보인다.

한편, 그는 세 가지가 풍부한 사람이기도 하다.

먼저 **인정이 많은**full of sympathy 사람이다. 후진국의 경제사회 개발을 지원하고 여성과 어린이를 보호하는 노력은 유엔의 기본 의무이기도 하다. 어디서나 사람을 근본으로 생각하고 약자를 돕는 반 총장의 인정은 유엔의 노력을 배가시키는 근원이 된다. 유엔에서 평생을 봉직하다가 퇴직하는 사람들이 소리 없이 떠난다는 말을 들은 반 총장은 수많은 정년 퇴임자를 모아 정기적으로 퇴임식을 열어주곤 했다. 그리고 감사장을 직접 증정하며 한 명 한 명과 어깨동무를 하고 사진을 찍는 반 총장의 모습은 그들이 상상하던 딱딱한 동양 관료가 아니었다.

2010년 1월, 아이티에서 발생한 지진으로 유엔 직원이 현지에서 110명 넘게 사망, 실종하는 사건이 일어났다. 하지만 현지 주민 23만 명이 사망한 상황에서 유엔의 희생을 슬퍼할 겨를이 없었다. 2개월 후 유엔에서 열린 그들의 합동 위령제 자리에서 반 총장은 후드득 떨어지는 눈물을 닦아내고 있었다.

지금도 반 총장은 유엔에서 일하던 각국 대사와 유엔 사무국 간부가 떠날 때면 아무리 바빠도 꼭 고별 방문을 받는다. 정말 가깝게 일한 사람은 식사라도 함께 하며 석별의 정을 나눈다. 일부 유엔 간부는 퇴직을 하면서 자기가 반 총장의 세계에서 차지하는 바가 얼마 되지 않으리라는 생각에, 또 유엔 사무총장이 얼마나 바쁜지 잘 알기에 조용히 떠나기도 한다. 그럴 때마다 반 총장은 "그 사람이 나랑 그럴 사이가 아닌데, 인사도 안 하고 떠나다니…" 하면서 크게 서운해한다. 반 총장의 정情은 전연성이 있어서 함께 일하다 보면 설사 서로 입장이 다른 상황에서라도 존중과 우정이 넘친다. 반 총장은 상대방과 입장이 다를 경우, 당신 입장도 충분히 이해하지만 내 생각은 이렇다 하면서 정리를 해나가는데, 이야기를 듣는 쪽에서 이런 입장 차이를 불쾌하게 받아들이는 일은 거의 없다.

반 총장은 **에너지가 넘치는**full of energy 사람이다. 단순히 체력이 좋다는 것이 아니라, 낙관주의와 자신감이 넘친다는 의미이다. 그는 합심해 노력하면 세상에 해결 안 될 문제가 없다고 생각하며 시도하고 또 시도하는 열정을 지녔다. 물론 그 시도는 세밀하게 계산한 전략을 바탕으로 접근하는 경우가 많다. 그러나 그 아래에 자리한 근본 자세는 적극적이고 긍정적이다. 반 총장은 힘든 회의나 출장을 마친 후 다들 지쳐 있을 때 직원들에게 다가와 활짝 웃으며 "어이, 이번에도 덕분에 한 건 잘 끝났네!" 식의 격려를 하는 경우가 많다. 물론 그가 화를 내지 않는 사람은 아니다. 원칙에 어긋난다고 생각할 때, 조금만 더 신경 쓰면 개선될 일을 성의 없이 할 때는 추상 같은 호령을 내리기도 한다. 그러나 이 역시 일을 더 잘 처리할 방법을 찾으려는 시각에서 비롯된 것임을 측근은 잘 알고 있다.

끝으로 반 총장은 **새로운 구상이 많은**full of vision and ideas 사람이다. 젊은 시절부터 키워온 비판 정신을 바탕으로, 모든 일을 보이는 대로 받아들이기보다 '왜 그래야 하는지' 자신만의 눈으로 따져보기 때문이다. 이 책에서 상세하게 다루고 있는 코소보 문제의 해법도 기존과는 전혀 새로운 방식으로 안전하고 평화로운 결과를 도출해

© UN Photo/Eskinder Debebe

낸 사안이다. 또 하나의 작은 예를 보자면 유엔 사무국 건물의 보수 공사를 들 수 있다. 당시 10개 층씩 보수 공사를 해나가면서 나머지 층을 사용하자는 안이 확정적이었다. 하지만 반 총장은 건물 전체를 한꺼번에 공사하면 기간을 줄일 수 있다고 생각했다. 게다가 10개 층이 공사 중인데 나머지 층을 사용하는 것이 과연 안전하겠느냐는 극히 상식적 기준을 지적해 공사 계획을 전면 수정하고 보다 신속하게 완공하도록 했다. 물론 참모들이 공들여 준비한 계획이 뒤집히고 다시 시작하면 아랫사람들은 괴롭다. 그러나 새로운 계획이 성공리에 끝나면 이구동성으로 속삭인다. "반 총장 말이 맞긴 맞았네." 더 큰 낭비와 실수를 피했기 때문이다.

그간 출간된 책이나 매체의 글들을 보면 대개 반 총장의 근면 성실함을 강조해왔다. 그러나 옆에서 유엔 사무총장이라는 자리를 지켜본 바, 단지 양적으로 투입하는 성실함만으로는 지금 같은 리더십을 발휘하기 정말 힘들다. 아니 불가능하다. 이를 두고 박인국 전 주유엔 대사가 반 총장을 일러 한 말이 있다.

"반 총장이 부지런하다고? 반 총장은 천재야!"

유엔 사무총장이 감당해야 할 다양한 사안, 이와 관련한 엄청난 자료와 정보, 이를 흡수하고 활용하는 역량은 근면함은 물론 명석함이 결합되어 발휘하는 것이다. 그는 근면 성실하고 절제된 생활을 하며 자신의 역할에 대해 철저히 연구하고 흡수한다. 그 과정에서 개선해야 할 부분은 가차 없이 지적하고 고쳐나간다. 반 총장은 요즘도 연설문이나 자료의 잘못된 부분을 종종 지적하는데, 그럴 때마다 나는 빙그레 웃는다. 그동안의 모든 자료를 축적해 종합적으로 이해하는 사람이 유엔 내에 단 한 사람밖에 없는데, 다른 사람이 아무리 노력해도 그 수준을 쫓아가기란 쉽지 않기 때문이다.

물론 반 총장도 인간이기에 항상 옳은 것은 아니다. 그러나 그는 자신이 틀렸을 때는 빨리 인정하고 바로잡는 유연함을 갖추었다. 유엔의 많은 정책 구상은 간부와 보좌진이 입안해 올리는 것도 사실이다. 그러나 반 총장은 이러한 구상의 장단점을 분석하고 보다 효과적으로 집행할 수 있는 방안을 도출해내는 능력을 발휘한다.

유엔에서 반 총장은 동양 선비와 같은 사심 없고 겸손한 자세로 솔선수범하며, 온화한 인품과 넘치는 에너지로 조직을 강력하게 이끌어가고 있다. 물론 취임 후 초반, 세간의 선입견으로 생겨난 여러 어려움은 강인한 정신력과 낙관주의로 극복한 지 오래이다. 이제 그는 남은 사무총장 임기 동안 이전보다 더 강력하게 아프리카와 중동을 비롯한 세계 각지에서 벌어지는 분쟁과 자연재해로 인한 피해를 최소화하고, 신속히 평화를 회복하도록 노력할 것이다. 보다 나은 인류의 미래를 만들기 위해 빈곤을 타파하고, 기후변화를 막으며 지속 가능한 성장을 위한 프레임을 구축해나갈 것이다

이 책에는 그런 목표를 향한 그의 진지한 노력이 담겨 있고, 그 과정에서 드러난 능력과 리더십이 녹아 있다. 대한민국이 배출한 인물이 세계 무대에서 이토록 중요한 임무를 맡아 끊임없이 노력하고 있다는 사실에 독자는 긍지를 느낄 수 있으리라 생각한다. 스포츠 스타 김연아나 대중가수 싸이와는 다른, 나름의 방식으로 대한민국의 국격을 높이고 있다는 사실을 깨닫고 반기문 총장이 수행하는 일을 보다 깊이 이해하고, 사무총장직을 성공적으로 완수할 수 있도록 적극적 성원을 보내줄 것을 기대한다.

윤여철 __ 서울대학교 영문학과, 다트머스 대학과 플레처 스쿨을 졸업하고 1984년 외무고시에 합격했다. 외교부에서 장관비서관, 의전2과장, 북미2과장을 역임했고, 주미 대사관과 주 유엔 대표부에서 근무했다. 유엔에서는 사무총장 특별보좌관, 유엔 의전장 직을 수행했다.

PART.1

세계에서 가장 위험한 한국인

"겸손은 결코 헌신이나 통솔력의 부족을 의미하지 않는다.
오히려 겸손은 요란한 팡파르를 울리지 않고
과업을 완수하는 조용한 절난력이다."

세계는 반기문 총장을
어떻게 보는가

동서고금을 막론하고 막중한 자리를 맡았던 이들에 대한 평가는 엇갈리게 마련이다. 중요한 일을 맡아 열정적으로 매진할수록 이로 인해 득을 보는 사람이 생기고, 동시에 손해를 보는 이들도 생길 수밖에 없기 때문이다. 하물며 전 세계의 모든 어려움과 분쟁을 도맡아 처리해야 하는 유엔 사무총장이라는 자리는 어떠할까? 그의 업적을 침이 마르도록 칭송하는 이들이 있는가 하면 형편없이 깎아내리는 이들도 없지 않다.

우선 우리에게 낯익은 서방의 언론들부터 평가가 극명하게 엇갈린다. 한 권위 있는 매체는 "강력하고 인간적인 지도자"라고 치켜세운 반면 다른 잡지는 "최악의 사무총장"이라고 폄하했다. 어떤 게 맞는 말일까. 판단에 앞서 구체적으로 어떤 이야기가 나왔는지 살펴볼 필요가 있다. 먼저 반 총장이 유엔 수장으로 활동하는 동안에도 그를 평가 절하하거나 비판하는 언론 보도는 적지 않았다. 주요 매체 중 가장 먼저 날을 세운 것은 외교 전문지 〈포린 폴리시Foreign Policy〉였다. 이 잡지는 2009년 6월 '어디에도 없는 사람; 반기문은 왜 세상에서 가장 위험한 한국인인가'라는 제목으로 그의 리더십을 꼬집었다. 보수적인 국제문제 전문가 제이콥 헤일브룬Jacob Heilbrunn 이 쓴 이 기사의 비판은 다음과 이랬다.

"국제적 리더십이 절실하고 기후변화, 국제적 테러리즘, 그리고 60년 내 최대의 금융위기에 대응해야 할 이 때에 전 한국 외교장관인 반 총장은 명예박사 학위나 챙기기 위해 세상을 돌아다니고 있다. 생각도 잘 나지 않는 성명서나 내고 자신의 영향력을 낭비한다."

이후 〈월스트리트저널WSJ〉, 〈뉴욕타임즈NYT〉, 〈이코노미스트The Economist〉 등 유수한 언론에도 비판적 기사들이 실렸다. 월스트리트저널은 2009년 7월 '유엔의 보이지 않는 사람The U.N.'s Invisible Man'이란 제목으로 "반 총장이 동양 특유의 겸손함 때문에 별다른 존재감을 드러내지 못하고 있다"고 꼬집었다. 그러나 이 기사 전체를 읽어보면 "반 총장이 이 같은 문제를 말이 아닌 결과로써 보여주기 위해 노력하고 있다"는 게 핵심 메시지였다.

2013년 9월 '당신은 어디 있는가, 반기문Where Are You, Ban Ki-Moon'
이란 제목의 컬럼을 게재한 〈뉴욕타임즈〉가 제기한 문제는 시리아
내전에 대한 소극적인 태도였다. "다른 강대국들이 무시하는 시리
아 관련 문제에 적극적으로 나서 더 많은 결과를 내놓지 않고 있다"
는 이야기였다. 그러면서 반 총장의 가장 큰 단점은 소통상의 어려
움이라고 지적했다. "영어에 대한 불편함 때문에 노트에 의존하게
되고, 이로 인해 지적으로 중요하거나 극적인 사안을 제대로 전달하
지 못하고 있다"는 이야기였다.

가장 지독하게 반 총장을 혹평한 건 영국의 〈이코노미스트〉일
것이다. '주인인가, 여주인인가, 아니면 겁쟁이인가? Master, mistress or
mouse?'라는 제목 아래 이 잡지는 반 총장을 "가장 무능하고 최악인
사무총장들 중 하나"라고 표현했다. "지독한 눌변에 의전에 중독돼
있으며 순발력과 깊이를 결여했다"는 것이다.

앞에서 열거한 것들이 반 총장을 비판한 대표적 매체이지만 이
외에도 더 있다. 하지만 주목해야 할 부분은 이런 비판 이상으로 반
총장에 대한 긍정적 평가와 칭송 역시 서방 언론에 여러 번 게재돼
왔다는 사실이다. 반기문 총장을 후하게 평가한 대표적인 매체는 미
국의 권위 있는 경제전문지 〈포브스Forbes〉이다.

2016년 11월 〈포브스〉는 외교안보 전문가인 앤더스 코Anders Corr
의 기고문 '지도자의 자격을 갖춘 반기문Ban Ki-moon:Fit to lead'을 통해
그의 리더십과 업적을 높게 평가했다. 그는 "일각에서는 반 총장이

제21차 유엔기후변화협약 당사국총회에 참석한 반기문 총장. 오랜 그의 노력이 성공적 결과로 이어진 자리였다.

강력한 지도자가 아니라고 하지만 이는 그의 강인한 외교방식에 비춰 맞지 않는 이야기"라며 "지난 10월 반 총장은 시리아 민간인들을 충분히 보호하지 않았다는 이유로 러시아·중국·미국·영국·프랑스로 구성된 유엔 안보리를 성토했다"고 지적했다. 그러면서 "그는 예멘에서 2,000명 이상의 민간인 희생자를 낸 사우디 주도의 공습과 이스라엘의 서안지역 내 정착촌 건설 및 가자 지역 공습·봉쇄도 비판했는데 이는 강력하고 인간적인 지도자의 행태"라고 덧붙였다.

이 잡지는 나아가 한국의 지도자로서 반 총장에 대해 언급하기도 하며 그의 역할에 기대를 표시했다.

"일각에서는 그가 10년 동안 유엔에 있는 탓에 한국의 정치 상황을 모르므로 나라를 이끌어갈 수 없다고 주장하지만 많은 한국인들이 여기에 동의하지 않고 반 총장을 다음 대통령으로 지지하고 있다. 또 중국·일본·북한과의 관계가 쉽지 않은 한국으로서는 폭넓은 국제 경험을 갖고 있는 대통령이 필요하다."

〈포브스〉의 평가는 여기서 그치지 않는다. 성품과 판단력, 자질 등의 면에서 뛰어난 현명하고 위엄 있는 지도자라고 평가한다. 이런 칭송이 없다. 미국에서 가장 권위 있는 신문들 역시 반 총장에 대한 호평을 적잖게 실었다.

먼저 세계 최고의 신문이라는 〈뉴욕타임즈〉는 반 총장이 아동 학대국 리스트에서 삭제하지 않으면 지원금을 끊겠다며 협박한 사우디의 횡포를 폭로하자 이를 높이 평가하는 사설을 실었었다. 2016년 6월 10일에 게재된 "반기문의 곤혹스런 입장Ban Ki-moon's Thankless Position'이란 사설에서 반 총장을 이렇게 두둔했다.

"사우디가 지난해 예멘 어린이들을 숨지거나 다치게 한 연합군을 지원하고 팔레스타인, 남수단, 시리아 내 인도적 활동에 대한 지원을 철회하겠다고 협박한 사실과 관련, 반 총장이 이런 나라가 어디인지 공개하고 창피를 준 것은 잘한 일이다."

<뉴욕타임즈>는 반 총장을 옹호하며 그의 어린 시절까지 언급했다. "어릴 적 유니세프가 마련해준 책으로 공부했던 한국인이기에 반 총장은 어린이에게 해를 끼치는 이들을 적시하고 창피하게 만들기를 원했을 것이다. … 다시 말해 그로서는 선택의 여지가 없었다."

<워싱턴포스트>는 2016년 5월 그전 해 말, 우여곡절 끝에 체결된 파리기후변화협약과 관련, 반 총장의 노고를 칭찬하는 기사를 게재했다. 파리기후변화협약은 본인 자신을 포함해 많은 전문가들이 반 총장의 핵심 업적 중 하나로 꼽는 사안이다. '왜 퇴임하는 반기문 유엔 총장은 기후변화 문제에 그 많은 것을 기꺼이 걸었는가Why outgoing U.N. chief Ban Ki-moon was willing to bet big on a climate change deal'라는 기사를 통해 "지난달 뉴욕 유엔에서 파리기후변화협약이 175개국에 의해 공식 서명됐다"며 "이는 근 10년에 걸친 반기문 총장의 집념이 없었다면 이뤄지지 않았거나 결실을 맺지 못했을 것"이라고 지적했다. 그러면서 "반 총장은 문제투성이거나 헛수고가 될 거라는 참모들의 만류에도 불구하고 2007년 취임하자마자 기후변화 문제에 가장 역점을 뒀다"고 소개했다.

미국뿐 아니라 반 총장을 긍정적으로 평가하는 해외 언론은 숱하게 많았다. 한 예로 영국 공영방송 BBC는 임기 2년 반이 지나던 2009년 7월, 반 총장과의 짧은 인터뷰 기사를 내보냈다. 이 기사에서 BBC는 "반 총장이 필요한 글로벌 리더십을 발휘하고 있다"는 유

엔 주재 외교관들의 의견을 전했다. 특히 "기후변화 문제에서는 반 총장 특유의 조용한 외교 스타일이 차별화를 이룰 수 있을 것"이라고 평가했다.

아시아의 언론은 반 총장이 중시하는 유교적 가치에 초점을 맞춰 그를 칭찬하기도 했다. 싱가포르 최고의 신문으로 통하는 〈스트레이트타임즈Strait Times〉는 '오해 받고 있는 유엔의 아시아인 조종사'라는 글을 통해 "유교적 신사인 반기문은 서방 언론에게는 수수께끼"라고 규정하며 "그는 겸손하고 잘 훈련돼 있으며 부지런하고 희생적인 사람이며, 언론에 잘 보이겠다고 정도에서 벗어난 적이 없다"는 것이다. 이 신문은 또 일부 서방 언론이 반 총장에게 호의적이지 않은 것은 아시아 문화에 대한 몰이해 때문이라고 지적하기도 했다. "서방 언론은 유교적 신사의 가치와 전통을 이해하지 못한다"며 "서방 언론은 반 총장을 싫어해 그가 취임한 이후부터 그에 대해 부정적으로 써왔다"고 전했다. 하지만 "반 총장은 겸손하고 의지가 강하며 부지런한데다 자신을 내세우지 않는다"고 묘사했다. 더 눈길을 끄는 부분은 언론과의 관계를 분석한 부분이었다. "반 총장은 미디어와 잘 지내기 위해 자신의 본분에서 벗어나는 일을 하지는 않는다. 그는 언론에서의 인기나 이미지가 아닌 그의 업적으로 역사가 자신을 평가할 것으로 믿고 있다."

개발도상국이 본 반 총장의 이미지는 어떨까. 유엔 사무총장의 가장 큰 임무는 가난하고 위험한 빠진 이들의 보호이므로 반 총장의 주요 활동무대는 아프리카, 중남미, 동남아 지역의 최빈국들이다. 그러기에 선진국의 평가보다 제3세계 국가들이 어떻게 그를 바라보는지를 보면 좀더 정확한 답을 찾을 수 있다.

그런 의미에서 남아공 신문 〈뉴에이지The New Age〉가 반 총장을 평가한 기사는 주목할 가치가 있다. 이 신문은 남아공국제문제연구소 SAIIA 최고운영책임자이자 전직 대사인 톰 휠러Tom Wheeler의 '반기문은 유엔 직무를 충분히 잘 해냈다Ban Ki-moon: did UN job well enough'라는 기고문을 통해 반 총장의 성취를 평가했다. 그가 이뤄놓은 일에 대해 이 신문은 이렇게 적었다.

"모든 사람들이 기피할 때도 반 총장은 이스라엘-팔레스타인 문제 해결을 위한 2국가 해법을 용감하게 주장했다. 그는 기후변화 문제에 대해서도 강력한 추진력을 보였다. 지난해 12월 기후변화 문제를 다루는 국제협약을 끌어내겠다는 그의 꿈은 가장 중요한 업적이 되었으며, 최소한 기본적 합의의 틀을 만들어 주었다."

그러면서 이 신문은 이렇게 끝을 맺었다. "어떻게, 그리고 얼마나 반기문 총장이 세상을 변화시켰는지를 알기 위해서는 역사의 먼지가 가라앉을 때까지 기다려야 한다." 대단한 칭찬이었다.

이처럼 국제적으로 반 총장에게 긍정적인 평가도 많건만 국내 SNS에는 온통 반 총장이 "형편없는 지도자였다"는 글만 흘러넘친다. 일반적으로 한 인물에 대한 평가는 다양하기 마련이고, 어떤 입장에서 바라보느냐에 따라 평가는 극과 극으로 달라진다. 어느 한쪽 의견만을 듣고 그것이 전체인양 판단한다면 올바른 평가는 이루어질 수 없다. 왜곡도 이런 왜곡이 없다. 공정한 평가는커녕 현재 한국의 일부 세력은 자신들의 정치적 목적을 위해 반 총장을 일방적으로 폄하하는 데 혈안이 되어있기까지 하니 안타까울 따름이다.

공인을 비판하는 게 언론 본연의 모습이다 보니 언론으로부터 집중포화를 당한 유엔 사무총장은 비단 반 총장뿐만이 아니다. 그런데도 국내에 떠도는 평가들을 보면 마치 전임자들은 둘도 없는 위대한 영웅처럼, 반 총장은 형편없는 유엔 수장인 것처럼 묘사하곤 한다. 특히 반 총장을 바로 직전 전임자인 코피 아난Kofi Annan과 비교하여 형편없이 묘사하는 경우가 많다. 정말로 아난은 누구보다 훌륭한 총장이었고, 반 총장은 그렇지 못했을까? 결코 그렇지 않다.

국내에는 알려지지 않았지만 아난 전 총장은 10년 임기가 끝나기 1년 전, 부패 스캔들에 휩싸이기도 했으니 말이다. 아난을 곤경에 빠뜨린 건 한마디로 친인척 비리, 그것도 아들의 부패였다. 유엔 창설 이래 최악으로 꼽혔던 오일 스캔들의 전말은 이랬다. 후세인에 대한 제재로 이라크의 석유수출 길이 끊기면서 민간인들의 식량과 의약품이 부족해지자, 1996년 유엔은 민간인들을 위해 유엔 통제하에 일부 원유 판매를 허용했다. 이 과정에서 유엔 관계자 다수가 뇌물을 받고 판매권을 나눠준 사실이 드러난 것이었다. 특히 여기에 아난 총장의 친아들이 연루되어 엄청난 파문을 일으켰다. 세계 각국 정부과 언론의 비판이 격렬하게 일어난 것은 물론이었다. 아난 총장을 구속해야 한다거나 사임을 요구하는 성명도 여러 차례 발표되면서 전 세계가 유엔과 코피 아난 사무총장에 대한 비판으로 들끓었던 유례없는 사건이었다.

이런 평가에도 불구하고 국내에서는 "코피 아난은 위대했지만 반 총장은 최악이었다"는 말이 공공연히 나돌고 있으니 안타까운 심정이다. 언론의 공격을 받은 전임 총장은 물론 코피 아난뿐만 아니다. 그 전임자인 이집트 출신의 부트로스 부트로스갈리Boutros Boutros-Ghali 역시 가시 돋친 언론의 비판에서 자유롭지 못했다. '무력하고 비대한 유엔 개혁'이라는 열망 아래 취임한 갈리 총장은 1년도 안 되어 언론의 집중 포화를 맞는다. 시사잡지 타임은 다음과 같이 공격했다.

"옳던 그르던, 부트로스갈리 총장은 유엔에 대한 불만, 좀더 넓게 말하자면 민족주의적 야심과 민족적 저대김으로 인해 우리가 원했던 새로운 세계질서가 완전히 거꾸로 가고 있는 현 상황에 대한 분노를 한 몸에 받는 피뢰침 같은 존재가 돼 버렸다."

부트로스갈리 총장은 아프리카 및 중동 빈국들을 위해 노력한 점은 인정받았지만 유엔이 안고 있는 문제, 특히 방만한 경영과 관료주의를 제대로 고치지 못했다는 비난에 내내 시달려야 했다. 〈뉴욕타임즈〉 역시 1996년 6월 '새로운 유엔 수장을 찾아Finding a New U.N. chief'라는 제목의 사설을 통해 그를 매섭게 질타했다.

> "중요한 분야에서 부트로스갈리의 성과는 별 볼일 없었다. 그의 비밀스러운 경영 스타일과 권한 이양 부족, 즉흥적인 실수가 빈번하게 야기한 기사들로 유엔 내 사기는 떨어졌다. 더욱 중요한 것은 그가 유엔에 대한 미국 내의 정치적 지지가 줄고 있다는 점을 과소평가한 나머지 삐걱거리는 유엔의 경영과 재정활동을 개선하는 데 느리게 대처해왔다는 사실이다."

이외에도 부트로스갈리를 비판하는 기사는 무수히 많았다. 그의 전임자들도 마찬가지였다.

세계 최고의 외교관으로서 전 세계의 막대한 이해관계가 상충하는 사건을 매일매일 처리하는 유엔 사무총장이라는 자리는 누가 맡더라도 언론의 비판에서 자유로울 수 없다. 아니 언제나 언론의 감시와 비판을 받는 것이 숙명이라고 하는 게 옳을 것이다. 그런데도 몇몇 비판적인 기사만을 골라 마치 반 총장에 대한 전 세계의 평가라고 주장하는 것은 진실의 왜곡이라고 할 수밖에 없다.

반 총장이 임기 10년간 어떤 일을 이루고 어떻게 인류에 기여했는지는 그가 일했던 10년이 아니라, 후대에 그가 펼친 사업들의 결과가 나온 뒤, 역사가 냉정하고 공정하게 평가해야 할 것이다.

폭풍 속의
한 사람

◆

뽀얀 안개 속에 바다처럼 광활하게 펼쳐진 짙푸른 열대림 그리고 그 위로 경건하게 솟아오른 2,000여 개의 불탑. 세상을 향해 막 문을 연 '황금의 나라' 미얀마는 마냥 평화롭고 고즈넉했다.

2012년 4월 30일, 고요한 미얀마의 수도 네피도Nay Phy Taw에 자리 잡은 황금빛 국회 의사당은 여느 때와 달리 들떠 있었다. 미얀마 민주화에 불씨를 지핀 반기문 유엔 사무총장의 특별 연설이 곧 시작될 것이기 때문이었다.

드디어 연설 시간. 전통 치마 차림의 중년 남성을 따라 입장하는 반 총장의 얼굴에는 밝은 웃음이 감돌았다. 그로서는 감개무량한 순간이 아닐 수 없었다. 온갖 비방에도 굴하지 않고 '조용한 외교quiet diplomacy'라는 스스로의 신념에 따라 노력한 끝에 이곳 미얀마에서

값진 민주화의 결실을 거뒀기 때문이다. 미얀마 정부도 그러한 반 총장의 업적을 인정해 한 번도 외국인에게 허락한 적이 없던 국회에서의 연설 기회를 부여했다. 그가 미얀마에 보여준 성실한 노력, 진정성 있는 외교에 대한 감사 표시였다.

연단에 오른 반 총장은 감격에 겨운 듯 잠시 침묵했다. 4~5초쯤 지났을까, 드디어 숨죽여 앉아 있는 미얀마 의원들을 향해 연설을 시작했다.

"우리는 건설적인 참여를 위해 함께 노력해왔습니다. 때로는 공개적으로, 때로는 개인적 차원에서 평화와 민주주의를 신장하고 국제적 지원을 끌어내기 위해 함께 일했습니다. ⋯ 저는 테인 세인 대통령에게 본인의 비전과 리더십 그리고 용기로 미얀마를 변화의 길로 들어서도록 촉구했습니다. 아웅 산 수 치와 그 밖의 다른 야당 인사들에게는 최근의 정치 과정과 총선에 참가한 점과 관련해 치하의 말을 했습니다. 우리는 이 나라가 화해와 민주주의 그리고 발전을 저해하는 도전을 극복할 수 있다는 사실을 잘 알고 있습니다."

차분한 어조로 발언하던 반 총장의 평소 스타일과는 사뭇 나른, 격정적인 연설이었다. 그도 그럴 것이 반 총장에게 미얀마 사태는 시련과 보람을 한꺼번에 맛보게 해준 각별한 사안이기 때문이다. 미얀마 의원들도 큰 감동을 받았는지 연설 후 회의장을 빠져나가는 반 총장을 향해 손을 번쩍 들어 화답했다.

다음 날 반 총장은 미얀마의 최대 도시 양곤Yangon으로 이동해 영빈관을 방문했다. 그곳에서 드디어 미얀마 민주화의 꽃 아웅 산 수 치Aung San Suu Kyi를 만났다. 두 사람은 미얀마 민주화에 대해 논의한 뒤 기자회견을 했다. 앞서 반 총장은 2009년 두 번째 미얀마 방문 때 수 치를 만나려 했지만, 군사 정권의 불허로 면담하지 못한 적이 있었다. 이 일 때문에 "독재 정권을 제대로 비판하지 못하면서 유엔의 권위만 떨어뜨리고 있다"는 혹독한 비난에 시달려야 했다. 그러나 이번 방문에서는 수 치와 직접 만남으로써 3년 전 겪은 불명예를 완전히 만회할 수 있었다.

미얀마 민주화는 이렇게 해피엔딩으로 막을 내렸지만 그 과정은 순탄치 않았다. 그 이유에는 2007년부터 불씨를 키워온 '미얀마 민주화'를 대하는 반 총장의 접근이 무척이나 신중했던 까닭도 있었다. 언론에는 공개되지 않았지만 미얀마의 독재자 탄 슈웨Than Shew 장군, 실질적 민주화의 주역이 된 테인 세인Thein Sein 대통령이 총리였을 때부터 반 총장은 민주화를 요구하면서도 한편으로는 이들의 믿음을 얻기 위해 매우 조심스러운 행보를 보였다. 이 덕에 테인 세인 대통령과는 서로를 이해하고 존경하는 관계로 발전했지만, 상황 논리로 인해 아웅 산 수 치의 가택 연금 해제 등 극적 장면에서는 한 발 물러나 있어야 했다.

그러나 결과적으로 미얀마 군사 독재의 빗장을 푼 것은 오랜 시간 군부의 마음을 얻기 위해 정성을 기울인 반 총장의 노력이었다.

지금까지도 미얀마 외교관들이 "민주화의 문을 연 주인공은 반기문 총장"이라고 이야기하는 것도 그 때문이다. 그러나 이런 속사정을 모르는 서방 언론은 불과 몇 년 전까지만 해도 혹독하게 반 총장을 몰아붙이곤 했다.

2009년 6월, 자신에 대한 악담으로 가득 찬 미국 외교 전문지 〈포린 폴리시Foreign Policy〉의 기사를 읽던 반기문 유엔 사무총장의 얼굴은 점점 딱딱하게 굳어갔다.

"이전 사무총장도 그다지 성공을 거두지 못했지만, 반 총장은 실패라는 면에서 신기록을 수립하고 있다. … 그는 인권 보호를 위해 용감하고 단호한 목소리를 내는 대신 명예 박사 학위나 챙기기 위해 세상을 돌아다니고 있다. 생각도 잘 나지 않는 성명서나 내고 자신의 영향력을 낭비한다."

서구 언론의 일방적 비난은 그때뿐이 아니었다. 취임 전부터 돈으로 선거 운동을 했다고 주장한 영국의 〈더 타임즈〉를 시작으로 〈뉴욕타임즈〉 〈월스트리트 저널〉 〈이코노미스트〉 〈워싱턴포스트〉 등 영미의 내로라하는 언론 모두가 반 총장을 무자비하게 공격했다. 첫 5년 임기의 반환점을 돌 무렵인 2009년 중반 무렵엔 비난이 극에 달했다.

유엔이라는 거대한 함대의 키를 잡고 온갖 폭풍우 속을 헤쳐온

지 2년 반, 40년 외교관 생활 동안 그 어느 때보다 혼신을 다해 뛰어온 세월이었다. 하루 4~5시간밖에 잠을 이루지 못한 불면의 나날들. 고된 출장 중엔 비행기 안에서 보고서를 읽고 또 읽었다. 노회하거나 난폭하기 짝이 없는 독재자들을 만나서 끓어오르는 분노를 삭여야 했다. 끝없는 인내심을 발휘하며 설득하고 또 설득했다. 그래야만 민주화를 향한 발걸음을 단 한 발짝이라도 더 내딛고, 바깥 세계를 향해 굳게 닫힌 철문이 1센티미터라도 더 열리기 때문이었다.

그러나 하이에나 같은 서방 언론들은 저간의 사정은 제대로 헤아리지도 않고 물어뗄 줄만 알았다. 이번에 꼬투리를 잡은 미얀마 사태가 바로 그랬다. 서구 언론은 반 총장이 미얀마의 독재자를 거칠게 비난하지 않는다고 몰아세웠다. "인권 수호를 위해 제 목소리를 내지 않고 있다"는 비판이었다. 야속했다. 그리고 분했다.

반 총장의 소신은 그들의 생각과 달랐다. 그들이 원하는 대로 언론에 대고 실명을 거론하며 독재자라고 욕하기는 쉽다. 하지만 독재자의 억지까지 성실하게 들어주면서 신뢰를 쌓고, 그 믿음 위에서 실질적 변화와 진전을 이루는 것이 진정한 유엔의 의무라는 게 반 총장의 신념이었다. 그것이야말로 더 어렵지만 진정한 승리였다. 아시아적 리더십에 바탕을 둔 조용한 외교의 본질을 꿰뚫어보지 못하는 서방 언론은 그저 투정 부리듯 공격만 할 뿐이었다.

이럴 때면 반 총장은 조국을 떠나올 당시 했던 다짐이 생생하게 떠오르곤 했다.

2006년 11월 10일 오전 10시, 서울 여의도 국회 본회의장. 유엔에 입성하기 위해 뉴욕으로 떠나기 5일 전 반기문 총장은 국회에서 사뭇 비장한 어조로 고별 연설을 했다.

"유엔 사령탑 자리에 오른 후에도 저 반기문의 원동력은 역시 한국적 정신력이 될 것입니다. 한국인으로서 체화된 근면과 성실, 조직에 대한 헌신, 변화를 추구하는 역동성, 시련에 맞서는 불굴의 의지, 극단을 경계하는 중용의 정신을 최대한 발휘할 것입니다. 저는 한국의 사무총장은 아닙니다. 그러나 저는 여전히 한국인 사무총장입니다."

이 자리에서 반 총장은 국민의 대표들을 향해 굳게 약속했다. 유엔 본부에 가서도 한국인 특유의 덕목을 살려 노력하겠노라고. 그때의 각오를 떠올리면서 반 총장은 다시금 다짐했다. 비록 지금은 알아주지 않더라도 자신의 본뜻이 통할 날이 반드시 올 거라고 생각했다. 그리고 의도가 제대로 먹혀들지 않을 때에도 그리고 더러 오해를 사더라도 소신을 굽히지 않았다.

그는 온갖 인종과 가치관이 뒤범벅된 유엔 본부에 진출한 뒤에도 처음 약속대로 30여 년간의 외교관 생활을 통해 몸에 밴 근면 성실, 청렴결백, 겸손 그리고 솔선수범이라는 한국적, 나아가 동양적 리더십을 발휘하며 이 거대한 기구를 이끌어왔다. 그리고 앞으로도 그럴 것이다.

유엔에 가서도 변함없는 그의 덕목 중 첫 번째는 누구도 따라갈 수 없는 근면과 성실이다. 하루 일정을 시작하는 시간은 오전 4시 반. 새벽에 일어나는 습관이 몸에 배어 이른 아침부터 그날의 업무를 생각하며 관련 자료를 보고 간단한 아침 식사를 한다. 그러곤 뉴욕 이스트리버 강변에 자리한 총장 관사를 출발해 약 1킬로미터가량 떨어진 유엔 본부로 출근한다.

유엔 본부 38층에 자리 잡은 집무실에 도착하면 8시부터 첫 일정을 시작한다. 시시각각 변화하는 세계 정세를 듣는 브리핑으로 시작해 하루 종일 각종 행사와 회의, 각국 정상급 인사들과의 면담이나 통화가 이어진다. 여기에 각종 공식 오찬과 만찬까지 치러내면 보통 저녁 9시는 되어야 귀가한다. 하루 최소 10여 건의 일정을 소화하는데, 20건이 넘는 날도 부지기수이다.

특히 각국 정상이 뉴욕으로 몰려오는 유엔 총회 기간의 일정은 살인적 수준이다. 대략 일주일 동안 각 나라 대통령, 총리 또는 외교장관급 인사와의 양자 회담만 130여 건을 치러낸다. 하루에 20명 넘는 최고위급 인물을 만나야 한다는 이야기이다. 하루 30건 이상의 일정을 기록한 어느 날은 22건의 정상급 회담에다 열 번의 연설 그리고 각각 세 번의 오찬과 만찬에 참여해야 했다.

이런 불가능한 일정이 가능한 이유는 정상회담을 특별한 방법으로 치르기 때문이다. 유엔 총회 기간이 되면 반 총장은 정상회담이 열리는 유엔 본부 회의장을 하루 종일 지킨다. 그리고 총장을 만나려는 정상은 차례로 38층으로 올라가 면담을 진행한다. 각국 정상에게 주어지는 시간은 대략 15분 안팎. 각각의 정상회담 사이에는 5분가량 시간이 있는데, 이 틈에 회담을 끝낸 정상이 퇴장하고, 기념사진을 위한 유엔 로고 앞의 상대국 국기를 교체한다. 그러는 동안 반 총장은 각국에서 일어나는 주요 사안을 다시 한 번 체크한다. 5분 동안 이 같은 준비가 끝나면 다음 차례를 기다리던 정상이 자신의 대표단과 함께 들어온다. 그러나 회담이 예정 시간보다 늘어져 기다리는 경우가 부지기수이다.

반 총장과의 면담은 각국 지도자에겐 중차대한 자리일 수밖에 없다. 짧은 시간이라도 이 기회를 통해 자신들의 입장을 개진할 수 있기 때문이다. 원조가 필요한 국가는 유엔의 경제적 지원을 요구할 수 있다. 분쟁 당사국일 경우, 자신들의 입장을 호소해 유엔 사무총장의 동정을 살 수도 있다. 때로는 유엔의 운영과 관련한 조언을 할 수도 있다. 그러다 보니 많은 정상이 주어진 시간을 훌쩍 넘기기 일쑤이다. 이럴 때면 반 총장은 어쩔 수 없이 상대방 이야기를 끊고 자리에서 일어나 "이제 마칠 시간이 됐다"며 내보내곤 한다. 이따금 이런 반 총장의 제스처에도 불구하고 발언을 계속하는 배짱 두둑한 정상도 있다. 이럴 때면 반 총장도 어쩔 수 없이 다시 자리에 앉을 수밖에 없다. 이런 크고 작은 해프닝 때문에 일정이 계속 지연되다 보면 저녁 무렵엔 예정보다 30분에서 심하면 1시간까지 면담 계획이 밀리기도 한다. 그러면 반 총장의 외부 행사 참석도 연달아 늦어진다.

반 총장의 업무 폭주는 낮뿐만이 아니다. 귀가해서도 마음 편히 쉴 겨를이 없다. 다음 날 일정과 관련한 보고서가 수북이 올라오는 탓이다.

회원국 정상과 각료와의 회담 의제는 사전에 비서실을 통해 협의하거나 유엔 내 각 부서에서 선별해 자료 형태로 올라온다. 이들 자료는 국가별로 A4 용지 5~6장 그리고 독서 카드 사이즈로 10장 정도 되는 게 보통이다. 그러나 미국 등 주요 국가 정상과의 회담은 워낙 현안이 많아 카드로 40~50장이 되는 경우도 왕왕 있다. 부지런한 반 총장도 인간인지라 하루에 소화하기는 도저히 불가능한 분량이다. 그래서 반 총장은 늘 "제발 필요한 사안만 추려서 보고하라"고 지시한다. 그럼에도 담당 부서에서는 회담 때 거론될 가능성이 있는 현안은 모두 준비해야 하는 입장이니 어쩔 수 없는 측면도 있다. 이런 상황이라 반 총장은 출장 중에도 이들 자료와 연설문을 양복 좌우 속주머니는 물론 바지 뒷주머니에까지 넣어두었다가 일정에 맞게 뽑아 회담이나 연설 도중 참고하곤 한다. 거의 모든 내용이 머릿속에 정리되어 있지만 만약의 사태를 대비해 커닝 페이퍼가 필요한 것이다. 이들 자료를 구석구석 주머니에 쑤셔 넣고 반 총장은 빙그레 웃으며 말한다. "이제 모든 탄약이 내 손안에 있으니 전쟁터로 나갈 준비가 끝났다."

천성이 워낙 부지런하고 꼼꼼한 반 총장은 다음 날 필요한 모든 자료를 빠뜨리지 않고 세세히 읽은 뒤에야 잠자리에 든다. 이렇게 꼼꼼하게 파악해두지 않으면 쉴 새 없이 돌아가는 세상의 변화를 쫓아갈 수 없기 때문이기도 하다. 특히 국제적으로 중요한 사안의 배경과 현황은 물론 거기에 등장하는 핵심 인사들의 이름 또한 모두 숙지해야 한다. 그래야 유엔 출입 기자나 관계자가 불쑥 "아무개에 대해서는 어떻게 생각하느냐"는 식으로 물어와도 제대로 대답할 수 있다. 질문에서 언급한 인사가 누군지 제대로 몰라 우물쭈물하거나 "그게 누구냐?"고 반문이라도 하면 유엔 총장의 권위가 말할 수 없이 추락해버린다. 이런 까닭에 전 세계에서 일어나는 현안을 파악하고 해결 방안을 모색하기 위해 현황 보고와 분석 자료를 고시생처럼 부지런히 읽고 숙지해야 한다. 덕분에 주말이나 출장 중에도 앞서 자료 검토를 먼저 끝내는 버릇을 길러왔다.

그렇게 업무를 보다 보면 밤 12시를 넘기는 일이 많지만, 늦어도 12시에는 잠자리에 드는 걸 철칙으로 여기고 지키려 노력한다. 숙면을 취해야 다음 날 새벽에 맑은 정신으로 다시 자료를 검토할 수 있기 때문이다.

타의 추종을 불허하는 반 총장의 근면 성실함은 유엔 조직에 커다란 자극제가 됐다. 사무총장 업무가 워낙 고되어 전임자 중 상당수는 주로 관저에서 업무를 보거나, 오전 10시쯤 첫 회의를 시작하는 게 보통이었다. 심지어 이런저런 핑계를 대며 오후에 출근하는 일도 다반사였다고 한다. 이처럼 최고 책임자부터 느슨하게 업무를 보고 있으니 유엔 전체 조직도 긴장이 풀리는 경향이 있었다. 근무 시간에 자리를 비우는 직원이 허다하고, 약속한 시간에 일을 처리하는 경우조차 드물 정도였다. 오죽하면 유엔 내부에서조차 '유엔 타임the UN time'이란 조소 섞인 표현이 돌아다녔을까. 과거 시간을 제대로 지키지 않는 한국인의 악습을 빗대 '코리안 타임'이란 말이 외국인들 사이에 회자된 것과 비슷한 현상이었다.

이런 분위기 속에서 반 총장은 취임 초기부터 아침 7시 반에 출근해 총장실 내부 회의를 소집하고 직원에게 각종 지시 사항을 전달했다. 유엔 내 각 부서장이 참석하는 회의도 일찍 소집하고 정시에 시작해 늦게 오는 참석자들이 눈치를 보게끔 만들었다. 항상 예정 시간보다 10여 분 늦게 시작하기 일쑤이던 유엔 총회 회의도 총회 의장과 호흡을 맞추어 가급적 정시에 시작하도록 했다. 유엔 타임이라는 부끄러운 표현을 없애려는 의도였다. 그러자 아침 일찍부터 저녁까지 바짝 일하는 풍토가 유엔 본부 내에 점차 뿌리내리기 시작했다. 근무 시간이나 회의 시간을 어물쩍 어기는 버릇도 슬슬 자취를 감추었다. 한국인 특유의 근면 성실함이 몸에 밴 반 총장이 솔선수범하자 직원들도 예전처럼 느슨하게 근무할 수 없었다. 직원들의 근무 태도에도 긴장감과 규율이 차츰 자리를 잡았다.

어느 것 하나 헛되이 쓰지 않으려는 반 총장의 검약한 생활 태도도 여전했다. 유엔의 최고 수장 자리에 올랐음에도 꼭 필요할 때가 아니면 서울에서처럼 이면지를 사용한다. 총장 비서실 직원과 주변 참모들에게 "종이를 만드는 데 나무가 얼마나 소비되는 줄 아느냐"며 "나한테 가져오는 보고서는 가급적 이면지를 쓰라"고 지시한다.

그뿐 아니라 사무실에서든 관저에서든 빈방에 불이 켜져 있는 걸 보면 "전기 아깝다"며 본인이 직접 가서 끄는 등 검소한 공직자의 모습을 여전히 유지했다.

공과 사를 엄격히 구분하는 청렴한 자세도 변하지 않았다. 심지어 사무총장 관저에 전화선을 별도로 설치하라고 지시했다. 자신이 사적으로 한국의 지인에게 안부를 묻거나 연락할 때 사용하기 위해서였다. 이 별선의 전화 요금은 자신이 개인 수표로 지불한다. 사무총장실에는 마음대로 쓸 수 있는 전화가 있다. 개인 일로 그 전화를 이용했는지 조사할 이도, 설사 그랬다고 해도 나무랄 이도 없지만 늘 공과 사를 철저히 구분한다. 이처럼 검소하고 공사 구별에 지나치리만큼 엄격한 생활 태도는 방만하다고 비판받아온 유엔 개혁에 큰 변화를 가져왔다. 총장부터 누구보다 근검절약하고 청렴하기에 부하 직원에게도 올바른 처신과 높은 윤리 의식을 요구할 수 있었다.

그렇다고 반 총장이 항상 인색한 것은 절대 아니다. 부하 직원과 인간적 관계를 맺을 때는 오히려 반대였다. 회원국 정상과의 만찬 등은 공식 예산으로 지원하지만, 회원국의 분담금으로 운영하는 유엔에는 내부 행사를 위한 예산이 전혀 없다. 그래서 간부진과의 내부 협의를 위한 오찬이나 퇴직하는 부하 직원의 환송회 등에는 예산을 지원하는 게 불가능하다. 반 총장은 이러한 시스템에 깜짝 놀랐지만, 그래도 직원 간에는 소통이 중요하다면서 자신의 호주머니를 털어 모임을 열어주곤 한다. 이런 동양적 문화나 반 총장의 성품을 이해하지 못하는 다른 간부들이 말리기도 했지만 그럴 때마다 "난 유엔에서 관저도 제공받고 차량도 나오는데, 당신들은 월급에서 지출하지 않느냐. 내가 더 여유가 있으니 염려 마라” 하며 한국에서 일하던 그대로 부하를 아끼고 사랑하는 마음을 보였다.

반 총장의 이런 아시아식, 한국식 공직자의 생활 태도가 처음부터 모든 이에게 진솔한 의도 그대로 받아들여진 것은 아니다. 각국의 문화가 다른지라, 때로는 이해하지 못하거나 가식적으로 보는 경우도 있었다. 동양 문화에 익숙하지 않은 이들이 보기에는 그저 권위적이고 딱딱한 동양 공직자의 모습이었다.

자리를
흔드는 손

◆

소탈한 성격과 부하 직원을 대하는 따스함으로 유명한 반 총장이지만, 오랜 한국 관료 생활을 통해 자신도 모르게 몸에 밴 습관을 없애기는 불가능했을 것이다. 자연히 서양 직원들이 보기엔 약간의 거리감이 느껴졌을 법하다. 취임 초기에만 해도 외국 언론 사이에선 한국의 관료 출신인 그가 권위적일 게 틀림없을 거라는 선입견이 팽배해 있었다.

그러나 이런 편견을 단숨에 깨뜨린 유쾌한 일이 일어났다.

취임 직전인 2006년 12월 유엔기자협회UNCA 송년 만찬 자리에서였다. 세계 각지에서 일어나는 모든 중요한 문제를 다루는 조직이기에 뉴욕 유엔 본부에는 각국에서 모여든 1,000여 명 이상의 기자가 출입한다. 그중 유엔 본부에서 일하며 소식을 전하는 상주 기자들의 모임인 UNCA는 매년 연말이면 유엔 본부 건물에서 연례 만찬을 개최한다. 그리고 여기에는 사무총장이 빠지지 않고 참석하는 게 관례였다. 전임자들이 그랬듯 반 총장도 차기 사무총장 자격으로 2006년 12월에 열린 UNCA 만찬장에 검은 양복에 검은 나비넥타이 차림으로 참석했다.

행사를 시작하고 얼마 지나지 않아 이날의 주빈인 반기문 차기 총장이 연설할 차례가 됐다. 참석자들은 '동양에서 온 조용한 신사'란 이미지를 떠올리며 거기에 맞는 의례적 발언을 예상하고 있었다. 그러나 정작 기자들을 향해 튀어나온 그의 이야기는 전혀 생각지도 못한 것이었다.

"한국에선 '기름장어'로 통했지만 뉴욕에선 '테플론 외교관Teflon Diplomat'◆이란 새로운 별명을 얻었다. 나는 여러분의 어떠한 공격도 잘 피해나갈 자신이 있다."

기름장어란 별명은 장관 시절 한국 기자들이 꼬투리를 잡으려 해도 여간해선 안 잡힌다는 의미로 붙여준 것이지만 서양에선 통하지 않는, 부정적 의미의 표현이었다. 미국의 레이건 전 대통령이 기자들의 어떤 질문에도 웃으면서 대응을 잘해 테플론 대통령Teflon

---

◆　표면을 테플론이란 물질로 특수 처리해 눌어붙지 않는 프라이팬에서 비롯한 표현으로, 어떤 공격에도 상처를 입지 않는다는 의미이다.

President이라고 불렸는데, 어떤 질문이나 비난에도 달라붙지stick 않는다는 유머러스한 표현이었다. 그런데 반 총장이 자신은 테플론 외교관이라며 이 표현을 원용한 것이다.

어쨌거나 처음부터 기자들의 예상을 깬 통통 튀는 조크였다. 이후에도 계속 쏟아지는 재치 있는 농담으로 만찬회장은 웃음바다가 됐다. 그의 연설 중 압권은 마지막 부분이었다.

성탄절을 앞둔 그때 반 총장이 '산타 할아버지가 우리 마을에 오신다네Santa Clause is coming to town'라는 캐럴을 '반기문이 유엔에 오신다네Ban Ki-moon is coming to UN'로 바꿔 불러 장내를 압도한 것이다.

일순간 만찬장에 유쾌한 웃음이 가득 터져 나왔다. 고지식하고 답답하리라 예상한 아시아 출신의 총장에게 이런 유머러스한 면이 있다니! 출입 기자들은 물론 유엔 직원 등 참석자 모두에게 깜짝 반전을 선물하며 자신에 대한 선입견을 뿌리째 바꾸는 순간이었다.

물론 크리스마스캐럴 이벤트는 사전에 계획한 일이었다. 총장 직속 홍보팀에서 나온 아이디어였다. 하지만 홍보팀 직원들도 고지식하게 보이는 반 총장이 기자들 앞에서 천연덕스럽게 크리스마스캐럴을 부를 수 있을 거라고는 생각지 못했다고 한다. 그만큼 서양 중심의 유엔에선 아직도 동양인을 보는 부정적 선입견이 뿌리 깊었다.

UNCA 만찬 같은 기자들의 모임에 참석하면 그날의 주빈은 언론의 집중적 스포트라이트를 받기 마련이다. 이 때문에 많은 정치인

© UN Photo/Amanda Voisard

반 총장이 보여준 의외의 모습은 기자들은 물론 내부 직원들이 가진 '아시아 사람'에 대한 고정관념을 깨뜨렸다이 그 자리를 빌려 인간적이고 유머러스한 모습을 보이려고 노력한다. 미국 대통령이 참석하는 백악관 출입 기자단 연례 만찬도 딱 그렇다. 반 총장과 참모들은 데뷔 날짜를 정해둔 슈퍼루키처럼 이날 UNCA 모임을 통해 인간적이고 유머러스한 모습을 강렬하게 보여주기로 전략을 짜고, 성공시켰다.

이날의 대성공에 고무된 까닭인지 반 총장은 이후에도 UNCA 연례 만찬 때면 늘 참신하면서도 촌철살인의 메시지를 담은 퍼포먼스를 선보이고 있다.

취임 첫해인 2007년에는 "내 연설이 '나무처럼 딱딱하다'는 〈뉴욕타임즈〉의 비판 기사를 염두에 뒀다"고 으름장을 놓으며 독일 민요 〈노래는 즐겁다Wooden heart〉의 가사를 바꿔 불렀다.

"나에게 잘해줘요. 나를 친절하게 대해줘요. 난 나무로 만들어지지 않았어요. 내 마음은 나무처럼 딱딱하지 않아요Treat me nice. Treat me good. Cause I'm not made of wood. And I don't have a wooden heart."

반 총장의 웃음 행진은 해가 갈수록 기발하고 재미를 더해갔다.

2009년에는 "지구온난화가 가장 심한 곳은 기자회견장이다. 열기가 가득하기 때문"이란 재치 있는 비유로, 2010년엔 "외계인을 만날 지구 대표로 영화배우이자 전 캘리포니아 주지사이던 아널드 슈워제네거를 임명하겠다"는 깜짝 발언으로 기자들의 폭소를 자아

내기도 했다.

때론 반 총장이 직접 출연하는 재기 넘치는 동영상도 동원한다.

2011년에는 유엔 평화유지군의 상징인 푸른 헬멧을 쓰고 스케이트보드를 타는 반 총장의 모습을 상영했다. 2013년의 경우에는 미국 정보 기관의 무차별적 도·감청을 풍자한 동영상을 상영했다. 반 총장은 이 동영상에 직접 출연해 몰래 카메라를 설치한 자신의 사무실에서 "나는 역사상 가장 열심히 일하는hardest working 사무총장이 될 거야"라고 혼잣말을 한다. 이 혼잣말을 미 정보 기관이 비슷한 발음인 '엉덩이춤twerking'으로 잘못 알아들어 소동이 벌어진다는 내용이었다.

이처럼 동양에서 온 딱딱하고 권위주의적인 관료라는 이미지를 벗기 위한 반 총장의 노력은 각별했다. 그럼에도 취임 초기부터 여기저기에서 날아드는 그에 대한 견제는 결코 녹록지 않았다. 언론, 특히 서구 언론의 시선은 곱지 않았다.

오랜 역사를 자랑하는 영국의 〈더 타임즈〉는 선거 운동 때부터 반 총장을 걸고 넘어졌다. "한국 정부가 수백만 달러 규모의 경제원조 등 여러 인센티브를 앞세워 유엔 안보리 이사국에 대해 공격적 선거 운동을 펼치고 있다"고 보도하는 등 기회가 있을 때마다 반 총장 진영을 흔들어댔다.

취임 후 6개월 정도 지났을 무렵, 반 총장이 주요 포스트에 대한 인사를 단행한 뒤 본격적으로 유엔 개혁에 나설 때에도 세찬 비판이 몰아쳤다. 트집과 비판의 사안 역시 한두 가지가 아니었다.

먼저 "반 총장은 지나치게 친미적이다"란 주장을 제기하며 〈더 타임즈〉는 영국 외교관의 말을 인용해 "반 총장이 줏대가 없기 때문에 미국이 그를 유엔 수장으로 원했다"며 "그런 우려가 현실화 됐다"고 비아냥거렸다. 또 유엔 내에 한국 출신 보좌진이 너무 많아졌으며, 그들이 지나치게 설치고 다닌다는 지적도 나왔다. "쿠르트 발트하임오스트리아, 하비에르 페레스 데케야르페루, 부트로스 부트로스갈리이집트 등 전임 총장들도 자국 출신 보좌관을 쓰긴 했지만 반 총장만큼은 아니었다"는 비판이었다. 심지어 "키 작은 한국인들little Koreans이 너무 많이 돌아다닌다"는 인종차별적 발언까지 튀어나왔다.

반 총장은 유엔에 입성하면서 선거 운동 때 동고동락한 한국 외교부 소속 직원 5명을 대동했다. 아울러 그중 1명을 대변인실, 1명을 기획관리실, 3명을 총장 비서실에 배치했다. 이를 두고 서방 언론이 곱지 않은 시선을 보낸 것이다. 또 최영진 전 주미 대사를 코트디부아르 사태 담당 특별 대표로, 한승수 전 국무총리를 유엔 기후변화 특사로 발탁한 것도 곱지 않은 시선으로 보았다. 최 전 대사는 이미 유엔 대사에 유엔 평화유지활동 담당 사무차장보까지 역임한 유엔 내 최고 적임자였으며, 한 전 총리 역시 유엔 총회 의장으로 활동한 이력이 있는 인재였다. 그러나 이를 반 총장의 취임과 함께 한국인이 갑자기 득세한 것으로 치부하면서 일부 서방 언론이 트집을 잡은 것이다.

반 총장이 취임한 후 유엔 내에 한국 직원이 늘어난 것은 사실이다. 그가 입성하기 6개월 전인 2006년 7월, 유엔에서 일하는 한국인 직원은 54명이었으나 1년 뒤에는 66명으로 늘었다. 증가율로만 보면 20%가 넘는 수치이다. 그러나 이는 국력과 유엔 분담금 납부 규모 등을 고려해볼 때 그간 한국 출신 직원이 터무니없이 적은 모순을 다소 해소한 것에 불과했다. 반 총장이 취임한 2007년도 기준으로 한국은 유엔의 분담금 규모에서 세계 11위였다.◆ 반 총장 취임 후 유엔의 한국인 직원이 대폭 늘었다 해도 70명이 채 되지 않았다. 당시 경제 수준이 낮아 훨씬 적은 분담금을 내는 필리핀 출신 유엔 직원은 한국의 10배도 넘는 759명에 달했다. 한국인 직원 수가 늘었다는 사실만으로는 전혀 문제 될 것 없는 사안이었다. 이는 전체 그림은 보지 않고 단순 사실만 부각한 비뚤어진 비판이었다.

어쨌든 반 총장에 대한 비판은 신문 지면에 그치지 않았다. 어떤 기자들은 기자회견장에서 곤란한 질문을 퍼부으며 그를 곤경에 빠뜨리려고도 했다. 단적인 예가 반 총장 취임 직전인 2006년 12월 기자회견장에 있었던 해프닝이다.

◆　　　유엔 회원국들은 최근 3년 및 6년간의 GDP 규모를 기준으로 전체 유엔 예산을 분담한다. 2014년 GDP 규모로 세계 14위를 차지한 한국은 전체 예산의 1.994%인 5,400만 달러를 냈다. 자국 출신을 유엔에 진출시키면 유엔의 정책 결정에 참여하는 효과를 볼 수 있으며, 이들이 받는 급여가 결국 자신들이 낸 분담금에서 나오는 터라 이를 되돌려받는 효과도 얻을 수 있다. 따라서 각국은 가급적 자국의 인재가 유엔에서 더 많이 일할 수 있도록 장려한다. 이런 배경 아래 유엔은 분담금 비율을 기준으로 각국별 채용 규모를 결정한다.

반 총장이 취임 선서식을 한 12월 14일, 유엔 본부 대형 회의실에서 기자회견이 열렸다. 취임 선서를 막 끝내고 연단에 오른 반 총장에게 처음부터 짓궂은 질문이 날아왔다.

"언론에서 기름장어란 별명으로 부르는데 어떻게 생각하십니까?"
"그건 언론과 너무 친해서 생긴 것입니다."

곤란한 질문을 능숙하게 받아넘긴 반 총장의 기발한 답변은 기자들의 웃음을 자아냈다. 그러나 곧바로 이런 화기애애한 분위기에 찬물을 끼얹는 질문이 날아왔다. 한 캐나다 기자가 손을 들더니 갑자기 반 총장에게 불어로 질문을 했다.

"유엔에서 불어가 왜 영어에 이어 두 번째 언어로 대접받아야 하는지 불어로 대답해주십시오."

갑작스러운 불어 질문에 반 총장은 당황한 듯 "무슨 말인지 못 알아듣겠으니 천천히 말해달라"고 주문했다. 재차 불어로 질문이 이어졌지만 제대로 이해할 수 없어 결국 유엔 지인이 성이로 동역을 해야 했고, 마침내 반 총장은 영어로 다음과 같이 대답했다.

"유엔 회원국은 영어·불어·스페인어·러시아어·중국어·아랍어 등 6개 언어를 공식 언어로 채택했으며, 그중 영어와 불어를 업무용 언어로 사용하고 있습니다."

이런 상황은 바로 다음 날 각 언론에 보도되어 반 총장의 마음을 불편하게 만들었다.

이날 캐나다 기자가 일종의 불어 테스트를 한 것은 유엔의 전통과 독특한 문화 때문이었다. 지금은 전 세계적으로 불어의 위상이 많이 낮아졌지만, 유엔이 출범하던 1945년 즈음에는 상황이 크게 달랐다. 불어의 모국인 프랑스는 제2차세계대전의 승전국이었다. 게다가 중세 이래 불어는 유럽 귀족들의 언어라는 인식이 널리 퍼져 자연히 유럽 각 나라의 외교 언어로 불어가 통용되었다. 이런 배경 아래 유엔 내 모든 사안에 대해 거부권을 행사할 수 있는 프랑스는 불어를 유창하게 구사할 줄 알아야 유엔 사무총장 임명에 동의한다는 정책을 고수해왔다.

그러나 반 총장으로서는 외교관 생활을 하면서 불어를 익힐 기회가 거의 없었다. 미국 워싱턴 대사관과 뉴욕 유엔 대표부 그리고 인도 대사관 등 주로 영어 사용국에서 근무했고, 비영어권으로는 독일어를 쓰는 오스트리아에서 대사로 일한 게 전부였다. 업무상 거의 쓰지 않던 불어 실력을 갑자기 연설이 가능한 수준으로 끌어올리기란 어려운 일이었다. 유엔 총장 출마를 결심한 이후 바쁜 일정 속에서도 주 4시간씩 집중적으로 불어 수업을 받았지만 단기간에 완벽해지기란 불가능했다.

유엔 출입 기자들의 짓궂은 불어 테스트는 한 번에 그치지 않았

반 총장은 공식 업무를 시작한 첫날부터 기자들에게 호된 신고식을 치러야 했다.

다. 첫 번째 불어 질문이 있은 지 채 한 달도 안 된 1월 11일, 취임 후 첫 기자회견장에서 또다시 불어 질문이 날아들었다.

"소말리아와 관련한 질문인데, 불어로 답변해주십시오. 미국의 일방적 개입에 대해 좀 더 자세히 설명해주실 수 있으신지요? 그리고 이번 아프리카 순방 중 콩고민주공화국에 들르겠다고 하셨는데 어떤 문제를 논의할 예정인가요?"

지난번 불어 질문에 홍역을 치른 반 총장이었다. 그러나 이번엔 완전 딴판이었다. 당황하지 않고 매우 차분한 어조의 불어로 신중하게 답변해나갔다.

"지난번 기자회견 때는 불어로 제대로 답변하지 못해서 나 역시 실망했습니다. 내 불어 실력을 더 연마했어야 하는데 말입니다. 그러나 나는 계속 공부하고 있습니다. 지난 수개월 동안 레슨도 꾸준히 받고 있습니다. 그렇지만 괜찮다면 오늘은 영어로 답변하려 합니다."

미리 준비한 듯 무난하게 불어로 서두를 뗀 반 총장은 다시 유창한 영어로 소말리아와 콩고 사태에 대한 답변을 이어갔다. 슬기롭게 위기를 넘기긴 했지만, 유엔 직원들이며 출입 기자 대부분이 영어를 더 자연스럽게 사용하는 상황에서 굳이 불어 답변을 요구한 것은 반 총장에게 망신을 주려는 의도라고밖에 볼 수 없었다.

세계에서
가장 위험한 한국인

◆

한국인 참모를 너무 많이 쓴다는 둥 지나치게 친미적이라는 둥 심지어 불어 실력이 충분하지 않다는 둥 갖가지 공격은 반 총장 지휘 아래 유엔이 별문제 없이 돌아가자 잠시 잦아드는 듯했다. 그러나 한동안 잠잠하던 반 총장 흠집 내기는 첫 임기의 절반, 즉 2년 반이 지난 2009년 중반 무렵 또다시 쏟아지기 시작했다.

마치 약속이나 한 듯 영국 〈이코노미스트〉를 시작으로 미국의 외교 전문지 〈포린 폴리시〉와 일간지 〈월스트리트 저널〉 〈워싱턴포스트〉 등 내로라하는 서구 언론들이 일제히 반 총장을 향해 포문을 열었다. 어쩌면 이들 서구 언론의 인식 깊은 곳에는 동양인이 유엔을 이끈다는 사실 자체에 대한 불만과 불안감이 도사리고 있었는지도 모른다. 어쨌거나 이들이 비판의 날을 세울 수 있도록 직접 빌미를 준 건 미얀마와 스리랑카 사태에 대응하는 반 총장의 조용한 외교 스타일이었다.

아시아 최빈국 중 하나로 1962년 쿠데타 이래 군부 독재에 시달려온 미얀마는 오랫동안 고립된 나라였다. 1990년 5월 근 30년 만에 처음으로 민주적 선거를 실시해 미얀마 민주화의 꽃 아웅 산 수 치가 이끄는 '민족민주동맹NLD'이 489석 중 392석을 차지하는 대승을 거뒀다. 그러나 군부는 야당에 권력을 이양하길 거부하고 아웅 산 수 치를 오랫동안 가택 연금에 처한 채 철권통치를 이어갔다.

하지만 영원한 독재는 유지될 수 없는 법. 1990년 선거 이래 또다시 17년간 지속된 미얀마 군부 독재는 2007년 8월, 국민의 격렬한 저항에 직면했다. 계기는 갑작스러운 천연가스와 유류 가격 인상이었다. 미얀마 정부는 8월 15일, 아무런 사전 예고 없이 천연가스는 5배, 휘발유와 디젤유는 2배씩 기습적으로 가격 인상 조치를 단행했다. 그러자 가뜩이나 생활고에 시달려온 시민들이 분노해 군사 정권의 조치에 항의하는 가두시위를 벌이기 시작했다. 여기에 불교 국가인 미얀마에서 절대적 존경을 받는 승려들이 동참하면서 반정부 시위는 들불처럼 온 나라로 번져나갔다. 미얀마 승려들은 연황색, 즉 새프런색saffron 승복을 입기에 이때의 반정부 시위를 '새프런 혁명'이라고도 부른다.

어쨌거나 양곤 등 대도시를 중심으로 일어난 반정부 가두시위에 10만 명 이상이 몰려나와 "정권 퇴진"을 소리 높여 외쳤다. 그러나

고분고분 물러날 군부가 아니었다. 군부 세력은 군대를 동원해 시위 대를 향해 실탄을 발사하며 강경 진압으로 맞섰다. 이 과정에서 30여 명의 승려를 포함해 100여 명이 숨지고 200여 명이 혹독한 구타를 당했다. 외부 세계는 당시의 격렬한 반정부 시위로 군부가 축출될 것인지 큰 관심을 갖고 지켜봤지만, 한 달간 지속된 반정부 시위는 결국 강경 진압을 이기지 못한 채 사그라지고 말았다.

한편, 미얀마에서 격렬한 반정부 시위와 함께 인명 피해가 속출하자 유엔 안보리는 미얀마 군부를 비판하는 성명을 내고 추가 제재 문제를 논의하기 위해 긴급 비상 회의를 개최했다. 그러나 전통적으로 미얀마 군부와 긴밀한 관계를 맺어온 중국의 반대로 결국 미얀마 제재는 무산되었다. 그렇게 미얀마는 또다시 민주화가 요원한, 구제받지 못하는 나라로 치부되며 국제 사회의 관심에서 멀어져갔다.

잊히는 듯하던 미얀마가 다시 세계의 이목을 끈 것은 불과 반 년 뒤인 2008년 5월 초였다. 시속 200킬로미터 이상의 강풍을 동반한 최악의 사이클론 나르기스Nargis가 미얀마 서남부의 이라와디Irrawaddy 삼각주 일대를 강타한 것이다. 이곳은 전통적 곡창 지대로 최대 인구 밀집 지역이기도 했다. 사이클론에 의한 피해도 어마어마해 13만 명 이상이 죽고 100만 명 넘는 이재민이 발생했다. 피해 지역엔 물살에 휩쓸리거나 건물에 깔려 숨진 시체가 여기저기 즐비했다. 진흙탕으로 변한 땅에 남겨진 이재민에겐 먹을 것, 마실 것 하나 없는 참담한 상황이 펼쳐졌다.

그러나 이재민 구호에 앞장서야 할 미얀마 군부는 유엔 등 외부 구호 단체의 도움을 사실상 거부했다. 국제 사회의 민주화 요구에 시달려온 미얀마 군부는 자국 내 반정부 세력과 외부와의 접촉을 차단하기 위해 외국인의 입국을 철저히 통제해왔다. 이런 정책의 연장선 상에서 비상사태가 발생했음에도 적십자사 등 해외 구호 단체가 들어오는 것을 막아버린 것이다.

수많은 사람이 죽어가는 절체절명의 상황에 외부의 지원이 절실했다. 민간인의 피해엔 아랑곳하지 않는 군부의 태도 때문에 희생자가 급증할 것을 우려한 반 총장은 중대한 결단을 내렸다. 본인이 직접 미얀마로 달려가 군부 세력과 대화를 나누겠다는 것이었다. 그러나 주변에선 하나같이 반 총장을 극력 말렸다.

서방 언론은 "유엔 사무총장이 군부와 만나면 그들의 집권에 정당성을 부여하는 꼴이 된다"며 반대했고, 유엔 내 참모진도 "유엔 사무총장이 거기까지 가서 가시적 성과를 내지 못하면 괜히 스타일만 구긴다"며 난색을 표했다.

그럼에도 반 총장은 단호했다. 그는 주변 참모들에게 이렇게 선언했다.

"유엔이 주도권을 잡고 사태의 흐름을 역전시켜야 합니다."

한번 결정하면 놀라울 정도로 추진력 있게 밀어붙이는 반 총장이었다. 분초가 시급하다고 판단한 그는 토요일 오후 즉시 피해 지역 주변인 동남아 국가 대사들을 모두 총장 관저로 불러 자신의 결심을 설명했다.

"수많은 미얀마 국민이 도움의 손길을 필요로 하고 있음에도 외부 세계를 두려워하는 군부가 가로막고 있습니다. 일단 국제 사회가 미얀마에 들어갈 수 있는 계기를 만들어야 합니다. 이를 위해 사이클론 나르기스 피해를 복구하기 위한 대미얀마 원조에 대한 국제회의를 개최합시다. 내가 미얀마에 들어가서 직접 그들과 대화를 해보겠습니다."

이 같은 반 총장의 결단에 미얀마 정부는 나름 현명한 선택을 했다. '대對미얀마원조회의'를 미얀마 경제 수도 양곤에서 개최하기로 하고 반 총장의 방문을 허용한 것이다. 반 총장은 유엔아태경제이사회UNESCAP 본부가 자리한 옆 나라 태국의 수도 방콕을 전초기지로 삼아 5월 22일 미얀마에 들어갔다. 그러곤 입국 즉시 최대 피해 지역인 이라와디 삼각주 일대를 헬기로 돌아보고 난민촌도 방문해 이재민들을 위로했다. 아울러 아시아가 최초로 배출한 3대 유엔 사무총장인 미얀마 출신의 우 탄트 기념관을 방문해 경의를 표했다. 그 후 특별기편으로 미얀마의 행정 수도 네피도로 이동해 군부 최고 실력자 탄 슈웨 장군을 만나 2시간 동안 담판을 벌였다.

회의 결과는 반 총장의 승리였다. 미얀마 군부는 반 총장의 요구대로 이재민을 위한 해외 구호 인력의 입국을 허용하기로 하고, 이와 함께 양곤 공항을 구호품 수송의 허브로 이용할 수 있도록 승인했다. 또 원조 회의도 예정대로 25일 양곤에서 개최했다. 반 총장은 아울러 국제 사회의 대미얀마 지원 의지를 재결집해 주최국인 미얀마 정부가 이를 직접 확인하도록 만들었다.

굳게 닫혀 있던 미얀마의 문이 드디어 열린 것이다. 이를 두고 〈월 스트리트 저널〉은 "반 총장이 국제 사회의 도움을 거부하던 미얀마의 철권통치자 탄 슈웨 장군을 설득한 것은 외교적 승리"라고 평가했다.

이렇게 시작된 반 총장과 미얀마와의 인연은 기구하고 복잡했다. 결과적으로는 미얀마의 개혁과 개방이 이루어지면서 반 총장에게 보람과 명예를 안겨주었지만, 그 과정에서 반 총장은 서방 언론의 극심한 공격에 시달려야 했다. 기쁨과 괴로움을 동시에 안겨준 애증의 관계라고나 할까.

반 총장에게 가장 큰 타격을 준 문제는 미얀마의 인권 시비였다. 시간이 흘러 사이클론의 피해는 수습되었지만 미얀마의 인권 문제는 여전히 국제 사회의 큰 골칫거리였다. 민주화를 요구하는 국제 사회의 빗발치는 여론 속에서도 탄 슈웨 장군이 이끄는 군부는 막무가내로 철권통치를 이어갔다. 민주화의 꽃 아웅 산 수 치는 여전히 가택 구금 상태에서 벗어나지 못한 채 일체의 정치 활동을 못 하고 있었다.

이에 반 총장은 2009년 1월 말, 이브라힘 감바리Ibrahim Gambari 전 나이지리아 외교장관을 유엔 특사로 임명, 양곤으로 파견해 미얀마 군부에 민주화 조치를 단행할 것을 촉구했다. 하지만 감바리 특사는 군부의 수장 탄 슈웨 장군도 만나지 못한 채 임무 달성에 실패했다.

이를 지켜본 반 총장은 고심한 끝에 이번에도 자신이 직접 나서기로 했다. 한 해 전 만나 얼굴을 익힌 탄 슈웨 장군을 대면해 대대적인 정치범 사면을 포함한 민주화 조치를 요구할 생각이었다. 그러나 외부의 거센 비판에 시달리던 미얀마 군부는 안으로, 안으로만 움츠러들고 있었다.

감바리 특사가 방문한 6개월 후인 2009년 7월, 반 총장이 유엔 사무총장 자격으로 미얀마를 두 번째 방문했다. 탄 슈웨 장군은 회담에는 응했지만 민주화 요구에 대해서는 냉담했다. 게다가 아웅 산 수 치를 만나게 해달라는 반 총장의 거듭된 요청마저 "재판 중이라 만날 수 없다"며 단호하게 거절해버렸다.

결국 외부에서 보기엔 미얀마의 민주화를 위해 가시적 성과를 내겠다는 반 총장의 목표가 실패로 돌아간 듯했다. 그러나 겉으로 보이는 게 전부가 아닌 법. 반 총장은 공식적 자리에서 미얀마 군부에 대한 지나친 비난은 삼가고 있었지만, 그렇다고 군사 독재를 용인한 건 결코 아니었다.

상대방 입장도 헤아리면서 이를 타협 과정에 반영할 줄 아는 아시아적 중용 정신을 발휘한 행동이었다. 실질적으로 이들과의 대화를 이어갈 수 있어야 소기의 성과를 달성할 수 있었다. 중요한 사안일수록 성실한 교류로 쌓은 신뢰 관계를 바탕으로 막후에서 설득과 대화를 통해 풀어간다는 반 총장 특유의 조용한 외교 전략이었던 셈이다. 반 총장의 이러한 언행은 동양적 가치를 알고 있는 사람이라면 충분히 이해할 만한 것이었다.

넓은 마음으로 상대를 포용하며 기다리는 자세, 리더라면 갖춰야
할 덕목이었다. 그러나 선입견에 사로잡힌 서양인의 눈에는 반 총장
의 그런 모습이 못마땅하기 짝이 없었다. 그들의 관념에선 유엔 사무
총장이라면 당연히 군부 독재자를 신랄히 비판하는 '도덕적 투사'여
야 마땅했다. 따라서 미얀마 군부의 억압과 부당한 행동을 반 총장이
앞장서 국제 사회에 널리 알려야만 한다고 여겼다. 유엔 사무총장에
게 주어진 도덕적 권위와 카리스마 그리고 외교적 수단으로 군부를
압박해 적절한 조치가 이뤄지도록 만들어야 한다는 게 당시 서방 언
론의 주장이었다.

여기에 반 총장을 더욱 곤란하게 만드는 일이 생겼다. 반 총장에
겐 거절하던 아웅 산 수 치와의 면담을 짐 웨브Jim Webb 미 상원 외교
위원회 동아태소위원회 위원장에겐 허용한 것이다. 반 총장과 비슷
한 시기에 미얀마를 찾은 웹 위원장은 정부 영빈관에서 아웅 산 수
치를 2시간가량 만났다. 서방 언론에선 다시 한 번 반 총장에 대한
비판 기사가 쏟아졌다. 〈워싱턴포스트〉는 '독재자에 대한 조용한 외
교가 불협화음을 일으키고 있다'는 제목 아래 반 총장의 리더십에
관한 비판을 퍼부었다.

"반 총장은 독재자들의 잔혹한 행위에 너무 자주 침묵해 유엔을 추악
한 타협의 무대로 만들었다는 비판에 직면했다."

그간 반 총장이 탄 슈웨 장군을 비롯해 많은 독재자를 만났음에

도 별다른 성과를 내지 못했다는 게 〈워싱턴포스트〉의 논리였다.

〈월스트리트 저널〉 역시 '유엔의 보이지 않는 사람Invisible Man'이란 기사에서 "반 총장은 다른 전임자들에 비해 존재감이 없다"고 비판했다.♦

이 무렵을 전후해 영국의 〈이코노미스트〉, 미국의 〈포린 폴리시〉 등도 무자비하게 반 총장을 깎아내렸다. 특히 〈포린 폴리시〉는 반 총장을 "어디에도 없는 사람Nowhere Man"이라고 규정하면서 "미국의 눈치만 보는 세계에서 가장 위험한 인물"이라고 혹평했다.

서방 언론들이 트집을 잡은 건 미얀마 정책만이 아니었다. 취임한 이래 최대 과제로 꼽힌 수단의 다르푸르Darfur 사태와 관련해서도 반 총장은 이 나라 오마르 알바시르Omar al-Bashir 대통령을 충분히 비판하지 않는다는 혹평을 감내해야 했다. 그리고 2009년에 이뤄진 타밀Tamils 소수분리주의자 소탕 과정 때에도 비슷한 일을 겪어야 했다. 당시 소탕 작전으로 수만 명의 사망자가 발생했는데도 이를 주도한 스리랑카 대통령에 대해 너무 무르게 대응한다는 서방 언론의 험담이 끊이지 않았다.

반 총장을 난처하게 만든 건 언론뿐만이 아니었다. 우연인지 아니면 잘 구성한 음모였는지는 밝혀지지 않았지만, 공교롭게도 비슷

♦　영국의 유명한 작가 허버트 조지 웰스H. G. Wells의 《투명인간》이라는 소설 제목을 인용한 기사 제목이었다.

한 시기에 반 총장을 비방하는 유엔 주재 노르웨이 외교관의 보고서가 언론에 유출되면서 그의 체면을 구기는 일이 발생했다. 문제의 보고서는 모나 율Mona Juul 노르웨이 차석대사가 본국에 보낸 문건으로, "반 총장이 리더십을 보여주려 하지만 유엔이 환경 문제를 다루는 데 어려움을 겪고 있고, 금융 위기 동안에도 충분한 리더십을 발휘하지 못했다"는 내용이 포함돼 있었다. 율 대사는 한 걸음 더 나아가 "반 총장은 경험 많은 유엔 내 최고위직 간부들조차 당황할 정도로 늘 화를 내곤 한다"고 지적했다.

그러나 서방 언론 기사와 율 대사의 보고서는 겉모양만 볼 뿐 깊숙한 내막은 보지 못한 겉핥기식 관찰일 뿐이었다.

미국 금융 위기가 발발한 2008년 이후 세계는 '다중 위기' 시대로 급속히 빠져들고 있었다. 월스트리트에서 시작한 금융 위기로 세계경제가 깊숙한 불황의 늪에서 벗어나지 못했다. 유가 상승과 식량 부족 그리고 2000년대 초 아시아를 휩쓴 조류독감, H1N1 독감 등으로 가뜩이나 지역 분쟁 수습만으로도 정신이 없는 유엔에 더욱 고된 상황이 덮쳤다. 이 중 경제 위기 같은 문제는 유엔 단독으로는 도저히 풀 수 없는 일이었다. 그리하여 반 총장은 기존의 G8에서 한 단계 발전한 G20 정상회의에 참석해 정책 공조를 주도했다. 특히 그는 이 회의에서 유엔의 노력을 설명하는 동시에 이 회의에 참석하지 못한 나머지 172개 회원국의 입장을 대변하려 노력했다.

식량 위기에 대해서는 여러 국제기구가 합심해 문제에 대처하도록 힘썼다. 여러 기구가 참여하는 특별팀을 창설해 단기적 식량 수급 문제에서 장기적 생산 구조 개선에 이르기까지 체계적으로 접근하며 국제 식량 시장이 균형을 되찾게끔 조율한 것이다.

H1N1 독감의 경우, 반 총장은 초동 단계부터 마거릿 챈Margaret Chan WHO 사무총장과 긴밀하게 협조하면서 대책을 마련했고, 다행히 H1N1 독감이 과거의 조류독감만큼 위험하지 않다는 결론이 내려져 안도의 한숨을 쉴 수 있었다. 당시 두 사람 간의 콤비 플레이로 체계적으로 돌아가던 유엔의 모습을 가까이에서 목격한 많은 이들은 깊은 인상을 받았다.

요컨대 반 총장을 비난한 여러 기사와 보고서는 이처럼 물밑에서 이뤄진 그의 노력을 제대로 평가하지 못했다는 비판을 면하기 어려워 보인다.

당시 언론의 비판은 반 총장 그리고 유엔의 다각적 노력과 조직의 한계를 제대로 이해하지 못한 채 '동양의 신사가 아무래도 역량이 부족해 무슨 무슨 사태에 대처하지 못하나 보다'라는 추측에서 나온 분석에 지나지 않았다. 본질적 내용도 없이 단지 "화를 잘 낸다"라고 보고한 것도 지금 와서 보면 실소를 금치 못할 내용이었다. 아마도 반 총장의 새로운 시각과 업무 스타일에 대한 유엔 간부들의 소극적 반응을 그렇게 표현한 것으로 보인다. 게다가 노르웨이의 모나 율 대사는 당시 유엔 사무국의 고위직에 응모했다가 탈락했다는 사실이 밝혀지면서 당시 보고서가 다분히 보복성이었음이 드러나 신뢰를 잃고 말았다. 그보다도 심각한 것은 모나 율 대사가 반 총장의 중동 문제 특별고문인 테리에 뢰드라르센Terje Rød-Larsen의 부인이었다는 점이다. 과연 율 대사의 보고서가 반 총장을 지근 거리에서 보좌하는 라르센 고문의 시각을 반영하는 것인지, 반 총장 앞에서 웃는 얼굴을 하고는 뒷전에서 이러한 험담을 하고 다닌 것은 아닌지가 유엔 주변에서는 흥미로운 가십거리가 되었다.

그토록 비판을 받은 미얀마 문제를 다시 들여다보자.

반 총장이 첫술에 아웅 산 수 치 가택 연금 해제와 같은 급진적인 성과를 거두지 못한 건 사실이었다. 그러나 멀리 내다본 그는 자신의 신념인 조용한 외교를 통해 미얀마 민주화의 초석을 다지고 있었다. 그런 자신감에서 반 총장은 노르웨이 방문길에 "내겐 내 나름대로의 리더십과 카리스마가 있다"고 역설하기도 했다. 자신을 공격하는 언론 보도를 의식한 발언이 틀림없었다.

실제로 막후에서 이뤄져 언론에 공개되지는 않았지만, 반 총장은 탄 슈웨 장군에게 외부와의 교류를 넓히라고 강력히 촉구하고 있었다. 여기엔 박정희 전 대통령과 관련한 에피소드도 얽혀 있었다. 반 총장이 한국 출신임을 알고 있던 탄 슈웨 장군이 이런 고백을 한 것이다.

"박정희 대통령을 존경합니다. 나도 박정희처럼 되고 싶습니다."

이 이야기를 들은 반 총장은 이때다 싶어 박 대통령을 언급하며 충고를 건넸다.

"박정희 대통령은 이렇게 하지 않았습니다. 그는 국제 사회와 교류하
면서 받을 건 받았습니다."
"그런 이야기는 처음 들었습니다. 내 주변 사람들은 아무도 이런 이
야기를 해주지 않았습니다. 굉장히 중요한 이야기입니다."

이 이야기를 듣고 크게 탄복한 탄 슈웨 장군은 국제 사회의 지원을
받기로 결정했다. 그 덕분에 항만에 묶여 있던 구호 물품이 미얀마에
들어올 수 있었고, 수많은 이재민이 결정적 도움을 받았다.
한편, 반 총장은 탄 슈웨 장군에게 국제 사회와의 교류뿐 아니라
민주화의 길을 가도록 강력히 촉구하기도 했다.

"아웅 산 수 치를 포함한 모든 정치범을 석방하고 내년 총선을 투명
하게 치러야 합니다."

결국 2010년, 미얀마는 역사적 총선을 치렀다. 아웅 산 수 치가
이끌던 야당이 선거를 거부해 군부가 지지하는 '통합단결발전당
USDP'이 전체 의석의 75%를 차지하며 압승을 거두는 결과를 가져오
긴 했지만, 민주주의를 향한 여정에서 큰 진전을 본 건 틀림없었다.
부정 선거 시비에다 전체 의석의 25%를 군부에 할당했지만, 그럼에
도 20년 만에 치러진 총선은 분명 의미 있는 일이었다.

반 총장은 자신만의 방식으로 미얀마 군부의 신뢰를 얻어갔다. 미얀마 민주화에는 반 총장의 진정성 있는 외교력이 큰 힘을 발휘했다.

반세기 넘게 군사 독재가 이어진 미얀마였지만, 일단 민주화를 향한 여정이 시작되자 그 물줄기를 바꾸는 것은 불가능했다. 군부 세력은 국내외에서 빗발치는 여론에 못 이겨 총선 후 아웅 산 수 치의 가택 연금을 해제했고, 군부 최고 실력자인 탄 슈웨 장군도 2011년 초 군사평의회를 해산하고 2선으로 물러났다. 이후 테인 세인 총리가 새로운 대통령으로 취임해 미얀마를 통치하게 되었다.

2008년 미얀마 변화에 시동을 건 인물은 탄 슈웨 장군이었지만,

반 총장의 조언을 받아들여 본격적으로 민주화 조치를 실행한 건 테인 세인이었다. 물론 군 출신인 테인 세인이 군부의 시각을 대변하는 한계가 있었지만, 두 사람은 겉으로 오가는 대화 이상으로 서로를 이해하고 존경을 표시했다. 테인 세인이 총리일 때이든 대통령으로 취임한 이후이든 반 총장은 기회 있을 때마다 그를 만나 미얀마 민주화의 필요성을 역설했다. 2011년 인도네시아 발리에서 열린 동아시아 정상회의EAS에서도 반 총장은 일부러 그를 만나 미얀마의 앞날에 대해 숙의하기도 했다. 그때마다 테인 세인 대통령은 반 총장의 조언을 경청하면서 깊은 감사의 뜻을 표시했다.

세인 대통령은 군 출신임에도 다른 군부 세력과는 완전히 다른 행보를 보여주었다. 해외 언론이 놀랄 정도로 과감한 민주화 조치를 단행했다. 여러 차례에 걸쳐 정치범 수백여 명을 석방하고 언론 자유도 보장했다. 심지어 아웅 산 수 치의 해외 활동까지 허용했다.

이처럼 조금씩 민주화 바람이 불자 그간 반 총장과 미얀마 군부를 싸잡아 비난하던 미국과 유럽 국가들은 순식간에 태도를 바꾸었다. 미얀마에 대한 경제 제재를 푸는 것은 물론 대규모 경제원조까지 약속하고, 미얀마 민주화가 마치 자신들의 공인 양 생색 내기에 열 올렸다. 특히 새로 열리는 미얀마 시장에서의 투자 기회를 놓치지 않기 위해 미국 힐러리 클린턴 국무장관을 시작으로 프랑스 알랭 쥐페 외무장관, 영국 데이비드 캐머런 총리, 급기야 미국 버락 오바마 대통령까지 앞다퉈 미얀마를 방문하기에 이르렀다.

모습을 드러내는
조용한 외교

한때 절대 불가능해 보이던 미얀마의 민주화는 이제 누구도 예상하지 못한 속도로 진행되고 있다. 이런 놀랄 만한 변화에는 반 총장의 기다릴 줄 아는 혜안과 조용한 외교가 결정적 역할을 했다고 해도 과언이 아니다. 만약 2009년 두 번째 미얀마 방문 당시 서방 언론의 주장대로 반 총장이 군부 정권을 소리 높여 규탄했다면 어떻게 됐을까. 가뜩이나 민주화 압력에 알레르기 반응을 보이던 탄 슈웨 정권은 쫓기는 여우가 더욱더 깊숙이 굴속으로 들어가듯 외부 세력과이 접촉을 더욱 기피했을 게 틀림없다.

그러나 상대를 존중하는 중용의 정신으로 민주화 정책을 강력히 요구하는 한편, 공개적 장소에서 비판을 피하고 무대 뒤에서 성실하게 이어나간 반 총장의 설득이 미얀마 군부의 마음을 움직였다.

이런 까닭에 미얀마 세인 정부는 민주화 조치가 본궤도에 오른 2012년 초, 반 총장을 양곤으로 초청해 국회에서 연설하도록 배려해주었다. 자국 국회에서 외국인의 연설을 허락하지 않는 게 관례이던 미얀마 정부가 반기문 총장만은 예외로 한 것이다. 개방화 이후 미얀마로 몰려간 미국·영국·프랑스 정상 누구에게도 주어지지 않은 진심 어린 특별 대우였다. 미얀마 정부가 반 총장의 도움을 얼마나 고맙게 생각하는지 단적으로 알 수 있는 대목이다.

반 총장의 조용한 외교가 결실을 맺은 건 미얀마뿐이 아니었다. 다르푸르 인종 대학살로 악명 높은 수단 사태 때에도 그의 조용한 외교는 진가를 발휘했다.

1956년 영국 식민지에서 독립한 수단은 탄생 순간부터 내전의 싹을 잉태하고 있었다. 서구 열강들이 자의적으로 국경을 결정하면서 이슬람교를 믿는 북쪽의 아랍계 주민과 기독교도인 남쪽 아프리카인이 뒤섞였기 때문이다. 민족적 혼란은 언젠가 일어날 수밖에 없는 갈등의 씨앗이었다. 영국으로부터 독립하기 이전에 이미 시작된 2차에 걸친 내전1955~1972년, 1983~2005년 끝에 양측은 남쪽 수단 주민들이 국민 투표를 통해 독립 여부를 결정하기로 했다. 그리고 남쪽 수단에 상당한 자치권을 주는 가운데 오마르 알바시르 대통령 밑의 부통령 2명 중 한 명을 남수단 사람이 담당하는 형태로 공생하고 있었다. 그런데 남수단의 국민 투표와 독립 일정은 서쪽의 광대한 다르푸르 지방에서 일어난 분쟁 때문에 뒷전으로 밀리고 말았다.

이러한 수단 남북 간의 분리 문제와 별도로 서쪽 지역인 다르푸르에서도 아랍계의 비아랍계에 대한 차별 정책에 대한 반발과 더불어 물을 둘러싼 마찰이 시작되었다. 미묘한 상황이었지만 수단 건국 초기에 북쪽 주민은 주로 가축을 키우고, 남쪽 주민은 농사를 지으며 양측 간에 큰 마찰 없이 비교적 화목한 관계를 유지했다. 그러다 북쪽 지역에 건기가 되면 북쪽의 아랍계 주민이 소와 양을 몰고 남쪽으로 내려와 물을 먹이곤 했다. 하지만 기후변화로 점점 물이 부족해지면서 남쪽 주민이 북쪽 이슬람 유목민의 침식을 경계하기에 이른 것이다.

2003년에는 아랍계가 장악한 수단 중앙 정부에 불만을 품은 아프리카계 주민이 관공서를 습격하는 일이 발생했다. 이를 빌미로 수단 정부의 지원을 받는 것으로 의심되는 아랍계 민병대 '잔자위드Janjaweed'가 다르푸르 지역의 양민에게 강간과 대량 학살을 자행했다. 이렇게 시작된 내전으로 2003년 이후 눈 뜨고 볼 수 없을 정도로 잔인하게 살해당한 양민이 40만여 명, 난민도 250만 명 이상 발생하는 끔찍한 일이 벌어졌다.

반 총장은 취임과 동시에 다르푸르 사태 해결을 위해 온 힘을 쏟아야 했다. 당시 수단의 통치자는 오마르 알바시르 대통령 알바시르는 인종 학살의 주범인 아랍계 민병대 잔자위드를 배후에서 조종한 혐의를 받고 있었다. 그 때문에 국제 사회 내에는 "반 총장이 알바시르에 대해 강경하게 대처해야 한다"는 의견이 적지 않았다.

하지만 반 총장은 그를 공개적으로 비판하는 일을 삼갔다. 대신 직접 만난 자리에서 "다르푸르 학살을 막기 위한 조치를 취하라"고 강력하게 요구했다. 또 2007년 3월 아랍연맹 정상회의가 열린 사우디아라비아에서 알바시르 대통령과 만나 의미 있는 합의를 이끌어냈다. 유엔-아프리카연합AU 혼성 평화유지군UNAMID을 수단에 파견하기로 한 것이다.

이전까지는 인근 아프리카 국가에서 파견한 AU군만이 수단에 주둔하며 분쟁을 막는 역할을 하고 있었다. 그러나 평화를 지키라고 보낸 이 군대는 도리어 주민 폭행이나 강간 등 여러 가지 문제를 일으켰다. 궁리한 끝에 유엔은 2만여 명의 유엔 소속 평화유지군을 파견하려 했다. 그러나 알바시르 대통령이 아프리카 외에 다른 나라 군대는 받지 않겠다고 버티며 유엔 평화유지군 파견을 가로막은 것이다.

교착 상태에 빠져 있던 상황은 반 총장의 끈질긴 설득으로 해결되었다. 마침내 유엔-AU 혼성 평화유지군 2만 6,000명이 위험 지역에 주둔하며 주민을 보호하는 임무를 맡게 된 것이다.

이때의 만남을 시작으로 반 총장은 알바시르 대통령과의 대화를 유지하며 해묵은 수단 문제의 궁극적 해법을 찾기 위한 부단한 노력을 이어나갔다.

그러나 반 총장과 알바시르 대통령 간의 교류는 예기치 않게 중단되고 말았다. 국제형사재판소ICC가 알바시르 대통령을 대량 학살의 배후 인물로 지목해 기소했기 때문이다. 유엔에는 ICC에 의해 기소된 인사와는 접촉하지 못하도록 하는 규정이 있어 어쩔 수 없이 알바시르 대통령과의 접촉을 끊어야 했다.

어쨌거나 다르푸르 문제가 일단락되자 유엔은 2005년 합의에 따라 남부 수단 독립 문제에 착수했다. 수단을 장악해온 하르툼Khartoum 정부는 남쪽에 위치한 유전 지대가 새로 탄생할 남부 수단에 넘어가면 자신들의 재원을 잃을 것을 우려해 이런저런 핑계를 대면서 협상을 지연시켰다. 하지만 반 총장은 지칠 줄 모르는 대화와 설득으로 도저히 가능하지 않을 것 같던 남부 수단 내 국민 투표를 성사시켰다. 이 결과 탄생한 것이 바로 2011년 독립을 선언한 남수단이다.

한때 국제 사회에서는 다르푸르 학살의 주범인 알바시르를 강도 높게 비난하지 않았다는 이유로 반 총장과 그의 조용한 외교를 무능하다고 몰아세웠다. 그러나 지금 돌이켜보면 당시 반 총장의 인내와 끈질긴 설득이 없었다면 과연 유엔군 주둔을 통한 다르푸르 주민의 보호, 협상을 통한 남수단의 탄생이 가능했을지 의문이다.

이런 배경으로, 독립이 이뤄지기 전인 2008년 당시 남수단 자치정부의 살바 키르 마야르디트Salva Kiir Mayardit 수반은 감사의 뜻으로 남수단에서 영물로 여기는 동물인 흰새 소를 반 총장에게 선물했다. 고맙기는 했지만 엄청난 덩치의 흰색 소를 뉴욕 유엔 본부로 가져갈 수는 없는 노릇이어서 현지 유엔 평화유지군에 맡겨 기르도록 했다. 현지 평화유지군은 반 총장의 이름에다 영어식 소 울음소리인 '무moo'를 합쳐 흰색 소에게 '반기무'라는 별명을 붙여줬다. 반기무는

쑥쑥 자라 반 총장이 남수단 독립 1주년을 맞아 다시 이곳을 찾았을
때는 덩치가 2배나 커졌다. '반기무'는 아프리카 평화 정착의 상징
으로 통하면서 유엔기자협회 연례 만찬 때에도 영상으로 소개되어
참석자들의 웃음을 자아냈다.

독립을 성취한 남수단은 오래오래 행복을 유지하지 못했다. 최대
부족 딩카족Dinka과 그다음 세력인 누에르족Nuer 간의 갈등이 점점
곪아갔고, 결국 2013년 12월 딩카족 출신 대통령은 누에르족 부통
령이 역모를 꾸몄다며 처벌하려 했다. 결국 이 사건이 발단이 되어
부족 간 불신과 증오가 다시 폭발하면서 싸움은 내전으로 번졌다.
특히 정부군과 반군은 재정 수입의 핵심인 유전 지역의 주도권을 놓
고 무력 충돌을 시작했다. 공교롭게도 문제가 된 주의 이름은 단결
을 뜻하는 유니티Unity였다. 단결하자는 뜻의 이름이 붙은 유전 지대
가 분열의 원인이 된 것이다.

어쨌든 뿌리 깊은 반목과 살육이 계속되면서 남수단은 출구 없는
지옥으로 변해가고 있었다. 이런 급박한 상황에서 반 총장은 소수의
경호원과 수행원만 대동한 채 2014년 5월 비밀리에 남수단을 전격
방문해 양측 간의 휴전을 이끌어냈다.

반 총장은 자신에게 흰색 소를 선물한 살바 키르 마야르디트 대
통령을 만나 무력으로 반군을 진압하려는 마음을 돌려놓았다. 또
반군 지도자와 어렵게 이루어진 통화에서 평화 협상에 참여하겠다
는 확답을 이끌어냈다. 이 분쟁에 대해서는 이미 미국의 존 케리John

Kerry 국무장관이 중재에 나섰다가 실패한 바 있었기에 세계 언론은 "미국이 하지 못한 일을 반 총장이 해냈다"며 그의 외교적 능력을 높이 평가하기도 했다. 반 총장의 긴급 중재로 다행히 살육전은 중단되었다. 아울러 지금은 인명 피해가 최소로 줄어든 가운데 양측이 그간에 쌓인 갈등을 해소하기 위해 협상 중이다.

이와 같이 반 총장의 조용한 외교는 다양한 분야에서 성과를 내기 시작했다. 뒤에서 자세히 설명하겠지만 코소보 사태와 중동 문제 등 수많은 지역 분쟁과 기후변화, 빈곤 타파 등 범세계적 이슈에 대처하는 과정에서 반 총장의 외교 스타일은 괄목할 만한 성과를 냈다. 덕분에 반 총장의 주변 사람들은 신뢰에 바탕을 둔 성실한 대화, 상대방의 마음을 움직이는 조용한 외교가 장기적으로 매우 효과적인 접근이라는 사실을 깨달았다.

결국 그토록 삐딱하기만 하던 서방 언론들조차 반 총장의 외교력과 접근 방식을 높이 평가하는 기사를 싣기 시작했다. 이와 관련해 나비 필레이Navi Pillay 유엔 인권최고대표는 반 총장의 재선이 결정된 뒤 다음과 같은 말을 남겼다.

"나는 반 총장이 펼치고 있는 조용한 외교를 잘 이해하고 있습니다. 비록 몇몇 인권 단체에서는 반 총장이 너무 조용하다고 비판하고 있지만, 그의 조용한 외교가 얼마나 효력을 발휘하는지 당신들도 알고 있지 않습니까? 우리에게는 그게 필요합니다. 때로는 어떤 국가의 정상에게 조용히 이야기하는 것이 생명을 구합니다. 그리고 결과적으로 자유와 정치범들의 석방을 가져옵니다. 반 총장이 이런 사실을 공개적으로 말하지 않고 있지만, 그와 가까이 일하는 우리는 이 같은 사실을 알고 있습니다.”

아시아적 가치와 리더십이 만들어낸 조용한 외교의 성공 비결에 대해 반 총장은 한 인터뷰에서 이렇게 설명했다.◆

“인류의 보편적 원칙에서 벗어날 경우 단호한 입장을 견지하되 상대방의 태도 변화를 유도하기 위해서는 내밀한 대화를 할 수도 있습니다. … 한쪽이 강경하게 목소리를 높이는 상황에서는 대화를 이어갈 수 없습니다. 인간적이고 진실한 이야기만으로도 분위기는 충분히 전환됩니다.”

반기문 리더십의 핵심은 무엇일까. 그는 총장 수락 연설에서 이렇게 정의했다.

“겸손은 결코 헌신이나 통솔력의 부족을 의미하지 않습니다. 오히려 겸손은 요란한 팡파르를 울리지 않고 과업을 완수하는 조용한 결단력입니다.”

◆ 톰 플레이트, 《반기문과의 대화》, RHK, 2013, p.140~141.

PART.2

불가능으로의

도전

세계 최고의 국제기구 유엔.
이 거대한 기구를 최종적으로 운영하는 사무총장은
최고 권위와 명예를 갖는 자리이다.
그런 자리를 과연 한국이 넘볼 수 있을까?
국내에서는 부정적 의견이 지배적이었지만 전문가들의 생각은 달랐다.
의외로 '해볼 만한 게임'이라고 판단했다.

아무도 기대하지 않은
도전

◆

영어에 '별들이 한 줄로 설 때when the stars align'라는 로맨틱한 표현이 있다. 수성·금성·지구·화성 등 태양계의 9개 행성이 일직선에 놓이는 순간을 의미한다. 공전 주기가 제각각인 별들이 일직선으로 서는 순간은 영겁의 세월이 흘러도 만나기 어렵다. 한 천문학자의 계산에 따르면 100경 년1경은 1,000조에 한 번 있을까 말까 한 일이라고 하니 기적 같은 운이 따라주지 않는 한 불가능한 일이라는 뜻으로 사용하는 표현이다. 그래서 헤어지는 연인들은 눈물을 흘리며 "별들이 한 줄로 서면 만날 수 있을 것"이라고 서로를 위로한다. 영영 만나지 못할 걸 알면서도.

'속세의 교황', '세계 최고의 외교관', '세상에서 가장 불가능한 직업'으로 불리는 유엔 사무총장. 이것이야말로 태양계의 9개 행성이 한 줄로 늘어서야 차지하는 영광스럽고도 중요한 자리이다. 동양의 고전에서는 임금이나 대통령 같은 나라님은 하늘이 내린다고 한다. 본인이 아무리 잘나고 노력한들 하늘이 돕지 않으면 될 수 없는 신기루라는 뜻이리라.

하지만 유엔 사무총장에 비하면 대통령이 되겠다는 야망은 훨씬 현실적이다. 모든 민주국가에서는 최소 4~5년에 한 번씩 선거를 통해 최고 지도자를 선출하니 수년에 한 번이라도 도전해볼 기회는 있는 셈이니까. 반면 유엔 사무총장은 선출 과정부터 복잡하다.

유럽·아프리카·아시아·미주 등 4개 지역에서 돌아가며 맡아야 하고, 5년 임기에 한 번 연임하는 것이 관례이다. 그리고 강대국이거나 분쟁 당사국인 경우는 후보를 낼 수조차 없다. 반기문 사무총장을 배출한 아시아 지역이 다시 유엔의 수장을 맡으려면 최소 30~40년은 기다려야 한다. 조건이 이렇게 까다롭다 보니 유엔 사무총장이 되겠다는 꿈은 본인의 노력만으로는 도저히 이룰 수 없는 희망이다.

뒤집어 얘기하면, 반기문 총장이 유엔의 수장 자리에 오른 것은 모든 별이 일직선에 놓일 만큼 하늘과 땅이 도울 때에야 일어날 수 있는 운명적 사건이었다. 그러나 이처럼 기적 같은 일의 시작은 너무도 일상적이고 평범했다.

10년 넘게 이어진 대서사시, '반기문 오디세이'가 공식적으로 닻을 올린 것은 2006년 2월 14일. 봄을 재촉하는 가랑비가 내리고 연인을 위한 밸런타인데이라는 점을 빼면 그다지 특별할 게 없는 이른 봄날이었다.

오전 11시, 서울 도렴동 외교부 청사 2층 기자회견장에선 여느 때와 같이 조금은 지루한 표정의 취재진들이 누군가를 기다리고 있었다. 정각이 되자 훗날 장관까지 오른 당시 유명환 외교부 제1차관이 뚜벅뚜벅 회견장으로 들어왔다. 그러곤 다소 상기된 표정으로 마이크 앞에 섰다. 등 뒤로 펼쳐진 파란색 백보드에 '외교통상부'란 흰색 글씨가 선명했다.

일반적 사안이라면 외교부 대변인이 기자회견을 하기 마련이지만 이날만은 차관이 직접 마이크를 잡았다. 중대 사안이란 뜻이었다.

수십 명의 취재진과 카메라맨은 이미 발표 내용을 대충 파악하고 있었다. 유 차관은 준비한 원고를 침착하게 읽어나갔다.

"정부는 올해 말 임기가 끝나는 코피 아난 유엔 사무총장 후임으로 반기문 외교통상부 장관을 추천하기로 했습니다. 차기 사무총장은 21세기에 새롭게 대두된 이슈를 효과적으로 다룰 외교적 역량과 유엔 개혁을 강력히 추진해나갈 행정 능력을 겸비해야 합니다. 반 장관은 40년간의 외교관 경험을 통해 평화와 안보, 민주주의와 인권 등 유엔의 이상과 목표를 달성하는 데 필요한 자질을 키워온 최고의 적임자입니다."

카메라 플래시가 여기저기서 터졌다. 유엔 사무총장을 향한 반기문 장관의 조용한 도전이 공식적으로 선포되는 순간이었다.

그로부터 정확히 3시간 후, 이번에는 유엔 사무총장 도전자가 똑같은 장소에 나타났다. 짙은 감색 양복 차림으로 연단에 선 반기문 외교부 장관 역시 차분하고 단정한 목소리로 출마 배경과 향후 계획을 밝혔다.

"여러분, 제가 차기 유엔 사무총장 후보로 입후보하게 됐습니다. 우리나라는 유엔과 함께 정부를 수립했고 그간 유엔이 추구하는 이상과 목표인 평화와 안전, 경제 발전, 민주주의와 인권 신장을 성취한 모범적 국가로 발전해왔습니다. 이제 신장된 국력과 국민들의 지지에 힘입어 유엔과 국제 사회 발전에 더욱 기여하고자 저를 총장 후보로 추천하게 됐습니다. 이에 저는 겸허한 마음으로 받아들이기로 했습니다."

반 총장이 어떤 전임자보다도 맹렬히 뛰고 있는 현시점에서 돌이켜보면 그때의 출마 선언은 너무도 관료적이고 상투적이며, 감동이라곤 털끝만큼도 없이 밋밋하기 그지없었다. 그도 그럴 것이 반 총장의 출마 선언은 매주 화요일 오후 2시면 항상 열리는 외교부 정례 브리핑 시간에 이뤄졌다. 분위기를 띄울 팡파르도 없었다. 팡파르는커녕 웬만하면 준비했을 법한 백보드나 그 흔한 플래카드 하나 걸리지 않았다.

언론의 반응도 시큰둥하기 짝이 없었다. 단군 이래 처음으로, 세계에서 가장 큰 자리를 향한 한국인의 도전이 시작됐건만, 이를 비중 있게 다루는 일간지도 거의 없었다. 〈중앙일보〉와 〈동아일보〉는 1면에 보도하긴 했지만 한쪽 귀퉁이에, 〈조선일보〉는 아예 신문 안쪽인 4면에 관련 기사를 실었을 뿐이다.

당시 국내 언론들이 반 장관의 출마 소식에 이렇게 소심한 반응을 보인 데는 두 가지 이유가 있었다.

먼저 반 장관 자신이 출마 소식을 담담히 취급해달라고 부탁했기 때문이다. 반 장관은 당시 선거 운동이 너무 호들갑스럽지 않기를 원했다. 경쟁자들을 자극해 필요 이상의 경계심을 갖게 할 필요는 없다는 판단이었다.

반 장관의 출마 선언은 이날 이뤄졌지만 물밑에서 실질적 선거 운동을 시작한 것은 전년도인 2005년 후반. 노무현 정부는 2005년 10월경 차기 유엔 총장 후보로 반 장관을 낙점했지만, 이른 선거 운동을 경계하며 공식 발표를 4~5개월 늦추고 있었다. 그러나 출마 사실을 오랫동안 감출 수만은 없는 일이었고, 반 장관은 언론사의 책임자들을 소집해 저간의 사정을 설명한 뒤 함구하길 부탁했다. 그러면서 출마 선언 발표 뒤에도 대대적으로 보도하는 것은 자제해주길 요청했다. 이에 공감한 언론들이 약속을 지킨 것이다. 그리고 그 당시 국내 언론의 속마음은 반 장관의 출마를 현실성 없는 무모한 도전으로 여기는 분위기였으므로 특별히 기사화할 의지가 없었던 것도 사실이다.

또 한 가지 이유는 국내에 팽배한 회의론이었다.

자타가 공인하는 세계 최고의 국제기구 유엔. 이 거대한 기구를 최종적으로 책임지고 운영하는 사무총장은 '속세의 교황'으로 불리며 최고의 권위와 명예를 갖는 자리이다. 그런 자리를 과연 이제 막 중진국을 벗어나려는 동북아시아의 작은 나라 한국이 넘볼 수 있을까? 한국에서 유엔 사무총장을 내보자는 이야기가 처음 나왔을 때만 해도 회의적 반응이 지배적이었다.

"어떻게 감히 한국인이 유엔 사무총장이라는 큰 자리를 맡을 수 있겠는가!"

유럽, 미주, 아프리카는 물론 동남아의 다른 나라에 비해서도 영어 구사 능력이 부족한 탓에 지금까지 한국인의 국제기구 진출은 상대적으로 저조한 편이었다. 국제기구 대표는커녕 비중 있는 간부 자리만 맡아도 신문에서 대서특필할 일로 여겼다. 2005년 당시 이미 국내총생산GDP 규모로 세계 10위를 달성하고 있던 한국의 위상에 비춰보면 안타깝기 짝이 없는 일이었다.

웬만한 국제기구의 간부가 되는 것도 하늘의 별 따기라고 여기던 판에 유엔 사무총장이 되겠다고 하니 허무맹랑한 소리로 들렸음 직하다.

부정적 의견은 이뿐 아니었다. 남북한이 날카롭게 대치 중인 분단 국에서 유엔 총장을 낼 수 있겠느냐는 지적도 적지 않았다. 남북한 대립과 통일 관련 문제 등에서 중립을 지키기 어려울 거라는 이유였다. 게다가 의사 거부권을 가진 안보리 국가 중 미국과의 동맹 관계로 인해 군사적 경쟁국인 중국과 러시아의 지지를 받기 어려울 거라는 현실적 의견도 있었다.

이렇게 국내에서는 부정적 의견이 지배적이었지만, 세계 정세와 유엔 상황을 잘 아는 외교관과 전문가들의 생각은 달랐다. 의외로 '해볼 만한 게임'이라고 판단했다.

무엇보다 타이밍이 절묘했다. 국제 사회에서는 유엔 사무총장 자리를 아시아, 유럽, 미주, 아프리카 4개 지역에서 돌아가며 맡는다는 암묵적 합의가 이미 오래전부터 이루어져 있었다.

동서 냉전 시대에는 가급적 어느 진영에도 치우치지 않는 중립적 성향의 국가에서 사무총장을 옹립했다. 3개월간 직무대행으로 일한 영국 출신의 글래드윈 젭_{Gladwyn Jebb} 경 이후 첫 공식 사무총장인 트뤼그베 리_{Trygve Lie, 1946년 2월~1952년 11월}는 노르웨이의 외교장관, 그 뒤를 이은 다그 함마르셸드_{Dag Hammarskjold, 1953년 4월~1961년 9월}는 스웨덴 출신 경제 관료였다.

그럼에도 이 두 사람 모두 소련으로부터 친서방적 입장을 취한다며 비난과 위협을 받기 일쑤였고, 결국 트뤼그베 리 총장은 소련의 압력 속에 두 번째 임기를 다 채우지 못하고 중도 하차하고 말았다.

민감한 냉전 시절에는 총장직을 맡겠다고 먼저 나서는 사람이 없었다. 미국과 소련 간의 이념 대립이 워낙 첨예해서 한쪽이 거부하면 사무총장에 임명되기도 어려웠다. 이 때문에 2대 사무총장 선출 때에는 국제 무대에 알려지지 않은 인물을 찾느라 고심했고, 그래서 뽑힌 함마르셸드 총장은 자신이 후보로 거론되고 있다는 사실조차 모르고 있다가 임명 소식을 들었다.

유엔 수장으로 최종 결정된 1953년 3월 31일 오후, 함마르셸드는 낚시를 즐기고 있었다. 그런 그에게 미국인 기자로부터 전화가 걸려왔다. 함마르셸드가 차기 유엔 수장으로 결정되었다는 사실을 가장 먼저 알고 연락한 것이었다. 기자는 다짜고짜 "유엔 사무총장으로 임명된 소감이 어떠냐"고 물었다. 본인이 후보였다는 것조차 모른 그는 이렇게 쏘아붙였다.

"당신네 미국인들 시계는 시간이 조금 일찍 가는 모양이군요."

몇 시간 후면 4월 1일 만우절이었기에 기자가 짓궂은 농담을 한다고 생각한 것이다.

역대 유엔 사무총장 중 가장 존경받은 함마르셸드는 1961년 불의의 비행기 사고로 숨졌다. 이후 우 탄트U Thant 당시 버마 유엔 대사가 후임으로 추대되었고, 어디에도 명문화하진 않았지만 이때부터 지역 순번제가 시작되었다.

우 탄트 총장이 무사히 임기를 마치고, 뒤를 이은 오스트리아 출신의 쿠르트 발트하임Kurt Waldheim, 이후 페루 출신의 하비에르 페레스 데케야르Javier Pérez de Cuéllar, 이집트 출신의 부트로스 부트로스갈리가 바통을 이어 받으면서 4개 지역 순번제는 전통으로 굳어졌다. 아울러 5년 임기 후 재선까지 10년 동안 봉직하고, 이후엔 자진 사퇴하는 것도 불문율로 자리 잡았다.

한 번의 예외가 있긴 했다. 미국의 미움을 받아 재선에 실패한 부트로스갈리의 후임을 정할 때였다. 아프리카 국가들이 "5년밖에 못했다"며 후임도 검은 대륙에서 맡아야 한다고 주장해 다시 한 번 유엔 수장 자리는 가나 출신의 코피 아난에게 돌아갔다. 비록 아프리카에서 연달아 사무총장을 배출하긴 했지만 4개 지역 순번제는 지켜진 셈이었다. 이런 배경으로 이번에는 아시아 차례라는 암묵적 합의에 대해 별다른 저항감이 없었다.

물론 여기에 딴지를 거는 사람도 있었다.

존 볼턴John Bolton 미국 유엔 대사가 대표적이었다. 그는 지역 순번제에 대한 거부감을 드러내며 "가장 자격 있는 인물이 되어야 한다"며 공언하고 다녔다. 동유럽 국가들은 지역 순번제를 인정하면서도 동유럽도 별도의 블록으로 인정해달라고 주장하며 이번에는 자기들 차례라고 나섰다. 하지만 전 세계를 아시아, 유럽, 미주, 아프리카 4개 지역으로 구분하고 돌아가면서 유엔 총장을 맡는다는 오랜 합의를 깨기는 어려웠다. 동유럽을 하나의 지역으로 인정할 경우 남미, 아세안, 사하라 이남 아프리카 등등 독립 지역으로 분류해달라고 일어날 곳들이 적지 않은 탓이었다.

ⓒ UN Photo/Paulo Filgueiras

평생의 공직 생활을 통해 성실함은 물론 업무 능력까지 인정받은 반기문 외교부 장관은 누구보다 막강한 유엔 사무총장 후보로 평가받았다.

유엔 총장 선출과 관련해 암묵적 원칙은 지역 순번제뿐이 아니다. 1945년 출범 당시부터 유엔은 작은 나라에서 사무총장을 배출하는 것을 전통으로 삼고 있었다. 미국, 소련, 중국, 영국, 프랑스 등 세계 각지에서 국제적 이해관계가 복잡하게 얽힐 가능성이 있는 강대국에서는 총장을 내지 않는 것이 철칙이었다.

물론 어떤 나라를 강대국으로 볼 것인가에 대해서는 논란이 있지만 경제력, 인구, 영토 크기 등을 감안할 때 강대국으로 간주할 수 있는 나라의 후보는 피하는 것을 전통처럼 지키고 있다. 그런 면에서 미국, 중국, 일본, 영국, 프랑스, 독일, 러시아, 이탈리아는 물론 일인당 국민소득은 낮지만 많은 인구와 광활한 영토를 보유한 인도, 브라질, 남아프리카공화국 출신도 유엔 수장을 맡기 어렵다.

한국은 현재 중진국을 넘어 선진국 문턱에 진입하는 나라 정도로 평가받고 있다. 하지만 다행인지 불행인지 반 총장이 후보로 나설 때만 해도 우리나라를 강대국으로 대접해줄 만큼 후한 평가를 보내지 않는 상황이었다.

결국 이번은 아시아 차례이고, 강대국 후보는 피해야 한다는 두 가지 원칙을 적용해볼 때 우리나라에서 내는 후보라면 충분히 가능성 있다는 것이 전문가들의 판단이었다. 그다음은 인물이 문제였다.

과연 한국에 유엔 사무총장을 맡을 만한 인재가 있을까 하는 의심 속에 후보를 추리기 시작했다. 수많은 후보와 숱한 곡절 끝에그 과정은 뒤에 다시 이야기하기로 한다 반기문 외교부 장관이 최종 후보로 낙

점되었다. 그러자 인물 면에서도 손색없다는 여론이 외교가를 중심
으로 형성되기 시작했다. 평생 공직 생활을 한 그는 한때 좌절을 겪
기도 했지만 자타가 공인하는 외교관이며, 누구보다 유엔 사정에 밝
은 막강한 후보였다.

유엔으로
가는 길

◆

반 총장의 인생 역정은 말 그대로 새옹지마였다. 한국 외교가의 전설이던 반 장관은 1970년 외교부에 들어간 이후 타의 추종을 불허할 정도로 승승장구했다. 수개월 만에 진급을 거듭했을 때는 "선배들 보기가 어려우니 제발 승진 좀 시켜주지 말라"고 하소연했다는 에피소드가 선배에서 후배로 전해졌고, "반潘의 반半만 하라"는 이야기가 회자될 정도였다.

그러나 늘 봄날일 수는 없는 법. 전형적 엘리트 관료로 한 번도 경쟁에서 밀린 적이 없던 반 장관에게도 눈물 나는 시련이 찾아왔다. 그가 차관으로 봉직하던 2001년 2월이었다.◆

◆ 이하원, '인물 연구: 물러난 반기문 전 외교통상부 차관', 〈월간조선〉, 2001. 5.

당시 러시아 블라디미르 푸틴Vladimir Putin 대통령은 김대중 대통령을 만나기 위해 방한해 27일 청와대에서 정상회담을 가진 뒤 관례대로 한러 공동성명을 발표했다. 그런데 그 성명 중 탄도탄요격미사일ABM 조약과 관련한 내용이 큰 화근이 된 것이다.

ABM 조약은 1972년 미국 리처드 닉슨Richard Nixon 대통령과 소련의 레오니드 브레즈네프Leonid Brezhnev 공산당 서기장이 체결한 전략무기제한조약SALT의 부속 협정으로, 양측이 상대방에서 날아오는 탄도탄을 떨어뜨릴 수 있는 요격 미사일 수를 제한하기로 한 합의였다. 이는 당시 미소 양국이 상대방 핵무기 공격에 대한 방어를 제한하고, 그 결과 상대방의 반격에 노출되게 함으로써 핵 선제 공격에 대한 유혹을 없애기 위해 체결한 것이었다.

그러나 소련이 해체되자 미국 공화당 측은 ABM 조약의 효용성에 대한 입장에 변화를 보였다. 그리고 냉전이 사라진 시대, 강경파인 조지 W. 부시George W. Bush 대통령은 세계 유일한 초강국으로서 미국의 위치를 활용하자며 대러시아 전략의 재검토를 주장했다. 재검토라는 말에는 국가 안보를 유지하기 위해 우월한 군사력으로 러시아 미사일을 격추시킬 국가미사일방어NMD 체제를 구축하겠다는 의도가 숨어 있었다. 이런 속내를 가진 부시 대통령으로서는 ABM 조약에 묶여서 NMD 체제를 포기할 수 없었다.

문제는 부시 대통령 집권 초기에 이런 공약들을 실제로 이행할 것인지 여부가 확실하지 않았고, 대통령의 의중이 실무자 선까지 명

확하게 전달되지 못하고 있다는 점이었다.

이런 상황에서 한러 정상회담 후 발표한 공동성명에 부시 대통령을 자극할 만한 문구가 포함되어 있었다. 설상가상으로 당시는 3월 7일로 예정된 김대중 대통령의 미국 공식 방문을 열흘 앞둔 시점이었다.

> "한국과 러시아는 1972년 체결한 ABM 조약이 전략적 안정의 초석이며, 핵무기 감축과 비확산에 대한 국제적 노력의 중요한 기반이라는 데 동의했다. 양측은 ABM 조약을 보존하고 강화하는 가운데 전략무기감축협정 Ⅱ START Ⅱ 의 조기 발효와 완전한 이행 그리고 START Ⅲ 의 조속한 체결을 희망했다."

ABM을 '전략적 안정의 초석cornerstone of strategic stability'이라고 표현한 것은 직전 클린턴 행정부 때까지 늘 사용해오던 관용구였기에 외교부도 이 부분이 문제가 되리라곤 전혀 예상하지 못했다. 그렇다고 외교부에서 확인하는 데 소홀한 것도 아니었다. 후일담이지만 새롭게 출범한 부시 정권의 반응이 어떨지 마음에 걸린 외교부는 주한 미국 대사관에 "이런 내용이 들어가도 무방하겠는가?"라고 문의까지 했다. 우습게도 미국 대사관조차 "그 정도는 괜찮다"고 회신했다는 것이다. 부시 대통령과 그의 측근이 얼마나 그 문제에 집중하고 있는지 당시 미 국무부 직원들도 파악하지 못하고 있었다는 뜻이다.

이런 사정 속에서 결국 문제의 공동성명을 채택했고, 발표와 함께 미국에서는 큰 소동이 일어났다. 미국 입장에서는 동맹국 한국이 러시아 손을 들어준 꼴이었다. 한편, 당시 한국 외교부 내에서는 문안 교섭 과정에서 한반도 안보에 관한 러시아 측의 무리한 요구를 다수 거절했기에 만족해하는 분위기였다고 한다.

〈뉴욕타임즈〉는 '한국이 미사일 방어 계획과 관련한 분쟁에서 러시아 편을 들었다'는 자극적 제목의 기사를 대대적으로 보도했다.

사고의 여파는 계속되었다. 한러 정상회담 직후인 3월 6일부터 미국 방문길에 오른 김대중 대통령은 미국외교협회 오찬 간담회 등 각종 모임, 정상회담 이후의 공동 기자회견에서 ABM에 대한 해명과 유감을 표명해야 하는 등 수모를 겪었다.

여기에 부시 대통령과의 정상회담에서도 악재가 터지고 말았다. 대북 햇볕정책을 고수하던 김 대통령은 어떻게든 북한에 대한 부시의 시각을 개선하려는 마음에 부시 대통령에게 다음과 같은 의견을 피력했다.

"김정일은 생각보다 똑똑한 인물이고 같이 일해볼 만한 파트너입니다."

대화에 찬물을 끼얹듯 매몰찬 대답이 돌아왔다.

"나는 그를 믿을 수 없습니다. 국민을 굶겨 죽이면서 어떻게 국가 정상이 될 수 있겠습니까!"

한미 정상회담은 한마디로 재앙이 되어버렸다. 부시 정권이 출범한 후 대미 관계를 개선해보려 한 김대중 대통령의 기대와는 정반대로 한미 간 분위기는 급격히 악화되고 말았다. 당연히 정부에서는 문책론이 고개를 들었다. 결국 대미 전문가로 통하던 반기문 차관에게 화살이 돌아갔다. 희생양이 필요한 상황에서 미국통으로 인정받던 반 차관이 억울하게 십자가를 진 것이다.

그때까지 외교부 내에서 누구보다 최선을 다해 일했고, 완벽한 업무로 인정받아오던 반 차관으로서는 기가 막힌 일이었다. 성명 문안 교섭 당시 국장들이 문제의 문구를 반 차관에게 보고해야 할지 고민했지만, 그의 꼼꼼한 성격 때문에 일이 복잡해질 수 있으니 보고를 생략했다는 후문도 있었다.

어쨌거나 그는 떠밀리듯 사표를 제출하고 말았다. 반 총장은 그때 사건을 이야기할 때면 "당시 너무나 억울해서 잠도 잘 수 없었다"며 분통을 터뜨리곤 했다. 두어 달 만에 몸무게가 10킬로그램이나 빠질 정도였다.◆

그러나 반 차관은 절망 속에서도 꼿꼿한 선비의 자세를 보여주었다. 특히 차관 인수인계 행사 때 후임 최성홍 차관에게 보여준 배려는 후배 외교관들에게 깊은 인상을 남겼다.

◆　이하원·안용균, 《조용한 열정, 반기문》, 기파랑, 2007, p.125.

"최 차관님과 저는 기록상으로는 동기입니다. 그러나 동기라고 부를 수 없는 대선배님이십니다. 동료 여러분은 최 차관님을 모시고 더욱 열심히 일해주시기 바랍니다."

동기생 중 최고령으로 외무고시에 합격한 최 차관을 맏형님에 비유하며 깊이 배려한 것이다. 지금도 많은 직원이 억울함으로 피가 끓을 법한 순간에도 후임자를 배려하며 떠나던 모습을 기억하고 있다. 반 차관의 기품과 내공을 보여준 인상적 순간이었다.

물론 그에 대한 구명 운동이 없었던 건 아니었다. 이 무렵 한러 공동성명 관련 사태로 함께 경질된 이정빈 외교장관 후임으로 한승수 장관이 발탁되었다. 그는 주미 대사 시절부터 누구보다 반 차관을 잘 알고 아끼던 인물이었다. 한 장관은 안타까운 마음에 백방으로 구명 운동을 펼쳤지만 역부족이었다. 그는 외교안보연구원에 반 차관의 방을 마련해주고 당시 자신이 현역 의원 자격으로 배정받아 사용하던 차량을 내주기도 했다. 후일담이지만 이 덕택에 연구원 직원 대부분이 반 차관의 퇴직 사실을 모르고 지냈다고 한다.

그러나 사무실과 차량을 빌려 쓸 수 있을지언정 처량한 실업자 신세라는 사실은 변하지 않았다. 그렇게 마음고생하기를 4개월, 반 차관의 운명을 바꾸는 일이 일어났다. 한승수 장관이 유엔 총회 의장을 맡으면서 구제의 길이 열린 것이다.

유엔 총회 의장은 유엔 회원국 5개 지역 그룹이 순환하며 맡는 자리로, 2001년 9월부터 2002년 9월까지 아시아 그룹 순서가 돌아와 이번엔 한국이 선출되었다. 검토 끝에 외교부 수장이던 한승수 장관이 직접 유엔 총회 의장을 맡기로 결정되었다. 그는 반 전 차관을 비서실장으로 임명하려 했다. 외교부 총수직을 맡고 있는 한 장관이 뉴욕에 상주할 수는 없었기에 그는 유엔 본부에 든든하고 능력 있는 대리인을 보내고 싶었던 것이다. 유엔을 잘 알면서도 자신과 호흡이 잘 맞는 인물로 반기문 전 차관만 한 사람이 없었다.

그러나 모든 일이 순조롭게 풀려나가지는 않았다. 무엇보다 정부 내에 반 전 차관의 복직을 달가워하지 않는 이가 많았다. 파면된 사람이 불과 4개월 만에 외교부로 돌아오는 것은 경우에 맞지 않는다는 주장이었다. 그러나 한 장관은 백방으로 뛰어다니며 두 번째 반기문 구명 운동을 펼쳤고, 복직이 결정되었다.

발탁이 결정되자 이번에는 비서실장의 직급이 문제였다. 보통 이 자리는 중앙 부처의 국장급 정도가 가는 자리로, 부하 직원도 10여 명 안팎에 불과했다. 그런데 차관 출신이 이 자리로 간다 하니 격에 안 맞아도 한참 안 맞는 일로 보였다. 반 전 차관은 이미 외교안보수석을 지낸 인사였으니 관례대로라면 청와대를 떠나던 1998년에 유엔 대사로 가는 게 적당했다. 하지만 정권 교체 시기이던 터라 유엔 대신 오스트리아 대사로 부임해야 했다. 게다가 ABM 사태로 중도 하차하지 않았다면 유엔 또는 주미 대사로 가야 적당한 경력이었다. 이처럼 앞날이 창창하던 그가 국장급인 총회 의장 비서실장으로 일하기 위해 뉴욕에 가야 한다니 착잡한 일이 아닐 수 없었다. 후일 반 총장은 "1996년 외교안보수석으로 발탁된 후 2004년 외교장관에 임명되기까지 차관급으로만 근 9년 동안 일했다. 이것도 기록이라 면 기록이 아니겠느냐"며 웃었다고 한다.

드디어 외교부에서 한 장관과 반 실장을 돕기 위한 팀이 꾸려졌 다. 유엔과장 출신의 오준 정책심의관, 문하영 주 영국 잠사관, 김봉 현 유엔과장 그리고 윤여철 북미과 서기관이 그 멤버였다. 하나같이 외교부 내에서 인정받는 성실한 외교관들이었다.

그리고 2001년 6월 20일, 새로운 삶을 시작한 반 비서실장은 뉴 욕에 도착, 유엔 본부 앞 높다란 72층짜리 트럼프 월드 타워 빌딩 16층 아파트에 여장을 풀었다. 30여 평 남짓한 아파트였다. 반 실장 내외가 살기엔 적당한 집이었다. 한 장관의 숙소는 19층이었다.

승진도 아니고, 어찌 보면 겨우 실업자에서 벗어나 한직으로 발령 받은 한심한 처지였다. 하지만 반 실장은 주위의 시선 따윈 아랑곳 하지 않았다. 다시 기회가 주어졌다는 데 감사하며 일에 매진했다. 이럴 때는 타고난 낙천적 성격이 큰 도움이 되었다

반 실장은 주 유엔 대표부에 마련된 임시 사무실에 출근하자마자 곧바로 대외 활동을 시작했다.

"이봐, 각국 대표부 일정 담당자들에게 연락해서 10분, 15분이라 도 좋으니 대사들과 만나고 싶다고 전해."

반 실장은 직원들에게 유엔 주재 각국 대사들과의 만남을 지시하

고는 밤낮없이 대사관을 돌아다니며 외교관들을 만났다. 준비도 철저하게 했다. 방문 전에 이력서를 보내 자신이 한국 외교부의 차관 출신임을 알림으로써 상대방이 더 많은 관심을 갖도록 했다. 그리고 막상 만난 자리에선 특유의 부드럽고 겸손한 태도로 좋은 인상을 심어주는 데 힘썼다.

"한국이 총회 의장국이 됐는데 잘하려면 당신의 도움이 필요합니다. 많이 도와주십시오. 당신 나라의 현안을 회의에 반영하도록 노력하겠습니다."

이렇게 부임 직후부터 돌아다니기 시작해 한 달 만에 전체 180여 개 회원국 중 120여 개국 대사와 면담을 끝냈다. 주말을 빼면 하루 평균 6개국 대사를 만난 셈이다. 이렇게 열심히 돌아다니니 각국 대사의 면면에 훤할 수밖에 없었다. 반 실장은 자신이 도착한 지 3개월 뒤 한 장관이 뉴욕에 왔을 때 유엔 주변의 주요 사안은 물론, 각국 대사의 인적 사항까지 세세히 브리핑해 또 한 번 신임을 얻었다.

뉴욕에서 반 실장이 커버한 업무는 실로 엄청난 수준이었다. 아래로는 직원들을 적재적소에 배치, 활용하면서도 자녀 교육 등 타국에서의 생활에 불편함이 없도록 세심하게 돌보았다. 위로는 한 장관의 의장 업무와 일상까지 완벽하게 보좌하며 업무 능력을 인정받았다.

그리고 얼마 지나지 않아 자신의 격보다 훨씬 낮은 자리에서 조용하지만 바쁘게 일하던 반 실장의 존재감이 제대로 드러나는 사건이 일어났다. 바로 2001년 세상을 뒤흔든 9·11 테러 사건이었다.

보스턴 로건 공항을 이륙해 캘리포니아로 향하던 아메리칸 항공 보잉 767기가 월드 트레이드 센터에 충돌한 2001년 9월 11일 오전 8시 46분.

당시 한승수 장관은 핀란드 총리 출신인 하리 헤르만니 홀케리Harri Hermanni Holkeri 전임 총회 의장과 유엔 총회 개막 기념 조찬 모임에 참석 중이었다. 공교롭게도 이날은 한 장관이 정식으로 유엔 총회 의장으로 취임하는 날이었다. 여객기가 월드 트레이드 센터와 충돌했다는 소식을 접한 반 실장은 급히 사건 내용을 간략히 적은 쪽지를 한 장관에게 전달했다.

"월드 트레이드 센터가 불타고 있습니다The World Trade Center is burning."

참석자들은 이 소식에 놀라면서도 실제로 어떤 상황이 벌어졌는지 가늠하지 못했다. 그 와중에 홀케리 의장은 반 실장의 쪽지가 역사적 문서라며 자신에게 달라고 하기두 했다. 시간이 흘러 시건의 소상한 내용이 전해지자 유엔 본부는 사상 유례 없는 비상사태에 돌입했다. 설상가상으로 유엔 본부가 다음 테러 목표일 거라는 소문이 돌면서 유엔 전체가 공황 상태에 빠졌다. 한 장관과 반 실장을 포함한 한국 외교관들은 즉각 유엔 본부 앞 한국 대표부로 피신했다.

긴박한 상황 속에서 한 장관과 반 실장은 유엔 총회 의장으로서 해야 할 바를 궁리했다. 그리고 느닷없는 공격을 당한 미국을 돕고, 유엔 회원국 간의 단합을 도모해야 한다는 데 뜻을 모았다. 아울러 가능한 한 빨리 유엔에서 테러에 대한 규탄 결의안을 채택해야 한다고 결론 내렸다. 노련한 경험에서 나온 처신이었다.

그다음은 실행. 반 실장은 친분을 쌓아온 대사들에게 즉각 연락해 결의안 채택의 필요성을 역설하고 오후부터 실무 작업에 착수했다. 월드 트레이드 센터가 불타는 아수라장 속에서도 침착하게 결의안 채택의 필요성을 고민하고, 각국 대사들을 불러 모을 수 있었던 것은 외교부의 실무자로서 쌓아온 반 실장의 연륜이 아니었으면 불가능했을 거라는 게 당시 함께 근무한 외교관들의 평가이다.

참고로 전임자이던 핀란드 팀의 비서실장은 참사관급 인사였다. 의장의 편의를 보좌하는 수준이던 그에 비해 반 실장은 차관 출신의 경력에 그간 쌓아온 각국 외교부와의 친분을 십분 활용할 줄 알았다. 덕분에 각국 대사를 회의에 소집하고 사안의 맥을 정리해나가는 외교력을 발휘할 수 있었다. 이 때문에 당시 일각에서는 반 실장을 '실질적 의장de facto president'이라 부르기도 했다. 이 말을 들은 반 실장은 "한 의장에게 누가 되는 표현"이라며 질색했다고 한다.

한 장관과 반 실장 주도로 마련된 결의안이 9·11 테러 사건이 있었던 그 다음 날 곧장 채택될 수 있었던 것은 누가 뭐래도 두 사람의 공이었다.

이 콤비의 성과는 이뿐 아니었다. 의장국이던 한국은 9·11 테러 이후 기독교와 이슬람 문명 간의 대립이 국제 평화를 해치는 결정적 요소라고 판단했다. 그래서 당시 이란의 카말 하라지Kamal Kharazi 외무장관을 중심으로 '문명 간의 대화Dialogue Among Civilizations'라는 이름의 각종 회의와 행사를 진행해 좋은 평가를 받기도 했다.

이와 함께 디지털 강국인 한국의 이미지에 착안해 선진국과 후진국 간의 IT 격차를 해소하기 위한 유엔 차원의 노력을 강구했다.

반면 테러를 방지하기 위해 '국제 테러리즘에 대한 포괄 협약Comprehensive Convention on International Terrorism'이란 국제적 합의를 도출하려 했지만 여의치 못했다. 아랍 국가들은 중동 사태의 근본 원인은 이스라엘의 팔레스타인 강점에 있으며 이스라엘이 국가 테러state-sponsored terrorism를 자행하고 있다고 비난했다. 하지만 유대인의 입김이 막강한 미국에서 이런 요구를 묵살하면서 결국 테러에 대한 협약은 만들어지지 못했다. 한 장관과 반 실장으로서는 아쉬울 수밖에 없는 일이었다.

지금 돌이켜보면 반 총장이 당시 유엔 총회 의장의 비서실장으로 일한 것은 더할 수 없는 전화위복이자 새옹지마였다. 당시 반 실장은 한승수 장관이 뉴욕에 올 때마다 짧은 방문 기간 동안 가능한 한 많은 업무를 수행할 수 있도록 각종 행사와 회의를 마련했다. 예컨대 총회 각 위원회 위원장, 유엔 사무국의 주요 사무차장, 유엔 사무총장, 안보리 의장 등 각국의 주요 인사는 물론 유엔 핵심 인사들과의 간담회 등이었다. 이런 광범위한 대외 활동은 후일 반 총장 본인에게도 큰 자산이 되었다. 실제로 총회 6위원회 위원장이던 나나 에파 아펜텅Nana Effah Apenteng 가나 대사는 4년 후, 사무총장 선거 때 안보리 비상임이사국 대표로서 열렬한 지지를 보내주었다. 비서실장 시절 가깝게 지낸 두미사니 쿠말로Dumisani Kumalo 남아공 대사도 계속 유엔에서 근무한 덕분에 총장 선거 때 아프리카 표를 얻는 데 큰 도움을 주었다.

아프리카뿐 아니었다. 선거 당시 유엔에 주재한 오시마大島 일본 대사는 반 총장의 주미 공사 시절, 옆 건물에 있던 일본 대사관의 공사로 친분을 쌓았다. 그리고 반 총장의 총회 의장 비서실장 시절엔 유엔 인도지원 담당 사무차장으로 일하며 더욱 가까워졌고, 반 총장의 선출이 확정된 2006년 10월에는 안보리 의장으로 일했다. 물론 일본 정부의 정책에 따라 반 총장 지지 입장을 취했겠지만, 그간의 인간적 유대가 도움이 됐을 거라는 점은 틀림없는 사실이다.

99%의 노력과
1%의 행운

◆

한국에서 본격적으로 유엔 사무총장을 내자는 논의를 시작한 것은 2004년부터였다. 그전까지 팽배했던 회의론을 딛고 당시 노무현 정부는 유엔 사무총장 후보를 추대하는 문제를 진지하게 검토하기 시작했다. 무엇보다 한국과 국제 사회의 분위기가 크게 변하고 있었기 때문이다.

먼저 굴레라고만 여겨왔던 분단국가라는 현실이 도리어 긍정적인 요소로 작용할 거라는 역발상이 힘을 얻기 시작했다. 위기 상황을 잘 관리해 왔다는 장점이 될 수도 있다는 주장이었다. 또한 당선되기가 어렵지 결과적으로 한국인 유엔 사무총장이 탄생한다면 알게 모르게 국가에 돌아올 이익이 막대하다는 판단에도 무게가 실렸다.

사실 유엔 사무총장을 배출한 나라가 얻는 이익은 생각보다 많다. 우선 국가 브랜드 개선에 도움이 되는 건 자명한 일이다. 뿐만 아니라 유엔 사무총장으로서 국제문제를 다룰 때에도 알게 모르게 자국의 국익에 도움이 되는 쪽으로 결정을 내릴 것이라는 바람도 있다. 물론 각국의 이해관계가 얽힌 문제에 있어서 철저히 중립을 지키는 것이 원칙이지만 특정 이슈를 다른 사안보다 더욱 부각시키거나 새롭게 토론의 장에 올리는, 소위 의제 설정 기능을 수행하는 과정에서 조국에 도움을 줄 수 있다. 특히 한국의 외교부 수장을 역임한 장본인으로, 어느 누구보다 북핵 문제를 잘 알고 있는 반 총장이기에 기회가 된다면 남북한 긴장 완화에 큰 기여를 할 수 있을 것으로 기대했다.

이 같은 분석을 토대로 노무현 정부는 결국 유엔 총장 후보를 내기로 최종 결정했다. 유엔 사무총장을 향한 도전은 후보를 낸 본국 정부는 물론 전 국민의 적극적인 지지가 반드시 필요한 전 국가적인 사안이었다. 노무현 정부가 총장 추대하겠다고 결정하자 꽤 많은 인사들이 자천타천으로 도전 의사를 밝히고 나섰다. 그러나 이런저런 이유로 모두 중도하차하고 결국 노무현 정부 내에서 막강한 영향력을 행사했던 386세력의 반대에도 불구하고 반기문 장관이 후보로 낙점되기에 이르렀다.

반 장관이 최종 후보로 결정되기까지는 적잖은 곡절이 있었다. 본인에게는 섭섭한 일이었지만, 결과적으로 그를 총장 후보로 만드는 데 결정적으로 기여한 과정이기도 했다. 또 한 번의 새옹지마였다.

유엔 총회 의장 비서실장직을 마치고 2002년 9월 중순 서울에 돌아온 반 대사는 특별한 보직 없이 외교안보연구원에서 대기했다. 불과 석 달 후 대선이 치러졌고 노무현 후보가 당선되었다. 노무현 당선자는 곧바로 조각 작업에 착수했고, 부처 안팎에서 외교부 장관으로는 반 대사가 최적임자라는 의견이 모아졌다. 당시 반 대사와 노당선자는 개인적 인연이 전혀 없는 사이였다.

대통령 취임식을 며칠 앞둔 상황에서 반 대사와 전부터 잘 알고 지내던 비서실장 내정자 문희상 의원이 만남을 요청해왔다. 반 대사를 만난 문 비서실장 내정자는 이런 제안을 했다.

"반 대사가 최상의 장관감이라는 사실은 잘 알지만, 이 자리엔 다른 사람이 정해져 있으니 반 대사가 차관급인 대통령 외교보좌관을 맡아 줄 수 없겠소?"

당시 외교부 장관으로는 인수위에서 외교분과위원장으로 일한 윤영관 서울대 교수가 내정되어 있었다. 그리고 청와대에 소속된 외교보좌관 위로는 국가안보보좌관이라는 상관급 자리가 있어, 여기엔 나종일 경희대 교수가 갈 예정이었다.

반 대사는 내심 난감했을 것이다. 이제 막 유엔 총회 의장 비서실장을 마친 상황에서 장관 자리가 아니라면 차라리 뉴욕 유엔 본부로 되돌아가 대사로 일하는 것이 적당한 인사였다. 게다가 1995년 김영삼 대통령의 의전수석을 시작으로 8년째 차관급으로만 일했으니 또다시 차관급 자리를 맡으라는 제안이 반갑지만은 않았다.

그러나 늘 그렇듯이 반 대사는 아쉬운 마음을 숨기고 주어진 기회에 감사하며 제의를 받아들였다. 반 대사의 이런 상황을 잘 알고 있던 노 대통령조차 반기문 신임 외교보좌관과의 상견례 자리에서 이런 말을 했다고 한다.

"많은 사람이 반 대사를 장관 시키라고 하는데, 제가 시켜야 할 다른 사람이 있어요. 그리고 반 대사님, 아직 저를 잘 모르시지요? 그러니 조금만 참으시고, 외교에 대해 저를 잘 가르쳐주시기 바랍니다."

노 대통령 특유의 솔직한 화법으로 정중하게 양해를 구한 셈이었다. 두 사람의 관계는 이렇게 시작되었다. 그러나 그때는 아무도 몰랐다. 외교보좌관으로 시작한 그에게 유엔 사무총장을 향한 길이 기다리고 있을 줄은.

반 보좌관은 외교 문외한이던 노 대통령에게 국제관계를 가르치는 가정교사가 되었다. 노 대통령은 반 보좌관의 해박한 지식에 감명을 받아 그를 '만물박사'라고 치켜세웠다. 당시 노 대통령 주변에 포진해 있던 진보 성향의 젊은 참모들은 왕왕 혈기와 경험 부족으로 무모한 일을 추진하기도 했다. 이럴 때 이들의 행동에 제동을 걸고 대통령에게 다양한 의견을 전하는 것도 늘 반 보좌관의 몫이었다.

그러던 중 외교부에서 노무현 대통령에 대한 폄훼 발언 사건이 일어났다. 외교부 회식 자리에서 한 간부가 노 정권을 비판하는 발언을 했는데, 이 사실이 대통령에게까지 보고된 것이다. 문제의 발언은 이러했다.

"노 대통령과 이종석 차장, 청와대 내 386세대 보좌진, 이른바 자주파들은 탈레반 수준이다. 영어도 못하고 미국에도 안 가본 사람들이 대미 외교를 제대로 하겠느냐. NSC♦의 386들이 세상이 어떻게 돌아가는지 모르고 한미 관계를 위태롭게 하고 있다."

파문이 커지자 결국 윤영관 외교부 장관이 책임을 지고 자리에서 물러났다. 공석이 된 장관 자리의 적임자로 단연 반 보좌관이 지목을 받았고, 결국 그는 한국 외교의 수장으로 임명되었다.

경제가 성장하고 위상이 높아지면서 한국을 둘러싼 국제관계도 점점 복잡해져가는 시기였다. 그에 따라 외교부 장관이라는 직책 역시 갈수록 어려운 자리가 되었다.

반 장관이 재임 중이던 2004년 6월, 이라크에서 일하던 김선일 씨가 이슬람 테러 단체에 납치되는 선대미문의 사건이 일어났다. 납치범들은 "이라크에 파병한 한국 부대를 철수하지 않으면 죽이겠

♦ 국가안전보장회의NSC. 국가 안보·통일·외교와 관련한 최고 의결 기구로, 대통령 직속 자문 기관이다.

다”고 협박했지만 정부는 끝내 굴하지 않았다. 결국 김 씨는 비참하게 참수됐고, 국내에선 그의 죽음을 막지 못한 무능한 정부라는 비난이 들끓었다.

따져보면 해외 국민의 안전 관리는 외교부 책임이다. 반 장관은 사건에 대한 책임을 통감하고 대통령을 찾아가 사표를 제출했다. 온 나라가 들끓고 있었지만 노 대통령은 예상과 달리 사표를 반려했다. 그리고 이렇게 덧붙였다.

“내가 보기에 장관 책임 같지가 않으니 그냥 돌아가시고, 여론이 어떻게 돌아가나 좀 기다려봅시다.”

대통령이 보여준 신뢰에 반 장관도 마음을 다잡고 기다렸다. 국민의 분노와 관심은 시간이 흐르면서 사그라졌고, 반 장관에 대한 문책론도 잠잠해졌다. 만약 반 대사가 노무현 정권의 첫 외교부 장관으로 임명되었다면 어땠을까? 노 대통령과 신뢰를 쌓을 기회도 없었을 테고, 오히려 대통령 폄훼 사건으로 금세 사퇴했을지 모른다.

지금에서야 모든 일이 반 장관에게 유리하게 돌아간 것처럼 보이지만, 결국은 순리에 따라 주어진 역할을 순순히 받아들인 결과였다.

우여곡절 끝에 한국의 공식 유엔 총장 후보로 결정된 반 장관은 자신과 꼭 닮은 선거 전략을 수립했다. 열심히 하되 드러내지 않는 ‘조용한 캠페인’을 지향하겠다고 선언한 것이다. 물론 겸손하고 나서는 것을 즐기지 않는 그의 성향과 무관하지 않은 선택이었다. 하지만 이는 유엔 총장 선거 특유의 성격을 감안해 세심하게 수립한 전략이기도 했다.

유엔 사무총장 선출 방식은 매우 독특하면서도 이해관계가 복잡하다. 유엔 헌장상으로 사무총장은 안보리의 권고를 받아 총회에서 선출하는 것으로 되어 있다. 사실상 안보리에서 총장을 결정하는 것이나 마찬가지이다. 이때 안보리의 미국, 중국, 러시아, 영국, 프랑스 등 'P-5Permenant 5'로 불리는 5개 상임이사국의 만장일치 찬성을 얻어야 한다. 즉, 한 나라라도 거부권을 행사하면 당선이 불가능하다.

'안보리의 권고'라는 미묘한 시스템 때문에 당선을 위해서는 꽤나 섬세한 전략을 펼쳐야 한다. 복잡하고도 치열한 경쟁 관계에 있는 강대국들 사이에서 어느 한쪽의 전폭적 지지를 받는 후보는 으레 다른 진영에서 반대하기 마련이다. 미국이 강력하게 지지하는 후보는 '친미파'라는 딱지가 붙어 러시아와 중국이 거부하고, 반대로 공산 진영에서 지지하는 인물은 미국이 받아들이지 않는 식이다.

자연히 5개 상임이사국 모두의 고른 지지를 얻으면서도 미국, 중국, 러시아 같은 대립 관계에 있는 나라들로부터 노골적인 편애를 받고 있다는 인상을 줘서도 안 된다. 반약 미국이 초반부터 반 장관을 전폭적으로 지지한다면 친미파라는 낙인이 찍히고 만다. 더욱이 유엔 회원국 대부분은 개발도상국으로, 각자의 이유로 미국에 반감을 가진 경우가 많았다. 선거에서도 가장 큰 힘을 발휘하는 미국이지만, 공개적으로 미국의 지지 의사를 얻는 것은 마치 '죽음의 키스

궂은 자리에서도 최선을 다하는 그의 성품이 모든 기회와 조건을 한 방향으로 향하게 만들었다.

kiss of death'와 다름없었다.

이런저런 사정으로 반 장관은 출사표를 던진 후부터 미국과 중국의 OK 사인을 받을 때까지 치밀한 계산 아래 움직여야 했다. 외교부는 전 세계에 퍼져 있는 공관망을 동원해 안보리 이사국은 물론, 각 지역별 주요 국가와 모두 접촉하며 선거 운동을 펼쳤다.

선거 운동의 가장 중요한 목표는 두 가지였다. 첫째는 미국과 중국의 지지 확보를 위한 노력을 조용히, 지속적으로 전개하는 것. 둘째는 어느 한쪽으로 쏠리지 않으면서 각 진영에 이미 반대편의 지지를 확보했음을 암시하는 섬세한 줄다리기를 펼치는 것이었다.

이를 위해 서울 외교부 본부에선 이규형 제2차관, 박인국 다자외교실장, 김원수 장관특보, 강경화 국장 등이 그리고 뉴욕 현지에선 최영진 유엔 대사, 오준 차석대사, 조현 차석대사, 송영완 공사, 윤여철 참사관 등이 투입되었다. 이 외에도 안보리 이사국 주재 대사들은 물론 경쟁 후보자들의 출신국 동향 파악에도 주의를 기울였다.

반 장관이 정식으로 출사표를 던졌을 때는 이미 적잖은 경쟁자들이 출마를 선언했거나 물밑에서 뛰고 있었다. 제일 먼저 레이스에 뛰어든 인물은 태국이 부총리 수라끼앗 사티라타이Surakiat Sathirathai였다. 태국 탁신Thaksin 총리가 국가적 지원을 아끼지 않은 수라끼앗 부총리는 일찌감치 아세안 그룹의 지지를 확보한 상태였다. 그는 이번 유엔 총장이 아시아에서 나와야 한다는 점을 부각하며 러시아와 중국의 지원 사격을 구하기도 했다.

두 번째 출마 선언자는 49세의 인도 출신 유엔 사무차장 샤시 타루르Shashi Tharoor. 타루르 차장은 여러 면에서 화려하기 그지없는 인물이었다. 영화배우처럼 준수한 용모에 비상한 두뇌로 미국의 명문 플레처 스쿨The Fletcher School◆에서 23세에 박사 학위를 받았다. 글재주도 뛰어나 8권의 소설을 포함해 13권의 책을 써서 600만 권을 팔아치운 베스트셀러 작가이기도 했다.

그러나 그에게는 결정적 약점이 있었다. 인도 출신이라는 점이었다. 앞에서 언급한 것처럼 유엔 총장은 직무 성격상 큰 나라 출신이 맡을 수 없는 자리이다. 여러 국제 현안에 얽힐 가능성이 큰 국가의 인물은 부적절하다는 의견은 절대적이었다. 특히 인도는 국경을 맞댄 중국이 가장 경계하는 나라여서 안보리 상임이사국인 중국이 거부권을 행사할 것이 불 보듯 뻔했다. 타루르 차장이 선출될 가능성은 사실상 불가능에 가까웠다. 게다가 인도 외교부의 목표는 안보리 상임이사국 진출이지, 가능성도 없는 사무총장 진출이 아니었다. 그럼에도 개인적 인맥이 풍부하던 타루르는 자신의 출마를 지지하도록 인도 정치인들을 설득하고 있었다.

타루르에게 불리한 점은 이뿐만이 아니었다. 전임자이던 코피 아난 총장이 유엔 내부 출신이었는데, 또다시 유엔 내부에서 총장을 뽑아서는 안 된다는 반론도 만만치 않았다. 특히 아난 총장이 오일

◆　미국 최초의 국제법과 외교학 전문 대학원. 졸업생 간의 교류가 활발해 플레처 스쿨 네크워크는 미국 정부와 국제기구 내에서 큰 영향력을 발휘한다.

스캔들*로 곤욕을 치른 데다 아들의 이권 개입 문제까지 터지면서 유엔 내부 출신도 별 볼일 없다는 인식이 퍼져 있었다. 그럼에도 타루르 차장의 화려한 언변은 서양인에게 깊은 인상을 주었으며, 결코 만만히 볼 상대는 아니었다.

이 밖에 스리랑카 출신의 자얀타 다나팔라Jayantha Dhanapala 유엔 군축 담당 사무차장, 뒤늦게 뛰어든 요르단의 제이드 알후세인Zeid al-Hussein 왕자, 라트비아 최초의 여성 대통령이던 바이라 비케프레이베르가Vaira Vīķe-Freiberga, 아프가니스탄의 전 재무장관 아슈라프 가니Ashraf Ghani도 후보로 나선 상태였다.

실제로 경쟁에 뛰어든 이는 이들 7명이었지만 자천타천으로 거론된 인물은 훨씬 더 많았다. 언론에서는 빌 클린턴 전 미 대통령을 시작으로 캐나다의 장 크레티앵Jean Chrétien 전 총리, 말레이시아의 안와르 이브라힘Anwar Ibrahim 전 부총리, 싱가포르의 고촉동吳作棟 전 총리, 필리핀의 피델 발데스 라모스Fidel Valdez Ramos 전 대통령, 노벨평화상 수상자이자 당시 동티모르 총리이던 조제 하무스 오르타José Ramos Horta, 폴란드의 알렉산데르 크바시니에프스키Aleksander Kwaśniewski 전 대통령 그리고 영국의 토니 블레어 전 총리 등을 후보로 함께 거론

◆　　1996년 유엔은 경제 제재로 식량과 생필품 부족에 시달리는 이라크인을 위해 제한적으로 석유 판매를 허용했다OFFP, Oil For Food Program. 이 과정에서 유엔 간부들이 선진국 석유 회사의 뇌물을 받고 석유 판매권을 할당해준 사건이 벌어졌다. 게다가 코피 아난 총장의 아들이 스위스 업체인 '코데크나 인스펙션 서비시스'에 입사한 뒤 이 회사가 OFFP의 검사업체로 선정되어 취업 특혜 의혹이 일었다.

하기도 했다.

　본격 선거 레이스에 돌입하자 반기문 장관도 전 세계를 누비며 지지를 호소했다. 매사에 최선을 다하는 성격답게 저인망처럼 5대양 6대주를 훑었다. 특히 출마 당시 외교부 장관직을 유지하고 있었던 것이 큰 힘을 발휘했다. 일각에선 선거에 전념하기 위해 장관직을 내려놓아야 한다는 의견도 있었지만, 그는 당선을 위해 장관 자리를 유지하는 것이 훨씬 유리하다고 판단했다. 2006년 6월, 선거 운동을 위해 뉴욕을 찾은 반 장관은 이와 관련해 한국 특파원들에게 이렇게 설명했다.

　"현직 장관이 아니면 다른 나라 장관이나 대사를 자유롭게 만날 수 있겠습니까. 유엔 총장을 지낸 7명 모두 현직 장관이나 차관 또는 유엔 대사 신분으로 당선됐습니다. 현직이 아닌 후보가 뽑힌 전례는 없었습니다."

　그는 선거 운동에서 장관이라는 자리를 십분 활용했다. 특히 노무현 대통령이 외국 순방에 나설 때마다 외교부 장관 자격으로 수행하며 맹렬한 선거 운동을 펼쳤다. 노 대통령과 타국 정상 간의 회동에 동석하며 자연스레 지지를 호소하기도 했다. 그런 면에서 반 장관의 공식 선거 운동은 2006년 3월, 노 대통령의 아프리카 순방 때부터 시작했다고 볼 수 있다. 그는 이집트, 나이지리아, 알제리 3개국을 돌며 IT 및 에너지 외교를 펼친 노 대통령을 수행하며 적극적으로 선거 운동을 했다. 특히 이집트 호스니 무바라크Hosni Mubarak 대통령은 정상회담 후 기자회견에서 이렇게 밝혔다.

"반기문 장관의 출마 사실을 알고 있으며, 우리 이집트는 협조하고
　지지하겠다."

외국 정상이 처음 지지 의사를 밝혀준 것으로, 무척 고무적인 일이었다. 전략적으로 조용하게 움직이던 이전과 달리 본격적인 선거 운동이 시작되자 반 장관은 특유의 성실함을 유감없이 발휘했다. 선거 특성상 안보리에만 신경 쓰는 것이 보통이지만, 각 지역의 주요 국가들까지 부지런히 찾아가 지원을 호소했다. 이런 촘촘한 선거 운동은 단지 성품에서 비롯된 것만은 아니었다.

반 장관과 참모들은 유엔 내부의 새로운 추세를 정확히 파악한 전략을 수립했다. 이전까지 총장 선출에서 유엔 총회의 역할은 안보리 결정을 그저 추인하는 수준에 불과했다. 그러나 이런 형식적 역할에 대한 불만이 높아지고, 총회의 적극적 역할을 요구하는 목소리가 점점 더 커지고 있었다. 이세 안보리는 복수 후보를 추천하고, 총회가 이 중 한 명을 결정해야 한다는 의견까지 나온 상태였다. 이런 유엔의 분위기를 감지한 반 장관은 각 지역 주요 국가와 직접 접촉해 자신의 비전을 설명하고 희망 사항에 귀 기울이며, 총장 선출 이후까지 내다본 전략을 실행해나갔다. 만약 이런 흐름을 읽지 못하고

대다수인 비非안보리 회원국을 외면했다면 당선되더라도 이후 상당한 어려움이 있었으리라는 것을 예상할 수 있다.

반 장관은 가능한 한 전 세계를 돌아다녔다. 노 대통령과 함께한 8박 9일의 아프리카 순방을 마친 후에는 귀국을 미루고 곧장 남미로 떠났다. 아르헨티나를 거쳐 쉴 틈도 없이 페루로 날아갔다. 명목상의 방문 목적은 6년 만에 개최하는 '한-아르헨티나 고위정책협의회'와 '아시아태평양경제협력체APEC 양국 정상회담 후속 조치 협의'였지만, 누가 봐도 안보리 비상임이사국을 향한 표심 잡기 행보였다.

각국에 대한 다양한 노력을 펼치던 중 2006년 7월, 그의 당선에 결정적 영향을 미치는 중대한 계기가 찾아왔다. 바로 노무현 대통령과 조지 W. 부시 대통령 간 한미 정상회담이었다. 세계 유일의 슈퍼 파워, 유엔에 가장 많은 분담금을 내는 미국이 총장 선출에서 갖는 영향력은 막대했다. 미국의 지지를 얻지 못한 후보는 누구도 유엔에 입성할 수 없었다. 이집트 출신의 6대 부트로스 부트로스갈리 전 총장의 재선 실패도 결국 미국의 보이콧 때문이었다.

한미 정상회담을 앞두고 반 장관은 내심 노 대통령이 선거 운동을 전폭적으로 도와줄 거라 기대했다. 당시 민주당 내 386세력의 반대를 무릅쓰고 반 장관을 총장 후보로 낙점한 노 대통령이었으니 그런 기대도 무리는 아니었다. 그런데 어쩐 일인지 미국에 도착한 노 대통령은 심드렁했다. "이번에 반 장관이 유엔 총장에 도전하니 지지를 부탁한다”고 한마디 해줄 법도 한데 그럴 기미조차 보이지 않았다. 눈앞에서 절호의 기회를 놓칠지도 모른다는 생각에 속이 바짝바짝 타들어갔다. 한미 정상회담 시간이 상당히 흘렀음에도 노 대통령은 유엔 총장에 대해 일언반구도 말이 없었다. 나서길 싫어하는 반 장관이었지만 모질게 마음먹고는 단도직입적으로 속내를 토로했다.

“대통령님, 이번에 제 유엔 총장 출마 건도 좀 이야기해주시면 어떨까요?”

“음… 그 생각까진 못 했네요. 정 그러시다면 직접 하시든지요.”

노 대통령의 허락을 받아낸 반 장관은 절호의 기회를 놓치지 않았다. 통역 없이 부시 대통령에게 직접 자신이 유엔 총장이 꼭 돼야 하는 이유를 역설했다. 이야기를 들은 부시 대통령은 반색을 하며 딱 부러지게 대답했다.

“반 장관이 우리 후보입니다!He is our candidate!”

‘됐다.’

하지만 그 당시 곧장 이 일을 밖으로 흘렸다가는 ‘죽음의 키스’를 자초하기 십상이었다. 반 장관은 조용히 속으로만 쾌재를 불렀다.

반 장관은 이후로도 계속해서 5대양 6대주를 누비며 선거 운동에

혼신의 힘을 쏟았다. 이 험난하고 분주한 과정에는 적잖은 행운도 따라주었다.◆

2006년 6월 초, 반 장관은 워싱턴에서 스티븐 해들리Stephen Hadley 미국 국가안보보좌관과 미팅을 한 후 곧바로 뉴욕에서 열리는 '에이즈AIDS 유엔 총회 고위급 회의'에 참석해 지지를 호소할 예정이었다. 그런데 그만 미팅이 길어지면서 뉴욕행 비행기를 놓친 것이다. 백악관 측의 특별 에스코트까지 받으며 비행장으로 달려갔지만 바로 코앞에서 비행기는 떠나버리고 말았다. 별수 없이 다음 비행기를 타야 했는데, 이것이 전화위복이 되었다. 놓친 비행기가 악천후로 뉴욕에 착륙하지 못한 채 워싱턴으로 회항한 것이다. 반면 그가 탄 비행기는 날씨가 좋아져 무사히 도착했다. 비행기를 놓친 덕택에 중요한 자리이던 유엔 회의에 참석하여 선거 운동도 성공적으로 마칠 수 있었다.

행운은 여기서 그치지 않았다.

같은 달 말, 반 장관은 지지를 호소하기 위해 감비아 반줄Banjul에서 열리는 '아프리카연합AU 정상회의'로 날아갔다. 경쟁자인 태국 수라끼앗 부총리도 참석하는 자리였다. 회의가 진행되고 유엔 총장 후보들의 발표 차례가 되었다. 관례상 국제회의에서 발표 순서는 자국 서열을 기준으로 삼기 때문에 부총리이던 수라끼앗이 먼저 발표하고, 반 장관이 뒤를 잇게 되어 있었다

<hr>

◆ '반 외교 선거 캠페인 뒷얘기… 운도 그의 편이었다', 연합뉴스, 2006. 10. 14.

그러나 어찌 된 영문인지, 주최 측에서는 반 장관에게 먼저 연설할 기회를 줬다. 형편없는 시설에 에이컨도 제대로 가동되지 않아 실내는 무덥기 짝이 없었다. 마이크 소리도 제대로 들리지 않았다. 마이크를 받아든 반 장관은 비지땀을 흘려가며 겨우 연설을 마쳤다. 그리고 이어서 수라끼앗 부총리가 마이크를 잡으려는 순간, 갑자기 정전이 되어버렸다. 회의장은 순식간에 아수라장으로 변했고, 발표는 고사하고 회의 자체가 중단되어버렸다. 원칙대로였다면 연설을 못 한 건 수라끼앗이 아닌 반 장관이어야 했다. 하지만 무슨 영문인지 순서가 바뀌는 바람에 행운과 불운이 뒤바뀌는 상황이 벌어졌다. 돌이켜보면 이때부터 이미 승리의 여신이 반 장관 쪽으로 미소를 보내고 있었던 것이 아닌가 싶다.

AU 정상회의 직후에도 또 한 번 천운이 따랐다. 반 장관은 회의를 끝내자마자 남미로 날아가 브라질, 멕시코, 엘살바도르를 돌며 외교장관 회의를 연속해서 진행할 심산이었다. 그러나 제일 먼저 들르기로 한 브라질에서 외무장관이 돌연 회의를 취소하는 바람에 갑자기 일정에 차질이 생겨버렸다. 어쩔 수 없이 한국으로 돌아온 반 장관은 한숨을 돌리고 이틀 후 다시 출발하는 것으로 계획을 수정했다.

그런데 반 장관이 귀국한 당일, 북한이 도발할지 모른다는 속보가 날아들었다. 게다가 일본의 독도 주변 해류 조사로 한일 간 긴장까지 갑자기 고조됐다. 순식간에 한반도 주변 기류가 급박하게 돌아간 것이다. 외교부의 수장으로 한국을 비워선 안 되겠다고 판단한 반 장관은 중남미 방문 일정을 모두 취소했다. 결과적으로 현명하고 적절한 결정이었다. 출국 예정일이던 5일 새벽, 북한이 돌연 장거리미사일 대포동 2호를 일본과 가까운 동해 바다로 발사하며 한반도 주변 상황을 얼어붙게 만들었다.

만일 브라질 외교장관이 회의를 취소하지 않았다면 미사일 발사 시점, 반 장관은 예정대로 중남미 순방을 진행하고 있었을 것이다. 국가 비상사태에 외교부 장관이 자리를 비웠다는 비난을 피하기 어려운 사건이었다. 자칫 장관직에서 물러나는 사태로 번질 수도 있었다. 결국 브라질 외교장관의 예기치 못한 일정 취소로 비상 상황에 제자리를 지킬 수 있었다. 또 한 번 얻은 뜻밖의 행운이었다.

한국인
사무총장의 탄생

◆

2월 14일 공식 출마를 선언한 이후 5개월간 맹렬한 선거 운동을 펼친 끝에 어느덧 7월이 되었다.

코피 아난 총장의 임기는 2006년 말까지. 과거에는 총장의 임기가 끝나는 해 9월부터 본격적인 후임자 선정을 시작하는 게 일반적이었다. 차기 총장을 결정하려면 몇 차례의 투표 과정이 필요한데, 절대적 우위 후보가 없는 상황에서 9월부터 투표를 시작해도 12월은 되어야 당선자가 확정되는 과정이었나. 그러다 보니 취임까지 불과 1~2주 남짓한 기간밖에 주어지지 않아 인수인계가 힘들다는 의견이 많아 이번에는 가능한 한 빨리 차기 총장을 선정하자는 공감대가 형성되었다. 덕분에 그해의 총장 선출 작업은 예전보다 훨씬 빠른 7월 말에 시작되었다.

2006년 7월 24일, 드디어 반 장관의 운명을 가름하는 날이 왔다. 뉴욕 유엔 본부 2층에 자리 잡은 안보리 회의장에서는 차기 유엔 사무총장 후보 4명을 놓고 1차 예비 선거가 진행되었다. 5개 상임이사국과 10개 비상임이사국은 '스트로 폴straw poll'◆이라 부르는 예비 투표를 실시했다.

1차 예비 투표가 끝나고 결과를 발표하자 반 장관과 참모들은 솟아오르는 기쁨을 감추지 못했다. 기대를 훨씬 뛰어넘는 선거 결과였다.

반 장관은 15표 중 무려 찬성 12표를 얻어 당당히 1위를 차지했다. 2위는 인도의 샤시 타루르 유엔 사무차장으로 10표, 그 뒤로 태국의 수라끼앗 사티라타이 부총리가 7표, 스리랑카 출신의 자얀타 다나팔라 사무차장이 5표를 얻는 데 그쳤다.

국내에서 설마하며 기대도 하지 않은 일이 실제로 일어난 것이다. 내심 흥분했지만 반 장관과 외교부는 담담한 태도를 유지하기 위해 애썼다. 최전방에서 선거 운동을 맡고 있던 주 유엔 한국 대표부도 "아직 투표가 많이 남았다. 너무 기뻐할 일은 아니다"라며 신중한

◆　　밀짚straw을 날려보면 바람의 방향을 알 수 있다는 데서 나온 말이다. 이사국들은 각 후보에 대해 찬성, 반대, 의견 없음 중 하나를 표시한다. 이때 안보리 이사국 전체의 의사를 파악하기 위해 처음 한두 번은 상임·비상임 이사국 모두 같은 용지에 투표를 실시한다. 그러다 서너 번째 순서가 되면 비상임이사국은 계속 흰색 투표용지를 사용하고 상임이사국은 파란색 용지를 사용해 찬성, 반대 그리고 기권 의사를 표시한다. 이를 통해 특정 후보에 대한 상임이사국의 거부권이 행사되었는지 아닌지를 알 수 있다.

반응을 보였다.

실제로 과거의 유엔 총장 선거를 보면 막판에 의외의 후보가 등장해 판세를 뒤흔든 적이 많았다. 더욱이 반 장관과 참모들이 조심스러운 태도를 보인 이유 중 하나는 막강한 영향력을 지닌 존 볼턴 주 유엔 미국 대사가 "이번 투표 후에 새로운 후보가 등장하길 기대한다"는 미묘한 발언을 했기 때문이다. 지금의 후보는 모두 못마땅하다는 말처럼 들리기도 했다.

그리고 그의 바람처럼 투표 직후 새로운 후보가 등장했다. 터키 출신인 케말 데르비슈Kemal Derviş 유엔개발계획UNDP 총재와 요르단의 제이드 알후세인 왕자였다. 이 중 제이드 왕자는 뒤늦게 레이스에 합류해 반 장관과 경합을 벌인 후보였다.

새 인물까지 합세하며 선거전은 혼전 양상을 보이고 있었다. 하지만 정작 한국 외교 당국이 걱정하는 인물은 따로 있었다. 바로 고 촉동 전 싱가포르 총리였다. 1990년 싱가포르 2대 총리에 취임한 그는 훤칠한 키에 지적인 용모, 카리스마까지 갖춘 인물로 14년간 싱가포르를 이끌며 '작지만 강한 나라'로 자리 잡는 데 결정적 역할을 했다. 특히 영어에 능통하고, 미국 윌리엄스 대학에서 경제학 석사까지 받으면서 미국을 비롯한 서방 세계에 많은 팬을 만들었다. 싱가포르가 작은 도시 국가라는 점 역시 고촉동에게는 큰 장점이었다. 미국이 그에게 출마를 권유했다는 정황도 포착되어 반 장관 측을 긴장시키기도 했다. 하지만 반 장관이 유엔 사무총장이 되는 것은 정해진 운명이었던 것 같다. 다행히도 그는 유엔 총장 자리에 관심이 없다는 뜻을 밝혔다. 혹여 주변 상황으로 인해 단념한 것이라 해도 누가 출마 의사를 물으면 "다른 할 일이 많다"며 고개를 저었다. 외교부 측에서 싱가포르 외교관들에게 넌지시 물어봐도 대답은 똑같았다.

"그는 그 일을 맡을 수 없습니다He is not available."

이 사실을 접한 외교부에서는 싱가포르 정부에서 의견을 통일했다는 걸 직감했다.

가장 강력한 후보로 꼽히던 고촉동은 왜 불출마를 결심했을까. 여기에는 두 가지 설이 있다. 첫째는 싱가포르가 가입한 아세안 10개국에서 이미 태국 수라끼앗 부총리를 단일 후보로 합의한 상황에서 약속을 깨고 나서기가 어려웠을 거란 해석이다. 이는 반 장관에겐 커다란 행운이었다. 약체 후보가 먼저 아세안 전체의 후보가 되는 바람에 강력한 다른 후보를 막아준 셈이었다. 다음으로는 리콴유李光耀◆와 함께 국부급으로 존경받는 그가 아직 싱가포르를 위해 해야 할 일이 많다고 판단했으리라는 설이다.

어쩌면 힘들기만 할 뿐 실질적 권한도 없는 유엔 사무총장 자리는 개인적으로나 국가적으로나 매력적이지 않다고 판단했을 거라

◆　싱가포르 정치가. 싱가포르 1대 총리로 취임해 26년간 싱가포르가 금융의 중심지로 발전하고 세계 최고의 깨끗한 정부가 되는 데 기여했다.

는 시각도 있었다. 여러 설이 난무했지만 고촉동 자신은 불출마에 대한 명확한 이유를 밝히지 않았다.

어쨌든 반 장관의 낙승으로 끝난 1차 예비 선거 이후 두 번째 선거까지는 50여 일이 남아 있었다. 반 장관 측은 승리를 굳히기 위해 물밑에서 더욱 열심히 뛰어다녔다.

9월 14일, 언제 올까 싶던 두 번째 예비 선거일이 되었다. 첫 선거 때와 마찬가지로 15개 안보리 이사국 대표들이 표를 던졌고, 회원국들은 안보리 의장의 발표만 기다렸다.

"1위 … 반기문!"

외교부와 주 유엔 한국 대표부에는 희색이 만연했다. 반 장관은 분단국 출신 후보라는 한계에도 불구하고 1차 예비 선거보다 2표를 더 얻었다. 반 장관의 성적은 1차 선거에서 찬성 12표, 기권 2표, 반대 1표였지만 2차에선 찬성 14표, 반대 1표를 기록했다. 2위는 샤시 타루르 유엔 사무차장, 3위는 태국 수라끼앗 사티라타이 부총리로 1차 투표 때와 같았다. 다크호스로 여긴 요르단 제이드 왕자는 4위로 저조한 성적을 얻었다.

다만 마음에 걸린 것은 2차 예비 투표에서도 반대표가 나왔다는 사실이다. 한 나라가 1, 2차 예비 선거에서 계속 반대표를 던진 것인지, 아니면 1차 투표 때는 찬성했거나 기권한 나라가 2차 때 반대로 돌아섰는지는 확실치 않다. 다만 그 당시에는 2차 투표에서 반대표를 던진 나라가 어디인지에 모든 관심이 쏠렸다. 거부권을 가진 5개 상임이사국 중 어느 하나라도 반대한다면 두 차례의 1위도 의미가 없었다. 그 때문에 아직도 낙승을 장담하긴 어려운 분위기였다.

3차 투표는 불과 2주일 만에 열렸다.

9월 28일, 3차 예비 투표에서 반 장관은 찬성 13표, 반대 1표, 기권 1표를 얻어 당당히 1위를 기록했다. 2차 때보다 찬성이 1표 줄었지만 2위 타루르와의 표차가 벌어졌다. 타루르는 찬성 8표, 반대 3표, 기권 4표를 얻는 데 그쳤다.

3차 투표 결과가 나온 이후부터 유엔 한국 대표부는 '반기문 대세론' 굳히기로 전략을 수정했다. 후보들 중 반대표가 가장 적은 데다 2위와의 표차가 벌어졌다는 점을 강조하며 반 장관 지지론을 확산시키기로 한 것이다. 반 장관도 이때부터는 자신의 당선을 낙관했는지 이날 외교부 청사로 출근하던 반 장관에게 기자들이 소감을 묻자 "저에 대한 지지가 견고합니다"라며 기쁨을 감추지 않았다.

문제는 계속 사라지지 않는 단 하나의 반대표였다. 이로 인해 10월 2일로 잡힌 4차 예비 투표가 당선에 분수령이 될 거라는 관측이 지배적이었다. 4차 투표에서 처음으로 상임·비상임 이사국을 구별하는 투표가 이뤄지기 때문이었다.

10월 2일, 드디어 마지막 고비인 4차 예비 투표일. 또다시 투표 용지가 나눠졌고, 회원국들은 신중하게 기표했다. 그전과 똑같은 절차가 반복됐지만 그 의미는 확연히 달랐다. 반 장관과 외교부 관계자들은 더 큰 긴장 속에서 결과를 지켜봐야 했다.

"이겼다!"

이변은 없었다. 승리의 여신은 이번에도 반 장관을 향해 미소를 지었다. 찬성 14표, 기권 1표. 압도적 1위였다. 거부권을 가진 5개 상임이사국과 10개 비상임이사국으로 구별한 첫 투표에서 반 장관은 6명의 후보 중 유일하게 5개 상임이사국 모두의 지지를 받았다.

2위를 달리던 인도의 샤시 타루르는 이날 개표 후 전격적으로 사퇴를 선언했다. 덕분에 반 장관의 유엔 총장 당선은 4차 투표에서 마무리될 수 있었다. 네 번의 예비 투표에서 모두 1위를 차지했고, 4차 투표에서는 3차 때찬성 13, 반대 1, 기권 1보다 더 좋은 성적을 얻은 결과였다. 이 과정을 지켜본 당시 최영진 유엔 대표부 대사는 이렇게 선언했다.

"반 장관을 위협할 변수는 이제 사라졌다. 사실상 모든 절차가 마무리됐다."

이제 당선은 기정사실이었다. 기대 이상의 선전으로 전 세계를 놀라게 한 반 총장이었다. 하지만 아직도 밝혀지지 않은 미스터리가 하나 있다. 과연 반 총장에게 반대표를 던진 나라는 어디였을까? 네 번의 예비 선거 동안 3차까지 계속된 하나의 반대표. 일부에선 우리나라와 미묘한 경쟁 심리를 가진 일본이었을 거라는 시각이 있었다. 게다가 당시 주 유엔 미국 대사 볼턴은 자신의 회고록에서 "일본이 반 총장 선출에 반대 입장을 취했다"고 적기도 했다. 그러나 일본 정부는 완강히 부인하고 있다.

언젠가 밝혀질 선거판에서 옆 나라인 일본이 반대표를 던졌을 가능성은 낮다는 것이 당시 선거 운동에 참여한 외교관들의 분석이다. 오히려 유럽의 나라가 대세를 읽지 못하고 새로운 후보를 기대하며 반대표를 던졌을 가능성이 높다는 분석도 있었다.

어쨌거나 반 장관의 승리가 확정되자 9월, 안보리 의장을 맡고 있던 그리스 대사는 이렇게 제안했다.

"빨리 유엔 총장 선출 절차를 끝냅시다. 대세가 결정됐으니."

그리하여 정식으로 차기 총장을 선출하는 안보리 본회의가 일주일 뒤인 10월 9일로 잡혔다.

유엔 규정상 안보리는 선거를 통해 차기 총장 후보를 선출한 뒤 유엔 총회에 공식 추천하게 되어 있다. 그러면 유엔 총회는 이를 안건으로 상정하고, 안보리가 추천한 후보 이름을 발표하면 회원국이 박수로 통과시키는 게 관례였다.

© UN Photo/Mark Garten

반기문 신임 사무총장은 아시아적 가치의 존중과 유엔에 대한 개혁 의지로 수락 연설을 마무리했다.

그러나 모든 게 순탄할 수만은 없는지 예상치 않게 발목을 잡은 나라가 있었다. 바로 북한이었다.

북한은 선거전이 한창 달아오르던 7월 5일에 대포동 2호 등 일곱 발의 미사일을 동해상으로 발사해 한국 외교를 책임지고 있는 반 장관을 잔뜩 긴장하게 만들었다. 전날인 7월 4일 미국 독립기념일에 맞춘 도발이었다. 일각에서는 미국 독립기념일에 맞추어 보낸 북한의 축하 선물이라는 농담도 오갈 정도였다.

이후 잠잠하던 북한이 공교롭게도 차기 총장을 정식으로 선출하기 바로 직전, 서울 시간으로 10월 9일에 사상 첫 핵실험을 강행했다. 우리나라는 물론 일본, 미국을 비롯한 온 국제 사회가 큰 충격에 빠졌다. 북한의 손에 가공할 무기가 쥐어졌다는 현실에 기겁하지 않을 수 없었던 것이다.

차기 총장 선출로 축하 분위기에 사로잡힌 10월 9일의 안보리 회의는 돌연 핵실험에 따른 대북 제재를 위한 긴급 회의로 돌변했다. 안보리는 이미 북한의 핵실험 예고에 대해 강력한 제재를 면치 못할 것이라는 의장 성명을 낸 바 있었다. 이제 유엔의 경고를 무시한 북한에 대해 높은 수위의 제재가 불가피해졌다. 당시 반 장관은 차기 유엔 총장 당선자이면서 동시에 이해 당사국인 한국의 외교 사령탑이었다. 요컨대 북핵 문제에 정통한 당사자이기도 하고, 차기 유엔 수장으로서 제재안을 만들어야 하는 미묘한 입장에 놓여 있었다. 자신을 정식 선출하도록 결정한 안보리 회의에서 갑자기 북한 제재 방안을 논의하게 되다니, 운명의 장난처럼 여겨졌다.

이날 서울 외교부 청사에서 열린 유엔 사무총장 당선 기념 기자 회견에서도 마냥 기쁜 감정만 드러낼 수 없었다. 이런 복잡한 감정은 그의 회견 내용에 잘 드러나 있다.

"국제 사회의 일치된 경고를 무시하고 감행한 북한의 핵실험 때문에 영광되고 기뻐야 할 순간에 무거운 마음으로 이 자리에 섰습니다. 사무총장에 임명되면 북핵 문제는 물론 국제 평화와 안전을 위협하는 모든 문제 해결에 기여할 수 있도록 최대한 노력하겠습니다."

이젠 유엔 총회의 인준이라는 마지막 통과의례만 남아 있었다. 차기 총장을 선출하는 유엔 총회는 대개 안보리 결정 후 2주 뒤에 열리는 게 관행이지만 이번에는 총회 소집 역시 신속했다. 불과 나흘 뒤인 10월 13일 유엔 총회가 소집되었고, 반 장관은 192개 회원국의 만장일치 박수를 받으며 차기 유엔 사무총장에 최종 선출되었다.

원래 신임 사무총장은 총회에서 선출되는 당일 취임 선서를 하지만 코피 아난 총장의 임기가 2개월 이상 남은 점을 고려해 취임 선서는 다음 해 1월 1일 정식 취임 때로 연기했다. 아난 총장의 임기 말 레임덕 현상을 막기 위한 배려였다.

모든 당선 절차를 끝낸 차기 유엔 사무총장 반기문은 이 자리에서 세계인을 향해 인상적인 수락 연설을 했다. 그가 던진 메시지는 두 가지.

첫째는 아시아 출신의 사무총장으로서 겸손과 솔선수범으로 유엔을 성공적으로 이끌겠다는 것, 그다음은 단호한 개혁 의지였다.

"저는 우 탄트 사무총장에 이어 이 조직을 이끌게 된 두 번째 아시아 인이라는 점에 깊은 자부심을 느낍니다. … 아시아는 겸손이 미덕인 곳입니다. 그러나 이 겸손은 처신에 국한된 것이지 비전과 목표와는 다른 문제입니다. 겸손은 헌신과 리더십의 결여를 의미하는 게 아닙 니다. 이는 과도한 선전 없이 어떤 일들을 완수해나가는 조용한 결단 력을 뜻합니다. … 저는 겸손으로 최상의 결과를 이루어내겠습니다. 또 솔선수범으로 이끌겠습니다. … 사무국 개혁의 목표는 벌을 과課 하는 게 아니라 상을 주는 겁니다. 그리하여 유엔 직원들이 재능, 기 술, 경험 그리고 헌신을 완전히 발휘하고 적절히 활용하도록 할 겁니 다. 사기를 진작시키기 위해 노고와 빼어난 성취에 상을 주고, 모든 이로 하여금 자신의 적극적 활동 또는 나태에 대해 책임을 지게 하 며, 남녀 간에 특히 고위직의 성별 균형이 맞도록 하겠습니다."

취임 이후 그가 어떤 방식으로, 무엇을 위해 혼신을 바칠 것인지 분명하게 드러낸 연설이었다.

이렇게 누구도 기대하지 않은 상상은 현실이 되었다. 아시아의 작 은 나라, 대한민국의 겸손하고 성실한 공무원 반기문은 세계의 대통 령으로 우뚝 서 있었다.

PART.3

반기문의
유엔

유엔 수장으로 취임한 반 총장은
유엔이 여전히 의미 있는relevant 조직임을 알리고,
세계 인류에 크게 이바지하는 효율적인 조직이 되게끔
탈바꿈시키겠다고 결심했다.

세계 대통령의
첫 출근

◆

2006년 11월 15일, 뉴욕 존 F. 케네디 국제공항. 짙은 롱 코트에 감색 넥타이를 맨 훤칠한 신사가 입국장을 빠져나왔다. 공항 로비에서 기다리던 한국 교민들은 그에게 다가가 꽃다발을 건넸다. 환한 얼굴로 꽃다발을 받아든 이는 반기문 차기 유엔 사무총장이었다.

기다리고 있던 리무진은 반 총장을 태운 뒤 뉴욕 파크 애버뉴에 위치한 최고급 호텔 월도프 아스토리아로 달려갔다. 다음 해 9월까지 맨해튼 이스트리버 강변에 위치한 총장 공관이 보수 중이라 그때까지 이 호텔 스위트룸에서 머무르게 된 것이다.

포시즌스, 플라자 등 세계 최고급 호텔이 즐비한 뉴욕이지만 국가 정상들이 가장 애용하는 곳은 단연 월도프 호텔이다. 유구한 역사와 전통 덕분이기도 하지만, 입구가 몇 개 안 되는 건물 구조가 요인 경호에 최적인 이유도 있다. 존 볼턴 전 주 유엔 미국 대사를 비롯해 스캔들로 유명한 힐턴 그룹 상속녀 패리스 힐턴도 이곳에 살았다.

스위트룸 앞 복도에서 날카로운 눈초리로 출입자를 체크하던 경호원들이 반 총장을 향해 가볍게 목례를 했다. 반 총장 부부는 앞으로 유엔에서 제공하는 방탄 리무진을 이용하며, 15명의 전담 요원에 의해 24시간 그림자 경호를 받을 것이다.

33층에 자리 잡은 80여 평 남짓한 반 총장의 거처는 3개의 침실과 20여 명이 함께 식사할 수 있는 식당, 넓은 응접실과 별도의 거실·주방으로 이루어져 있다. 유럽 귀족의 저택을 연상케 하는 고풍스러운 실내에는 우아한 그림들이 걸려 있으며, 임대료는 한 달에 4만 5,000달러로 하루 140만 원꼴이다. 취임 전 한 달간은 한국 정부가 부담했고, 이후부터는 유엔에서 냈다. 호텔 측에서는 유엔 수장이란 특별한 위치를 감안해 대폭 할인한 가격이라고 설명했다.

여장을 푼 반 총장은 곧바로 업무 인수에 들어갔다. 말이 당선자 신분이지 업무 성격으로 봐서는 사실상 유엔 총장으로서 일을 시작한 것과 다름없었다.

반 총장이 뉴욕에 도착했을 당시 현지에는 이미 한국 외교관을 중심으로 한 인수팀이 구성되어 있었다. 김원수 특보를 비롯해 윤여철 참사관, 이상화·권기환 서기관 등이 미리 도착해 코피 아난 측으로부터의 인수 준비에 착수한 상황이었다. 이들은 뉴욕 퍼스트 애버뉴 유엔 본부 앞에 자리한 부속 건물인 DC2에 사무실을 얻었다. 이들 외에 2명의 유엔 고위 간부가 인수인계를 돕기 위해 참여했다. 코피 아난의 마지막 비서실장이던 멕시코 출신의 알리시아 바르세나Alicia Bárcena, 전략 담당 사무차장보이던 미국 출신의 로버트 오어Robert C. Orr였다. UCLA를 졸업한 오어 사무차장보는 중국 베이징 대학에서 공부한 중국통으로, 백악관에서 근무했다. 이후 프린스턴 대학에서 정치학 박사 학위를 받은 뒤 하버드 대학에서 국제정치학을 가르치기도 했다. 인수팀은 이들로부터 총장 취임 전 그리고 취임 직후에 해야 할 일들과 더불어 유엔 내부 업무가 어떻게 돌아가는지 속속들이 들을 수 있었다.

본격적인 인수인계는 반 총장이 뉴욕에 도착한 후부터 이뤄졌다. 반 총장과 인수팀은 홍수처럼 쏟아져 들어오는 정보에 기가 눌렸다. 각 부서별로 몇백 페이지짜리 바인더를 여러 개씩 가져오는 게 기본이었다. 독립적으로 운영하는 각 부서별 주요 현안은 물론 조직, 인원 및 예산까지 상세히 보고해야 했기 때문이다.

반 총장을 만나겠다는 사람도 물밀 듯 몰려왔다. 진심으로 유엔을 위해 조언하는 이도 있었지만 자리를 얻기 위해 면담을 요청하는 이도 부지기수였다. 진심으로 반 총장을 만난 사람 중에는 에드워드 케네디Edward Kennedy 상원의원도 있었다.

반 총장은 고교생 시절 미 적십자사의 초청을 받아 미국을 방문한 적이 있다. 그때 케네디 상원의원의 친형이자 대통령이던 존 F. 케네디를 만났다. 에드워드 케네디 의원은 그 당시 형이 반 총장을 포함한 고교생들을 모아놓고 연설한 사진과 그때 참고한 메모지를 액자에 넣어 선물했다. 반 총장으로서는 가슴이 뭉클해지는 순간이었다.

반 총장과 인수팀은 어느 하나 빠뜨리는 것 없이 파악하기 위해 밤낮으로 백과사전 같은 파일과 씨름하며 시간을 보냈다.

2007년 1월 2일, 드디어 반기문 신임 유엔 사무총장이 정식으로 뉴욕 유엔 본부에 입성하는 날이 밝았다. 반 총장은 이날 오전 9시 10분쯤 숙소인 월도프 호텔에서 출발, 20여 분 남짓 걸어서 9시 30분쯤 유엔 본부에 도착했다. 걸어오는 동안 경호원 6명이 반 장관 주위를 에워싸고 함께 움직였다. 유엔 소속의 반 총장 경호팀은 모두 14명. 노르웨이, 자메이카 등 다양한 국적과 인종으로 구성되었다. 이 중 3명은 부인 유순택 여사를 보호하고 나머지 11명이 임무를 교대해가며 임시 숙소 경비와 근접 경호를 맡았다. 반 총장은 첫날 이후에도 걸어서 출근하기를 즐겼다. 눈코 뜰 새 없는 일정 탓에 운동할 짬을 내는 것이 쉽지 않은 탓이다.

본부에 도착한 그는 엘리베이터를 타고 곧장 38층 집무실로 올라갔다. 호화롭진 않지만 동쪽으로는 햇빛에 반짝이는 허드슨 강이, 서쪽으로는 높다란 맨해튼의 마천루들이 보이는 빼어난 경관의 사무실이었다. 총장·부총장 사무실이 있는 이곳 38층에는 100여 명의 직원이 함께 근무하며 반 총장을 보좌하고 있지만 공식적인 수행 비서는 없었다.

유엔 직원들은 반 총장이 본부 사무실에 첫발을 디딘 순간부터 그와 전임자를 견주기 시작했다. 어떤 자리이든 새로운 사람이 나타나면 전임자와 비교되기 마련이다. 반 총장도 예외일 수 없었다.

반 총장의 리더십과 업적을 이해하려면 전임자인 코피 아난에 대해 알 필요가 있다. 그래야 반 총장의 새로운 정책이 왜 나왔는지 그리고 국제 사회가 그에게 무엇을 바라는지 단박에 파악할 수 있기 때문이다.

가나의 부족장 가문에서 태어난 아난은 다분히 귀족적 사람이었다. 반면 반 총장은 서민적 풍모를 지니고 있었다. 일례로 아난 전 총장은 유엔 건물의 엘리베이터 한 대를 총장 전용으로 지정해 혼자 사용했다고 한다. 그러나 반 총장은 이 관행을 깨고 일반 직원과 함께 엘리베이터를 이용하기 시작했다. 사무실에 도착하는 시간도 반 총장은 오전 8시 5분. 9시쯤 왔다는 아난보다 1시간 빠른 출근이었다. 반기문, 코피 아난 두 사람의 성향과 업무 방식은 아시아와 아프리카만큼이나 달랐다.

물론 공통점도 있었다. 둘 다 비슷한 시기에 미국의 이상주의적 정책에 따라 초청을 받아 광활한 미국 땅을 밟았고, 이것이 그들 인생에 결정적 계기가 됐다는 점이다.

반 총장은 충주고 3학년이던 1962년, 케네디 정권이 창안한 국제 학생 미국 방문 프로그램, 즉 'Vista'◆의 초청으로 한 달간 미국을 방

◆　　Visit of International Students to America.

문했다. 프로그램에는 43개국 117명의 학생이 참여했고, 백악관을
방문해 케네디 대통령을 면담할 기회도 있었다. 나중에 반 총장은
"케네디 대통령과의 만남이 내가 외교관의 길을 걷게 된 결정적 계
기였다"고 말하기도 했다.◆

　아난은 이보다 3년 앞선 1959년 포드재단의 지원으로 미국 미네
소타주 매캘러스터 대학Macalester College에 편입했다. 당시는 식민 통
치에서 벗어나 막 독립한 아프리카 신생국들에 대해 전 세계의 관심
이 고조되던 시기였다. 이런 분위기에 영향을 받아 포드재단은 '외
국 학생 지도자 프로그램Foreign Student Leadership Program'을 마련해 아프
리카 학생이 미국에서 교육받을 수 있는 기회를 제공했다. 이 프로
그램을 통해 미국에서 공부한 아난은 졸업 후 유엔에 입성, 사무총
장까지 올랐다. 결국 미 정부와 자선단체가 먼 미래를 보고 뿌린 씨
앗이 자라 2명의 유엔 사무총장이라는 열매를 맺은 셈이다.

　그러나 이런 점을 빼고는 성장 배경부터 성격, 리더십 스타일에
이르기까지 두 사람은 극히 대조적이었다. 1938년에 태어난 아난
은 한마디로 가나의 귀족이었다. 할아버지는 아난이 태어난 판테족
Fante의 부족장이었으며 그의 삼촌도 마찬가지였다. 판테족은 식민지
시절, 아프리카 개척에 열을 올린 영국 편에 섰던 부족이다. 그 덕에
아난의 아버지 헨리 R. 아난은 막대한 부를 축적했고, 그의 가족은

◆　　톰 플레이트, 《반기문과의 대화》, RHK, 2013, p.91.

코피 아난 전 사무총장과 반 총장. 성장 과정부터 리더십까지 모든 면에서 매우 대조적이다.

풍요로운 삶을 누릴 수 있었다.

영국과 네덜란드 합작 다국적 기업인 유니레버의 자회사 간부이던 아버지 헨리는 무척 엄격한 인물이었다. 시간 관리도 철저했다. 그는 자신의 저택에서 자주 파티를 열었는데, 시작 시간 5분 후엔 문을 잠가버려 뒤늦게 도착한 손님들은 그대로 돌아가곤 했다. 심지어 어떤 날은 시작 시간까지 절반밖에 손님이 오지 않자 칵테일파티를 취소하기도 했다.

헨리 아난은 자녀에게 자존심을 지키고 비굴하지 말라고 철저히 교육했다. 코피 아난이 아버지 사무실에 찾아간 어느 날이었다. 아버지 헨리는 일을 시키기 위해 한 직원을 불렀다. 호출받은 직원이 급히 사무실로 들어왔는데, 너무 서둘러 오느라 피우고 있던 담배를 손에 들고 있었다. 그러자 헨리의 눈초리가 사나워졌다. 뒤늦게 실수를 깨달은 직원은 얼떨결에 불붙은 담배를 바지 주머니에 쑤셔 넣었다. 어쩔 수 없이 바지 주머니가 타들어가는 상태에서 지시를 들어야 했다. 직원이 나간 후, 놀란 코피 아난이 아버지에게 왜 그렇게 직원을 힘들게 만드느냐고 묻자 아버지의 대답은 이러했다.

"내가 그렇게 만든 게 아니다. 그 직원은 얼마든지 재떨이에 담배를 끌 수 있었고, 원하면 내 앞에서 담배를 피울 수도 있었다. 너는 오늘 절대로 해서는 안 되는 것을 봤다. 남 앞에서 당당하고 절대 비굴하게 굴지 마라."◆

어릴 적 이 같은 교육은 아난의 뼛속 깊이 남아 있었다. 실제로 유엔 수장으로서 아난은 미국을 비롯한 강대국의 요구에 순순히 굴복하지 않은 인물로 기억되고 있다. 특히 두 번째 임기 중 미국의 이라크 침공에 대해 반대 입장을 분명히 한 것으로도 유명하다.

반면 반 총장의 가풍, 특히 아버지의 성향은 아난의 부친과 몹시 대조적이었다. 인정이 많은 반 총장의 아버지 반명환 씨는 어려운

◆　　Stanley Meisler,《Kofi Annan》, Wiley, 2007, p.11~12.

사람이라면 쌀이건 돈이건 주저 없이 내주던 사람이었다. 심지어 어린 자식들이 있는데도 나병에 걸린 학창 시절 친구를 6개월 동안 집에 머물게 한 적도 있다. 한때 창고 사업을 하기도 했는데, 그때 이웃 사람들이 숨어 들어와 쌀을 훔쳐가면, 오죽했으면 도둑질을 했겠느냐며 눈감아주던 넉넉한 사람이었다.

이런 가풍을 물려받은 반 총장 역시 온유하고 부드러운 성품으로 유명하다. 여간해서는 부하에게 화내는 법 없이 늘 끈기 있게 이야기를 듣는다. 외교부의 후배 직원들은 반 총장과 인사만 나누어도 자상함과 배려에 깊은 감명을 받곤 했다. 그러다 보니 자기가 특별한 사랑을 받고 있다고 생각하는 사람도 많았다. 장관으로 임명되기 전에도 모두 반기문 대사의 장관 임명은 시간문제라고 생각했거니와, 마침내 2004년 1월 반 장관이 임명되었을 때 외교부에선 "직원의 절반은 너무 기뻐 잠을 설쳤을 것"이란 우스갯소리가 나돌았다. 반 장관이 자신을 아끼고 사랑하니 출세길이 열렸다고 생각한 외교관이 무척 많았다는 이야기이다. 이런 식으로 반 총장의 인간적 흡인력을 보여주는 에피소드는 외교부 곳곳에서 들을 수 있다.

이처럼 전임자와 판이하게 다른 반 총장의 성격은 유엔을 이끌어가는 리더십에도 고스란히 반영되었다. 큰소리를 내며 맞서기보다 조심스레 다가가 서로 간의 믿음을 쌓은 뒤 상대방 입장을 들으며 문제를 해결하는 그만의 방식이었다.

반 총장은 유엔 직원 모두가 유심히 지켜보는 가운데 출근 첫날부터 안보리 회의, 하비에르 솔라나Javier Solana 유럽연합 외무장관과의 면담 등 바쁜 일정을 소화해야 했다.

모든 게 순조롭기만 한 건 아니었다. 출입 기자들의 까다로운 질문이 첫날부터 그를 괴롭혔다. 첫 출근 후 간략한 기자회견 자리에서 당시 논란이 되고 있던 "사담 후세인 전 이라크 대통령 처형에 대해 어떻게 생각하느냐?"는 질문이 나왔다.

"후세인이 저지른 범죄와 이에 따른 희생자들을 생각해야 합니다. 사형제는 회원국들이 정할 일입니다."

반 총장의 말은 희생자 입장에서 생각하면 충분히 할 수 있는 답변이었다. 그러나 발언 내용이 그간 유엔이 밝혀온 공식 입장과는 정반대였다는 게 문제였다. 코피 아난 전 사무총장을 비롯한 유엔 간부들은 지금까지 기회가 있을 때마다 "사형 집행은 인권에 위배되는 일"이라고 누누이 강조해왔다. 특히 아슈라프 카지Ashraf Qazi 유엔 이라크 특사가 불과 일주일 전에 후세인의 사형 선고와 관련해 "전쟁·반인륜범이라 하더라도 극형에 처하는 것은 반대한다"라는 공식 입장을 밝힌 뒤라 유엔 내부의 엇박자처럼 보일 수 있었다.

유엔 출입 기자들은 이날 정오 브리핑에서 미셸 몽타스Michele Montas 신임 대변인에게 득달같이 따졌다.

"유엔이 사형제에 대해 엇갈리는 입장을 밝혔는데 어느 것이 진짜입니까?"

"사형에 대한 유엔의 입장이 바뀐 게 아닙니다. 반 총장의 언급은 후세인 처형에 대한 자신의 원론적 견해를 나타낸 것일 뿐입니다."

다소 궁색한 대변인의 답변이었다. 아니나 다를까 이튿날, 미 주요 언론들은 이 문제를 놓고 일제히 공격을 퍼부었다.

"사형을 반대해온 코피 아난 전 총장과 확실한 차이를 보여준 것으로 인권 옹호자들은 우려를 표하고 있다." 〈워싱턴포스트〉
"사형제를 유지 중인 한국의 외교장관에서 탈피해 유엔을 이끌어가야 하는데, 이런 변신이 제대로 이뤄지지 못했다는 의미일 수 있다."
〈뉴욕타임즈〉

한마디로 호된 신고식이자 정신을 번쩍 들게 한 사건이었다. 그나마 위안을 삼자면 반 총장이 이제부터 자신의 말 한마디가 얼마나 엄청난 위력을 갖는지 실감한 좋은 계기였다는 사실이다.

반기문의 유엔으로
모두 바꿔라

반 총장이 사무총장으로 취임하면서 뉴욕 유엔 본부에는 새로운 바람이 불기 시작했다. 부지런한 걸로는 둘째가라면 서러울 정도의 일벌레인 그가 방만하기로 유명한 조직의 장으로 나섰으니 변화의 바람은 당연했다.

느려터진 조직을 긴장시키기 위해 그가 택한 전략은 솔선수범이었다. 반 총장은 40년 가까이 몸에 밴 한국 공무원의 습관대로 아침 8시 이전에 출근해 회의를 주재했다. 아침 8시 회의를 준비하려면 직원들은 7시 40분까지 출근해야 한다. 느슨한 근무에 익숙하던 비서실 직원들로서는 아연 긴장할 수밖에 없었다. 아프리카의 여유로운 생활 방식 그리고 상대적으로 귀족적 환경에서 자란 아난 전 총장은 일찍부터 일하는 편이 아니었다. 해외 출장을 가더라도 공식 일정 하루 전에 도착하고, 뉴욕에 돌아와서도 하루 정도 쉬는 스타일이었다. 그러나 반 총장은 출장을 가도 새벽 일찍부터 밤늦게까지 한시도 멈추지 않고 일하는 일벌레였다. 한마디로 이제 직원들도 부지런하고 바빠져야 했다.

반 총장이 이런 솔선수범을 통해 궁극적 목표로 삼은 것은 바로 유엔의 개혁이었다. 유엔 개혁 문제는 1945년 출범한 이래 늘 반복되는 고질병 같은 이슈였다.

1945년 제2차세계대전의 참화를 겪은 인류는 평화의 염원을 담아 유엔을 출범시켰다. 그러나 시간이 지나면서 유엔은 점점 무능하고 비효율적인 집단이라고 손가락질받게 되었다.

세계 도처에서 수십만 명씩 죽어가는 끔찍한 분쟁과 살육이 되풀이되는 상황에서도 마땅한 해결책을 찾지 못하고 헤매기 일쑤였다. 게다가 유엔 직원들은 자리와 혜택에만 연연하는 나태한 집단이라는 원성도 자자했다. 자국민을 국제기구에 진출시키려는 욕심에 무책임한 일부 후진국은 비슷비슷한 기구와 부서를 양산하면서도 아무런 죄책감조차 느끼지 않았다. 그뿐 아니라 유엔 직원들이 업무 태만은 물론 배임, 심지어 사기까지 저질러온 사실이 드러나면서 미국을 비롯한 회원국들의 불만은 이만저만이 아니었다.

유엔 내부 감찰 보고서를 보면 그간 유엔의 병폐를 적나라하게 알 수 있다. 예컨대 구 유고슬라비아에 주둔했던 유엔 평화유지군은 720만 달러를 주고 발전기 650대를 구입한 뒤 한 번도 쓰지 않고 방치해둔 것으로 드러났다. 이스라엘 골란 고원에서 한 업자가 유엔 트럭을 이용해 밀수를 하다 적발된 일은 귀여운 수준이었다. 구 유고슬라비아에서는 전범들을 수감하겠다며 수용소를 짓고는 15명의 교도관을 고용했으나, 첫 죄수가 오기까지 무려 6개월 동안 아무 일도 하지 않고 허송세월하는 어이없는 일도 벌어졌다.

방만한 예산 지출 문제도 속출했다. 한 유엔 직원은 3년 전 다른 나라로 자리를 옮겼는데 뉴욕에 근무한 것으로 간주해 3만 3,000달러의 주택 보조금을 계속 받았다. 케냐 나이로비Nairobi에서는 주택에 딸린 수영장과 사우나를 빌리는 데 보조금을 지급한 일도 있었다.

반 총장이 개혁을 서두른 더 큰 이유는 갈수록 거세지는 '유엔 무용론'이었다. 그가 취임할 무렵, 미국을 중심으로 한 서구에선 "더 이상 유엔은 현대 사회에 적합한 조직이 아니다"라는 목소리가 적지 않았다. 제2차세계대전 직후 전승국을 중심으로 만든 유엔 체제가 지금의 현실에 맞지 않는다는 논리였다. 특히 공격을 많이 받은 대목은 안보리 중심의 유엔 체제였다. 제2차세계대전이 끝난 지 60여 년의 세월이 흘렀는데, 그때의 전승국이라는 이유로 미국, 중국, 러시아, 영국, 프랑스가 계속해서 거부권을 가진 상임이사국을 유지하는 것은 정당하지 않다는 문제 제기가 끊이지 않았다. 특히 높은 경제력을 자랑하는 일본, 독일, 인도, 브라질 등 여타 주요국의 불만이 높았다.

이런저런 이유로, 유엔 수장으로 취임한 반 총장은 유엔이 여전히 의미 있는relevant 조직임을 알리고, 세계 인류에 크게 이바지하는 효율적인 조직으로 탈바꿈시키겠다고 결심했다.

개혁은 물론 모든 유엔 업무를 성공적으로 수행하기 위해 절실한 것이 유능한 참모였다. 실력 있는 인물을 적재적소에 등용하는 인사야말로 모든 정책의 성패를 가름하는 열쇠였다.

오랜 관료 경험으로 누구보다 이런 순리를 잘 아는 반 총장은 취임 직후 사무차장을 비롯한 모든 유엔 핵심 간부들에게 "일괄 사표를 내라"고 요구했다. 여기에서 주목할 점은 파격적 조치 속에서 읽을 수 있는, 유엔에 대한 반 총장의 기본 생각이다.

유엔은 회원국의 합의에 따라 만들어지고 운영되는 국제기구이다. 이런 속성 때문에 각종 산하 기구의 구성과 운영 방식에 대해서도 회원국의 입김이 셀 수밖에 없다.

그럼에도 반 총장은 최소한 유엔 사무국에서만큼은 자신이 권한을 행사할 수 있어야 한다고 생각했다. 말하자면 유엔을 한 국가의 행정부로 그리고 사무총장을 대통령과 같은 자리로 인식했다. 이런 생각 때문에 정권이 바뀌면 옛 각료 모두가 물러나듯 유엔의 고위 간부들도 자신과 호흡이 맞는 참신한 인물로 바꿔야 한다고 믿었다.

그러나 아난 총장 때 임명된 많은 인사의 생각은 달랐다. 그들은 스스로를 유엔에 스카우트되어 연봉 계약을 맺고 들어온 전문 인력이라고 여겼다. 따라서 사무총장이 바뀌었다고 해서 자리를 내놓을 하등의 이유가 없었다. 그러니 이들에게 일괄 사표 요구는 마른하늘에 날벼락 같은 일이었다. 당연히 반발도 극심했다. "이미 몇 년 동안 일하기로 계약서까지 쓰고 들어왔는데, 갑자기 사표를 내라면 어떻게 하느냐? 앞길이 막막하다”며 간부 회의에서 공개적으로 반발하는 경우도 있었다.

반 총장은 이에 대해 ‘유엔은 하나의 국가와 같다’는 자신의 논리를 펼쳤다.

“사무차장과 사무차장보 등 국가의 장차관에 해당하는 유엔의 요직은 정치적 자리입니다. 리더가 바뀌면 당연히 재신임을 받는 것이 옳습니다. 사표를 낸다고 다 그만두라는 얘기가 아닙니다. 새 총장과 호흡이 맞고 유능한 사람은 재신임할 것입니다.”

과거 부트로스갈리나 아난 총장 취임 당시의 물갈이 인사를 예로 들며 “신임 총장이 새로운 정책을 효율적으로 시행하려면 여기에 정통한 새 인물이 맡는 게 옳다”며 재신임의 필요성을 강조했다.

간부 중에는 처음엔 강력히 반발하다 사정조로 돌아선 경우도 꽤 있었다. 한 인사는 “계약 기간 동안 유엔에서 일할 수 있으리라 믿고 빌어놓은 일이 있다. 지금 그만두면 적잖은 돈을 손해 봐야 하니 몇 달만 더 일하게 해달라”고 사정하기도 했다. 또 “직급이 낮은 자리라도 좋으니 정년 때까지 일하게 해달라”고 간청하는 이도 있었다. 그러나 반 총장은 정치적 관계에 따라 임명된 정무직 간부의 일반직 전환은 불가능하다며 인사에 대한 원칙을 분명히 했다. 온화하지만 본인이 정한 원칙에서는 물러서지 않는 특유의 성격이 그대로 드러나는 조치였다.

어쨌든 일괄 사표를 받겠다는 반 총장의 방침은 의지대로 이뤄졌다. 새 술은 새 부대에 담듯 새로운 인사들로 유엔을 채우게 된 것이다. 반 총장 의중의 인물을 뽑아 쓸 수 있는 길은 열렸지만 인사 문제가 다 해결된 건 아니었다. 전 세계의 인재를 파악하기도 어렵거니와 유엔의 각 부서에 맞는 적임자를 선정하는 것도 보통 힘든 일이 아니었다.

사실 반 총장이 당선자 신분으로 뉴욕에 입성할 때까지 인사와 관련한 아이디어는 전무했다. 그도 그럴 것이 선거 운동 중에 당선 후 뽑아 쓸 인재까지 물색한다는 건 말 그대로 김칫국부터 마시는 꼴이었기 때문이다. 그러다 보니 갓 부임한 총장이 유엔 전·현직 인사 중 누가 유능하며 어떤 성향의 사람인지 파악하는 것은 사실상 불가능한 일이었다.

이런 딱한 상황에서 반 총장은 두 사람의 유능한 조언자를 얻었다. 한 사람은 아버지 조지 H. W. 부시 대통령 정부에서 주 모로코 대사와 미국 정부 의전장을 역임한 미국인 조지프 리드Joseph Reed. 그는 유엔에서 총회 담당 사무차장과 행정 담당 사무차장으로 일했으며 아난 총장 말기에는 이른바 '1달러 연봉'의 특별고문으로 일했다. 참고로 '1달러 연봉one dollar salary'이란 사실상 금전적 대가 없이 공직에 봉사했음을 의미한다. 미 연방정부는 무급 근무를 법으로 금지하고 있었다. 1달러라도 임금을 받아야 법적인 고용 관계가 이루어지며, 그에 대한 책임과 권한이 명확해진다는 미국 제도에 뿌리를 둔 조치였다. 여하튼 리드 전 특별고문은 1980년대 후반부터 일해 온 유엔에서의 경험을 바탕으로 여러 후보자에 대한 인물평을 반 총장에게 전했다. 또 다른 조언자는 1970년대 말부터 유엔에서 일한 이크발 리자Iqbal Riza 전 코피 아난 총장의 비서실장이었다. 파키스탄 외교관 출신의 리자 역시 반 총장 부임 당시 유엔 특별고문으로 일하고 있었는데, 미국 출신의 리드와는 다른 시각으로 인물에 대한 평가를 반 총장에게 제시했다. 이로써 반 총장은 두 개의 시각으로 관심 인사에 대한 인물평을 수집하며 균형 있는 인사 기준을 유지할 수 있었다.

물론 유엔 수뇌부의 인사는 총장의 뜻만으로 결정되지 않는다. 특히 2인자 격인 사무부총장DSG, Deputy Secretary-General, 국무총리에 해당하는 비서실장CdC, Chef de Cabinet 및 각 부처 장관에 해당하는 사무차장Undersecretary-General에 대한 임명은 지극히 정치적일 수밖에 없었다.

그간에 이루어진 유엔의 관행에다 각 지역 간의 균형, 여기에 강대국의 입심까지 작용해 절대 사무총장이 전권을 행사할 수 없다. 명문화되어 있지는 않지만 안보리 5개 상임이사국과 분담금을 많이 내는 일본 등은 자신들의 입맛에 맞게 사무차장 자리를 나눠 가지는 것을 암묵적으로 용인하고 있었다.

구체적으로 들여다보면, 가장 분담금을 많이 내는 미국은 유엔의 예산과 살림살이를 챙기는 재무부 역할의 행정DM 담당 사무차장을 맡아왔다. 각국 정부의 외교부처럼 유엔의 대외 업무를 처리하는 정무부DPA의 사무차장은 거의 영국 몫이었다. 아프리카의 옛 식민지에 관심이 많은 프랑스는 분쟁 지역에 유엔군을 보내고 질서를 유지하는 평화유지PKO, Peace Keeping Operation 담당 사무차장을, 제삼세계 문제에 관심이 많은 중국은 일반 회원국들의 토의를 주재하는 유엔 총회 DGACM 담당 사무차장 자리를 차지하는 게 관례였다. 러시아는 뉴욕 본부의 사무차장 대신 제네바 사무소UNOG 소장 자리를 챙겨왔다. 분담금 순위 2위인 일본의 경우 정해진 자리는 없었지만 인도주의 담당과 군축 담당 사무차장 등 굵직한 포스트를 맡아왔다. 그러나 관례로 굳어진 사무차장직 배정 방식 역시 반 총장 취임으로 큰 변화를 겪었다.

반 총장은 겉보기엔 한없이 부드럽지만 강단 있고 비판 정신도 강한 사람이다. 외교부에서 유엔과장을 지낸 뒤 하버드 대학에서 유학하던 시절, 수업 중 미국 교수가 상세한 배경도 모르면서 한국 정부에 대해 공격적 발언을 한 적이 있었다. 그가 "강의 내용에 동의하지 않는다"며 소신을 밝히자 해당 교수는 "그럼 자네 주장을 펼칠 기회를 줄 테니 말해보라"고 했다. 교수 대신 강단에 오른 그는 1시간 동안 한국의 실정을 조목조목 설명해 학생들을 놀라게 했다. 이 사건 이후 그에겐 '반 교수Professor Ban'란 별명이 붙었다고 한다.

비판 정신은 노무현 대통령의 외교보좌관 시절에도 여전했다. 당시 반 보좌관은 노 대통령이 청와대 회의 때 관례와는 달리 파격적 모습을 보이자 "좀 더 'presidential'하셔야 합니다"라고 겁없는 직언을 해 주변 사람들을 놀라게 했다. 한마디로 대통령이라는 격에 맞는 말과 행동을 하라고 지적한 것이었다. 청와대 비서실장도, 수석보좌관도 아닌 일개 차관급 보좌관이 하기에는 대통령의 심기를 건드릴 만한 발언이었다.

그러나 의외로 노 대통령은 화를 내지 않았다. 화를 내기는커녕 그 후 반 보좌관의 조언에 더 귀 기울이는 결과를 낳았다. 필요하다면 충언을 해줄 참모라고 여겼기 때문이리라. 어쨌거나 반 총장의 비판정신은 유엔 수장을 맡으면서 더욱 진가를 발휘했다.

반 총장은 전통을 무조건 수용하기를 거부했다. 먼저 주요 간부와 총장 참모진을 어떻게 구성할 것인지에 대해서는 주변의 조언을 참고했다. 그리고 이를 바탕으로 보다 효율적이고 참신한 아이디어가 나올 수 있는 새로운 프레임을 고심했다. 특히 몇몇 핵심 보직은 특정 국가의 몫이라는 고정관념을 뜯어고치려 노력했다. 그를 통해 유엔의 핵심 간부들이 자신의 조국이 아닌, 유엔과 사무총장을 위해 헌신히는 풍도를 만들고자 했다.

이런 맥락에서 먼저 정무 담당 사무차장 인사가 이루어졌다. 반 총장은 오랫동안 영국 몫으로 정해져 있던 이 자리에 파격적으로 미국 출신 인사를 앉혔다. 정무 담당 사무차장은 미국이 탐내던 핵심 자리이기도 했다. 하지만 유엔의 대외 정책이 미국 주도로 흘러가는 것에 대한 반론으로 영국 몫이 되어왔다.

이런 결정에는 반 총장이 선거 운동을 하는 동안 두 나라가 보인 태도도 영향을 미쳤다. 영국은 선거 기간 내내 반 총장에 대해 고압적 자세를 취했다. 반면 미국은 흔쾌히 반 총장에 대한 지지를 보내주었다. 일례로 유엔 주재 영국 대사는 총장 경선 당시 반 장관을 불러놓고 마치 취업 인터뷰를 하는 면접관처럼 깐깐하게 질문 공세를 폈다. 심지어 반 총장의 당선을 저지할 수 있다는 힘을 보여주기 위해 예비 선거 때 일부러 반대표를 던졌을 것이라는 설도 있었다. 영국의 이런 고압적 자세는 발탁에 영향을 미칠 수밖에 없었다.

이제 유엔의 수장은 반 총장이었다. 강대국이라는 이유로 마치 유엔의 주인처럼 행동하고, 사무총장을 고용한 사장 정도로 생각하는 사고방식은 도저히 받아들일 수 없었다. 이런 인습을 바로잡기 위해서는 그동안 통해온 관행을 과감하게 타파해야 했다. 무대 뒤에서 강대국이 압박한다 해도 사무총장은 소신을 밀어붙이는 사람이라는 것을 보여준 조치였다.

영국의 이런 태도에도 이유는 있었다. 코피 아난의 10년 임기 동안 대부분의 기간을 키런 프렌더개스트Kieran Prendagast라는 영국인이 정무 담당 사무차장으로 일했다. 아난 총장 말기에 대폭적으로 단행한 인사에서 나이지리아 출신의 감바리가 이 자리를 맡았지만 고작 1년 정도뿐이었다. 사무총장을 제외하면 유엔의 가장 핵심적인 포스트로 통하는 정무 담당 사무차장을 도맡아온 영국이 그 자리를 되찾기 위해 절치부심한 것도 당연한 일이었다.

실제로 토니 블레어 총리는 이 자리를 얻기 위해 5년간 주불 영국 대사로 일한 거물급 외교관 존 홈스John Holmes를 유엔으로 발령 냈다. 그런데도 반 총장은 압력에 굴하지 않고 뚝심 있게 대응했다. 그는 홈스 대사를 만난 자리에서 영국이 따놓은 당상이라 생각한 정무 담당이 아닌 인도지원OCHA, Office for Coordination of Humanitarian Affairs 담당 사무차장 자리를 전격적으로 제의했다. 홈스 대사는 불의의 일격을 맞은 것처럼 깜짝 놀랐다. 하지만 노련한 외교관답게 완곡하지만 분명하게 거절의 뜻을 밝혔다.

"개인적으로 인권과 인도주의 문제에 대해 잘 모르고, 영국도 이 자리에 적절한 나라가 아닌 것 같습니다."

그러나 반 총장은 미동도 하지 않았다. 도리어 더 강한 어조로 이 자리를 맡아달라고 요청했다.

"영국은 공정성과 상식의 나라로 잘 알려져 있으니 당신이 일을 잘 해낼 것으로 믿습니다."

홈스 대사는 훗날 자신의 회고록에서 반 총장과의 당시 만남에 대해 이렇게 썼다.

"블레어 총리가 유엔으로 자리를 옮기라고 할 때만큼 또 놀랐다."

반면 프랑스는 종전처럼 평화유지활동PKO 담당 사무차장을 맡는 데 성공했다. 프랑스는 그간 유엔 업무와 관련해 두 가지 사안에 각별한 관심을 쏟아왔다. 첫째는 국제 무대에서 불어의 위상을 영어 수준으로 끌어올리는 것으로 문화적 자부심이 강한 나라답게 프랑스 정부 차원에서 다방면으로 노력을 기울여왔다. 또 하나는 평화유지활동이다. 과거 영국과 함께 가장 많은 식민지를 거느린 프랑스는 여전히 과거에 식민지로 지배한 아프리카 국가들과 긴밀한 외교 관계를 유지하고 있다. 자연히 아프리카 정세에도 관심이 깊었다. 특히 아프리카 지역에서 정권을 변화시킬 만한 내전이나 정치적 분규가 일어날 경우 여기에 개입해 영향력을 발휘하려 했다. 코트디부아르 사태가 대표적 사례였다. 이런 배경으로 평화유지활동 업무에 의지가 강한 프랑스 정부는 사무총장 경선 과정에서부터 자신들의 희망을 여러 차례 반 총장에게 나타낸 바 있다.

반 총장은 영국과 달리 프랑스의 희망을 받아들였다. 하지만 훗날 평화유지군 업무가 지나치게 비대해졌다는 지적에 따라 이를 두 개로 분리하는 대개혁을 추진했다.

아난 총장 때 유엔 총회 지원 관련 업무를 담당한 중국은 좀 더 의미 있는 일을 하고 싶다는 희망에 따라 경제사회문제DESA, Department of Economic and Social Affairs 담당 사무차장 자리를 받았다. 일본의 경우, 아난 총장 임기 말까지 군축을 맡은 사무차장이 물러나면서 공보 담당 사무차장 자리를 배정받았다.

때로는 강대국의 압박을 거부하기도 하고, 때론 이들의 희망을 반영하면서 반 총장은 자신의 리더십을 최대한 발휘할 수 있도록 부서별 책임자를 채워나갔다. 사무차장 인선은 각 부서를 직접 운영하는 일선 책임자라는 측면에서 의미가 컸다.

반기문의
사람들

각 분야의 사무차장 이상으로 중요한 인사가 또 있었다. 부총장과 비서실장이었다.

때론 자신을 대신해 유엔을 지휘해야 할 조직의 2인자인 부총장 그리고 사무국의 각 부서를 총괄하고 조정하는, 각국 정부의 총리에 해당하는 비서실장이야말로 총장의 왼팔과 오른팔 같은 존재이다. 가장 중요한 이 두 자리에 대한 인선은 일찌감치 반 총장에게 복안이 있었다.

먼저 부총장은 아프리카 출신으로 임명하겠다는 원칙을 세웠다. 무엇보다 아프리카 대륙은 대대로 유엔의 지원이 가장 절실한 지역이었다. 가나 출신의 코피 아난 총장이 퇴임하면 아프리카에 대한 유엔의 관심이 멀어질 거라는 세간의 우려를 씻기 위해서라도 아프리카 출신의 중용이 필요했다. 특히 아난이 기초를 닦고 반 총장에게 넘겨준 유엔 '새천년개발목표MDG, Millennium Development Goals'를 성공적으로 달성하기 위해서는 아프리카 출신 부총장이 최적이었다. MDG는 고질적 빈곤에 허덕이는 개발도상국 국민이 인간다운 삶을 누릴 수 있도록 8개 분야에서 구체적 목표를 설정하고 추진하는 프로젝트이다. 이 프로젝트에 해당하는 개발도상국들이 주로 아프리카에 몰려 있으니 아무래도 업무 추진 면에서 이 지역 출신 부총장이 여러모로 유리했다.

아울러 여성 총장 후보를 추대하자는 이야기가 나올 정도로 유엔 내에서 여성 지도자에 대한 관심이 부쩍 커진 상황이었다. 반 총장은 기왕이면 여성 부총장이면 좋겠다고 생각했다. 결국 아프리카 출신 여성 후보자가 영순위 부총장감이었다.

반 총장과 개인적으로 인연이 닿아 있는 사람 중에 마침 이 두 가지 기준에 딱 맞는 인물이 있었다. 당시 탄자니아 외무장관이던 아샤로즈 미기로Asha-Rose Migiro 박사였다.

반 총장과 미기로 박사의 인연은 우연에서 시작됐다. 2006년 당시 반 총장은 선거 운동을 위해 안보리 비상임이사국이던 탄자니아를 방문했나. 그때 탄자니아행 비행기 옆자리에 앉았던 이가 미기로 박사였다. 오랜 비행 시간 동안 많은 대화를 나누면서 반 총장은 깊은 인상을 받았다. 갓 50세를 맞은 미기로 박사는 총명함과 학자로서 냉철한 분석력을 지닌 인재였다. 게다가 심성이 곱고 겸손했다.

반 총장은 이때의 만남으로 탄자니아 방문에서 큰 성과를 얻었다.

한-탄자니아 간 각종 협력 사업을 순조롭게 합의했고, 탄자니아 정부로부터 자신을 유엔 총장으로 지지하겠다는 다짐까지 받아냈다. 당시 인상적이던 미기로 박사에 대한 신뢰가 반 총장 뇌리에 깊이 남아 있었다.

이 외에도 여성 부총장 자리를 두고 꽤 여러 명의 카드를 가지고 신중하게 고민했다. 다른 쟁쟁한 후보들 중에는 이미 반 총장과 안면 있는 이도 있었지만 대부분 지나치게 맹렬하거나 자기 홍보에 능한 인물이었다. 아무리 검토해도 미기로 박사만 한 인물을 찾기 어려웠다. 결국 반 총장은 그를 부총장으로 발탁했다.

미기로 부총장은 반 총장의 기대를 저버리지 않았다. 그는 반 총장의 첫 임기 5년 동안 새천년개발목표와 유엔의 안살림을 맡아 최선을 다했다. 유엔의 2인자인데도 자신을 내세우지 않고, 반 총장의 리더십을 이해하며 묵묵히 진심을 다해 봉사했다. 성공적으로 자신의 임무를 마친 미기로 박사는 현재 탄자니아로 돌아가 법무부 장관으로 일하고 있다.

한편 직책상으로는 부총장만큼 높진 않지만 반 총장 입장에선 훨씬 중요한 자리인 비서실장 인선이 남아 있었다. 공식 직함은 비서실장이지만 사무차장급 중에서도 수석차장으로, 사실상 내각을 총괄 조정하는 총리 역할이었다. 자연히 총장 개인적으로도 완전히 믿을 수 있는 사람이 필요했다. 거기에 유엔을 이해하고 장악하는 데 힘을 보태줄 수 있는 인물이어야 했다.

유엔 내부 인사를 몇 명 추천받았지만 부하 직원과의 관계가 매끄럽지 못하다거나 다른 결격 사유가 있어 모두 탈락했다. 늘 그렇듯 많은 것 같아도 정작 찾아보면 없는 게 인재였다.

비서실장에 대한 인선이 여의치 않자 이번에도 반 총장은 마음에 둔 인물이 있다며 자신의 속내를 내비쳤다. 유엔 간부들은 물론 인수팀 멤버들도 놀랄 정도로 의외의 인물이었다. 비자이 남비아르Vijay Nambiar라는 인도 출신 전 외교관이었다.

그는 반 총장과 특별한 인연이 있었다. 이들이 처음 만난 건 30여 년 전인 1972년 인도 뉴델리. 잘 알려진 이야기이지만 반 총장은 외무고시 및 연수원 성적이 우수한데도 미국이나 일본 또는 유럽 공관 대신 인도를 첫 근무지로 선택했다. 후진국 근무자에게 지급하는 특별 근무 수당이 필요한 데다 멀리 보면 신생 공관에서의 근무가 도움이 될 거라는 판단에서였다.

초보 외교관으로 인도 땅을 밟았을 때 인도 외무부의 한국 담당 과장이 바로 남비아르 대사였다. 귀공자풍의 남비아르 대사는 당시 비동맹 외교의 중심에 있던 인도가 북한과 가까이 지냈음에도 매우 친절하고 합리적으로 반 총장을 대했다. 두 사람의 인연은 거기서 끝나지 않았다. 반 총장이 1978년 유엔 대표부 일등서기관으로 뉴욕에 왔을 때 남비아르 대사는 인도 대표부 참사관으로 일하고 있었다. 두 사람은 인도에서 맺은 인연을 한층 더 발전시켰다.

이들의 세 번째 만남은 20년이 흐른 뒤였다. 차관 자리에서 쫓겨난 반 총장이 2001년 한승수 유엔 총회 의장 비서실장으로 뉴욕에

© UN Photo/Eskinder Debebe

겸손하고 조용한 자세로 자신의 임무를 묵묵히 수행한 아샤로즈 미기로 부총장. 반 총장의 오랜 친구이자 가장 믿을 수 있는 동료인 비자이 남비아르 비서실장.

부임했을 때도 남비아르 대사가 그곳에서 일하고 있었다. 이번에는 주 유엔 인도 대사라는 직책이었다. 몇 년 후 자리에서 물러난 남비아르 대사는 2005년 코피 아난의 유엔 총회 담당 특별보좌관으로 발탁되었다.

지적이고 말솜씨가 조리 있는 남비아르 대사는 합리적이고 겸손한 성격으로 주변에서 늘 두터운 신망을 얻었다. 30대 후반부터 총 6개국 대사를 역임할 정도로 인도 외교부 내에서 실력을 인정받은 인재이기도 했다. 나이는 반 총장보다 한 살 위였지만 허물없는 사이로 발전한 친구 같은 존재였다.

절친한 관계임에도 남비아르 대사는 신임 반 총장에게 일체 연락을 취하지 않았다. 물러나야 할 입장에 있는 그의 전화가 혹 자리를 청탁하는 뜻으로 비칠지 모른다는 생각에서였다.

그러던 어느 날, 남비아르 대사는 인수팀으로부터 연락을 받았다. 그는 올 게 왔다고 생각했다. 당연히 후임자를 위해 자리를 비워달라는 요청일 거라고 예상한 그에게 인수팀이 전한 내용은 정반대였다. "반 총장의 비서실장으로 일해달라"는 제안이었다. 남비아르 대사는 흔쾌히 수락했다.

반 총장은 여러 면에서 인도와 인연이 있었다. 하나밖에 없는 아들이 인도 근무 중에 태어났고, 둘째 사위가 인도인이다. 그리고 비서실장을 맡은 평생의 친구 남비아르 대사도 인도 출신이다. 그래서 반 총장은 "나와 인도는 아주 특별한 관계"라는 말을 사석에서나 공석에서 자주 하곤 한다.

　부총장과 비서실장 인선에서 엿볼 수 있듯이 반 총장은 직접 만나 인성을 확인한 사람, 인연이 있는 사람을 중시했다. 한번 맺은 인연을 소중히 여기면서 상대방의 호의와 우정을 잊지 않았다.

　어쨌거나 남비아르 비서실장도 취임 후 반 총장의 기대를 저버리지 않았다. 그는 G-77이라고 부르는 개도국 그룹 소속 130여 개국을 다독이고 설득하며 끌고 나갔다. 아울러 반 총장과 호흡을 맞추며 유엔 개혁 작업을 추진력 있게 실행했다. 어느 조직이나 그렇듯 최고경영자의 비서실장은 정신적 스트레스가 많은 자리이다. 후일담이지만 남비아르 실장 역시 쏟아지는 업무와 개혁 과정에서 일어나는 반 총장과 직원들 간의 갈등에 시달리다 못해 사표를 던지고 싶었던 적이 한두 번이 아니었다고 고백했다. 그럴 때면 자신에 대한 반 총장의 기대와 애정 그리고 그간의 우정을 떠올리면서 마음을 다잡았다고 한다. 반 총장 역시 남비아르 실장이 힘겨워할 때마다 단둘이 식사를 하면서 노고에 대한 감사와 격려를 아끼지 않았다.

곪아가는
거대 조직의 개혁

◆

주요 간부에 대한 인선 작업을 마무리하자 반 총장은 개혁 드라이브에 본격적인 시동을 걸었다. 개혁을 강력하게 추진할 수 있는 기반을 마련했다고 생각한 것이다. 유엔의 개혁에서 가장 중점을 둔 사안은 인사와 부패였다.

먼저 인사 문제는 유엔 안팎에서 자주 인용되는 '죽은 나무dead wood'란 표현으로 압축할 수 있다. 유엔에는 열매를 맺거나 잎이 자라지 않는 죽은 나무처럼 계속 자리만 차지하고 아무런 역할도 하지 않는 무능한 직원이 넘쳐난다는 불만의 표현이었다. 유엔 직원은 엄청난 비리를 저지르지 않는 한 절대 쫓겨나지 않는 '국제적 철밥통'으로 악명이 높다.

뉴욕 유엔 본부에 들어가보면 직원들의 고용 안정이 얼마나 철통처럼 지켜지고 있는지 단박에 알 수 있다. 본부 입구에 들어서면 두 대의 오래된 엘리베이터가 있는데, 여기엔 아주 특별한 사람들이 있다. 희끗희끗한 머리, 건장한 몸집에 유니폼을 입은 일명 '엘리베이터 맨'이다. 이들은 직원이나 내방객이 엘리베이터에 타면 큰 소리로 외친다.

"어디 가십니까? Where are you going, Sir?"

그러곤 당당하게 층 번호를 누른다. 요즘 세상에 엘리베이터 조작법을 모르는 사람이 어디 있으며, 엘리베이터 맨이 남아 있는 곳이 어디 있을까. 진작에 사라져버린 엘리베이터 맨이 21세기 뉴욕 맨해튼 한복판에 아직도 존재하는 이유는 유엔의 철밥통 문화 때문이다. 자기 돈도 아닌데 굳이 이들을 해고해 원망 들을 필요가 없다는 게 유엔의 풍토이다. 해결책은 엘리베이터 맨이 정년퇴직할 때까지 기다렸다가 후임자를 채용하지 않는 것이다. 이런 풍토는 다른 부서에서도 마찬가지이다. 효율보다는 유지와 안정을 추구하는 곳이 바로 유엔이다.

물론 유엔 정무부나 평화유지부 같은 핵심 부서에는 야심만만하고 의욕 넘치는 직원도 많다. 그러나 일반 직원들 사이에는 열심히 하든 말든 처우엔 차이가 없으니 대충 일하자는 분위기가 팽배해 있었다. 게다가 세계 최고의 신분 보장 제도 때문에 업무 능력이 떨어지는 직원이라도 해고할 수 없었다.

조직 간의 꽉 막힌 직원 교류도 심각한 문제였다. 유엔 조직은 크게 뉴욕 본부와 제네바, 빈, 나이로비 등 3개 지역 본부 그리고 분쟁 지역에 설치한 현지 사령부 및 사무소 등으로 이뤄져 있다. 대부분의 직원이 뉴욕·제네바·빈 등 선진국 대도시에서 일하기를 원하고, 험한 분쟁 지역 근무는 기피해서 이들 두 지역 간의 교류가 제대로 이뤄지지 않았다. 이 문제는 그간의 고용 방식이 원인이기도 했다. 본부, 지역 본부 그리고 현지 사령부 및 사무소에는 각 기관별로 채용과 인사 이동이 이루어져 이들 사이의 교류는 사실상 막혀 있었다. 설사 유엔 본부에 있던 직원이 수년간 오지 근무를 경험하고 제자리로 돌아오려 해도 불가능했다. 각 부서별 정원이 정해져 있어 새로운 직원이 그 자리를 금세 채워버리기 때문이다. 유일한 방법은 본인의 자리를 계속 공석으로 남겨뒀다가 수년 뒤 되돌아오는 것이다. 그러나 늘 일손이 부족하다고 느끼는 조직의 생리상 특별한 경우가 아니면 직원 중 일부가 빠진 상태에서 공석을 유지하기란 쉬운 일이 아니다.

반면 처음부터 분쟁 지역 등지에서 고용된 현지 직원이 대도시의 부서로 자리를 옮기는 건 더더욱 어려웠다. 뉴욕 본부나 제네바·빈 지역 본부에 자리가 나는 경우도 흔치 않고, 이런 보직들은 공개 채용이 원칙이어서 엄청난 경쟁을 뚫고 들어가야 한다.

이런 상황 탓에 오지에서 본부나 지역 본부로 진입하는 건 하늘의 별 따기이고, 본부와 지역 본부에서 변방으로 나가려는 인원은 극소수였다. 경제학으로 비유하자면 수요와 공급이 늘 맞지 않았다.

그러나 고인 물이 썩는 건 동서고금을 관통하는 진리. 같은 자리에서 같은 업무를 십수 년 하다 보면 처음의 열정과 관심은 시들해지고 타성에 젖기 마련이다. 이런 병폐에 찌든 조직에 활기를 불어넣는 방법 중 하나가 인사 이동이다. 인사 교류를 통해 새로운 곳에서 새로운 일을 해보도록 하는 것이다.

이런 차원에서 반 총장은 '의무적 이동근무제'라는 매우 혁신적 제도 도입을 선언했다. 이 제도의 골자는 특정 근무지의 한 부서에서 일정 기간 근무한 직원은 의무적으로 다른 지역, 다른 부서로 자리를 옮겨야 한다는 원칙이었다.

이런 구상을 발표하자 이 제도의 필요성과 목적에 대해 오해와 반발이 끊이지 않았다. 가장 먼저 나온 목소리가 이른바 물 좋은 자리를 놓지 않으려는 직원에게 괘씸죄를 적용하는 것, 험한 지역에서 고생한 직원에겐 떡고물을 나눠주는 것이라는 의심이었다.

특히 뉴욕 본부에는 다른 곳으로 옮기기를 거부하는 직원이 적지 않았다. 이들은 유엔 노조를 움직여 반대 캠페인을 벌이기도 했다. 심지어 일부 후진국 출신 직원은 유엔 주재 자국 외교관에게 달려가 "이동근무제를 도입하지 못하게 손을 써달라"고 부탁하기도 했다. 후진국 출신 직원은 대체로 선진국 도시에서 근무하는 것을 커다란 특혜로 여겼다. 열악한 자신들의 고향에서는 불가능한 안락하고 풍요로운 삶을 누릴 수 있기 때문이다. 그를 위해 일부러 유엔에 취직하거나 애써 파견 나온 경우가 상당수였다. 후진국 출신 직원의 처지를 동정하는 외교관도 많아서 발표 초기엔 유엔의 예산과 행정을 감독하는 유엔 총회 산하 제5위원회◆에서도 이동근무제에 대해 부정적 의견을 내놓았다.

선진국은 선진국대로 난색을 표했다. 취지에는 공감하지만 빈번한 직원 이동에 따른 비용 증가를 가장 우려했다. 직원이 다른 나라로 이동할 경우 이사비, 정착비는 물론 별도의 훈련비까지 들어가는 게 사실이었다.

반 총장과 인사 책임자들은 "유엔 직원 모두에게 새로운 경험을 할 기회를 주자는 게 이 제도의 근본 목적"이라고 반대파를 설득해나갔다. 생각해보면 본부 직원에게는 '본부에 있는 내 자리가 없어질지도 모른다'는 두려움 없이 분쟁 지역으로 나가 새로운 경험을 할 수 있는 기회였다. 반대로 험한 지역 근무자에게는 본부 업무를 체험하며 국제 공무원으로서 성장하는 기회가 될 터였다. 물론 추가 비용이 필요하겠지만 잃는 것보다 얻는 게 훨씬 많은 정책이었다.

당초 이 구상의 장점을 믿고 이동근무제를 추진하던 반 총장은 생각 이상으로 반내가 격렬하자 좌절하는 모습을 보이기도 했다. 그

◆　유엔 총회는 유엔의 모든 회원국 대표로 구성되는 유엔의 최고 의결 기관이다. 총회는 총 6개 위원회를 두고 있다. 제1위원회는 안보와 군사, 제2위원회는 경제와 재정, 제3위원회는 사회 문화, 제4위원회는 특별 정치와 식민, 제5위원회는 행정과 예산, 제6위원회는 법률 문제를 상의해 총회에 제안한다.

러나 합리적 이유가 없다면 특유의 끈기와 고집으로 계속 밀고 나가는 반 총장이었다. 기회가 있을 때마다 직원과 회원국을 상대로 설득에 설득을 거듭했다. 올해 안 되면 내년에, 내년에 안 되면 내후년에 한다는 '우공이산愚公移山'의 정신으로 계속 밀어붙였다.

이러한 정성 어린 설득은 결국 여론의 변화를 일궈냈다. 일부 직원과 회원국의 조직적 방해로 요원해 보이던 인사 제도의 개혁은 갈수록 많은 지지를 얻기 시작했다. 유엔 안팎에서 이동근무제의 필요성에 공감하는 목소리가 커졌다.

이와 함께 이동근무제에 쏟는 반 총장의 의지가 정말로 각별하다는 것이 이심전심 퍼져나가면서 반대에서 유보, 유보에서 찬성으로 선회하는 이가 늘어갔다. 그리고 드디어 2014년 3월, 결코 받아들일 것 같지 않던 유엔 총회 산하 제5위원회에서 1년 반 전에 상정된 이동근무제 기본안을 통과시켰다.

제도의 주요 내용은 다음과 같다.

"뉴욕·제네바·빈에서의 근무 연한을 최장 7년으로 제한한다. 분쟁 지역은 3년, 기타 다른 지역은 4년까지 일하도록 한다. 근무 연한이 끝나면 반드시 다른 근무지로 이동해야 한다."

2007년 초 이동근무제에 대한 반 총장의 첫 구상이 세상에 나온 지 7년 만의 일이었다. 더디게 돌아왔지만 완벽하게 조직을 설득시

반 총장은 서두르지 않았다. 직원들을 끈질기게 설득한 덕분에 이동근무제는 7년 만에 유엔 총회를 통과했다.

킨 반 총장의 승리였다.

유엔 개혁 두 번째 목표는 직원들의 부패였다. 부패 문제는 업자들과의 결탁이 공공연하게 벌어지는 개발도상국 출신이 조달 업무를 맡을 경우 으레 일어나는 고질병이었다. 전임 코피 아난 총장 당시 문제가 된 오일 스캔들 때에도 유엔 관계자가 20만 달러의 뒷돈을 받아 챙겼다. 만연한 부패를 척결하기 위해 반 총장이 꺼내든 칼은 투명성과 책임 추궁이었다. 투명성과 관련해 추진한 핵심 조치는 세 가지였다.

첫째, 조달 및 관련 회계 업무 등을 수행할 때 관련 자료와 절차 등을 원칙적으로 공개하도록 했다. 업자들과의 결탁을 막기 위한 수단이었다.

둘째, 철저한 책임 소재를 규명하도록 했다. 지금까지는 부패 스캔들이 터져도 흐지부지 넘어가는 게 관례처럼 되어왔다. 돈을 받은 당사자야 파면되거나 징계를 받았지만 관리 감독자에게 책임을 묻지는 않았다. 그러나 이제 그 상급자까지 책임을 묻도록 했다.

셋째, 가장 파격적 조치로 평가받은 고위직 재산 등록이다. 한국에서처럼 유엔 고위직 직원에게 자신의 재산 변동 상황을 공개하도록 함으로써 의심스러운 돈의 흐름을 감시하는 장치를 마련하자는 것이었다. 직접 밝히지는 않았지만 재산 공개는 한국 공직 사회 경험에서 얻은 아이디어였을 가능성이 크다.

어쨌거나 좋은 취지에도 반발은 녹록지 않았다. 특히 "근본적으로 개인의 문제인 재산을 왜 남에게 알려야 하느냐”는 반대가 가장 거셌다. “재산 내역을 공개하면 내 돈을 노리는 테러리스트의 공격 대상이 될 수 있다”, “내 재산이 구체적으로 어느 정도인지를 알면 가족들이 달려와 다 빼앗아갈 것이다” 하는 희한한 이유를 대며 버티는 이도 있었다.

그러나 반 총장은 간부들에게 공인으로서 자세를 강조하며 압박했다. 남비아르 비서실장도 해당자를 개별적으로 만나며 설득을 주도해나갔다.

각개격파 설득 작전이 주효했는지, 유엔 간부들이 하나 둘 재산 공개에 참여하기 시작했다. 일부는 절충 방식을 수용했다. 반 총장이 설득 과정에서 간부의 직급에 따라 공개 정도에 차이를 두겠다는 아이디어를 낸 덕분이었다. 국장급 이상 간부는 자신의 재산 현황을 정리해 유엔에서 지정한 회계 법인에 등록하고, 사무차장보 이상 고위직은 누구나 알 수 있도록 인터넷에 올리는 방안이었다.

결국 반 총장의 강력한 드라이브에 밀려 대부분의 고위직은 본인의 재산을 인터넷에 공개했다. 다만 이런저런 사정으로 끝까지 완전 공개를 거부한 극소수에 한해서는 회계 법인에 재산 내역을 등록하는 선에서 타협했다. 결국 고위직에 대해서도 재산 변동 사항을 파악할 수 있어 부정부패 사전 방지라는 궁극의 목적을 달성한 셈이었다.

끝으로 반 총장은 느슨하기 짝이 없는 유엔의 분위기를 다잡기 위해 임기 초기부터 기강을 확립하는 데 애썼다.

전임자인 코피 아난은 회의를 별로 하지 않았다. 한다고 해도 오전 9시 반쯤부터 시작하는 것이 보통이었다. 그전 총장 중에는 빈번하게 오후에 출근하는 인물도 있었다. 이 전임자는 반 총장에게 "부르는 행사에 모두 쫓아다니면 죽으니 특별한 경우가 아니면 대충 거절하고 필요하면 부인을 보내라"라고 충고했다고 한다.

이런 분위기에 오랫동안 젖어온 유엔에서 아침 8시에 첫 회의를 시작하는 건 여간 큰 변화가 아니었다. 오전 8시 총장실 간부 회의를 시작하면 참석자들은 대부분 아슬아슬하게 사무실에 들어왔다. 지각하는 사람도 있었다. 이른 아침부터 회의 자료를 챙겨야 하는 총장 비서실 직원들도 죽을 맛이었다. 아침도 굶고 허겁지겁 나와서 회의가 끝나면 구내식당으로 달려가 커피와 샌드위치로 끼니를 때우는 직원도 많았다. 저녁이면 이어지는 야근에 힘들어하는 비서실 직원도 숱했다.

이러기를 만 2년, 무엇보다 느슨한 근무 분위기가 사라지고 기강이 확립되어갔다. 긴장감을 가지고 총장의 지시 사항을 경청하는 업무 자세도 정착하기 시작했다. 2009년 즈음, 반 총장은 일과의 시작을 오전 8시에서 오전 9시로 1시간 늦추었다. 과거에 비해 꽤나 고딜파진 업무를 버텨낸 직원들을 향한 배려였다. 물론 새벽 5시에 일어나 하루를 준비하는 반 총장의 생활은 바뀌지 않았다.

2012년 10월, 서울평화상 수상차 귀국한 반 총장은 취임 후 첫 한국 국회 연설에서 이렇게 고백했다.

"저는 6년 전 유엔 사무총장으로 취임하면서 한국적 가치와 경험을 바탕으로 좋은 '성공 이야기'를 더 많이 만들어나가겠다고 다짐한 바 있습니다. … 저는 유엔 사무총장에 취임한 첫날부터 솔선수범하며 일신우일신日新又日新하는 자세로 지내왔습니다. 앞으로도 여러분의 성원과 국제 사회의 기대에 부응토록 혼신의 열정으로 더욱 열심히 하겠습니다."

반 총장의 솔선수범과 개혁 의지는 서서히 그러나 강력하게 조직을 바꾸어나갔다. 웃는 얼굴에 겸손한 태도, 회원국과 조직을 흡인하는 온화한 카리스마가 점점 그 위력을 발휘하고 있었다.

PART.4

약속과 책임의 땅

그는 분쟁과 저개발 속에서 신음하는 아프리카 사람들에게
유엔 사무총장의 위상이 어떤 의미인지 피부로 느꼈다.
더불어 아프리카 대륙의 분쟁에서 비롯된
형언할 수 없는 비참함과 인간의 존엄성을 지켜야 한다는 책임감이
비로소 그의 마음속에서 현실이 되었다.

구원을 향한
발걸음

영하 5℃의 갑작스러운 추위가 닥친 2007년 1월 24일 오전 10시, 프랑스 파리 국제 콘퍼런스 센터 입구. 반기문 유엔 사무총장이 6명의 경호원에 둘러싸인 채 나타났다. 양쪽으로 도열한 12명의 의장대원들은 즉각 부동자세를 취했다.

"일동 경례!"

반 총장이 금빛 투구에 남색 제복을 차려입은 의장대 사이로 들어서자 그들은 힘찬 구령에 맞춰 일제히 예도禮刀를 치켜들었다. 최고 국빈에 걸맞은 예우였다.

세계 최고의 외교관, 유엔 사무총장은 누구보다 해외여행이 잦다. 직무의 속성상 세상 누구보다 부지런히 지구촌 구석구석을 돌아다

녀야 하기 때문이다. 반기문 총장 역시 2007년 취임 때부터 2013년
까지 한 해 평균 45개국, 43만여 킬로미터를 돌아다녔다. 지구 둘레
가 4만 킬로미터이니 열 바퀴 이상을 돌아다닌 셈이다. 자연히 1년
중 3분의 1정도의 시간은 객지에서 보내야 한다.

대부분의 전임자가 그랬듯 반기문 총장 역시 유엔 내부를 완전히
파악하기 전부터 해외 순방에 올라야 했다. 어느 나라도 마찬가지이
지만 국가 정상이나 이에 버금가는 인물의 해외 나들이는 그 자체가
정치적으로 큰 의미를 지닌다. 예컨대 미국 대통령의 첫 순방지가
어디인지에 따라 미국 외교 정책의 무게가 어느 지역으로 쏠릴지 가
늠할 수 있다. 이 때문에 유엔 안팎에서는 반 총장의 첫 방문 지역이
어디일지 상당한 관심이 모아졌다.

각국의 관심 속에서 반 총장의 첫 해외 나들이는 유럽·아프리카
7개국 순방으로 결정됐다. 2007년 1월 23일부터 9박 10일간 벨기
에, 프랑스를 거쳐 수단, 콩고민주공화국, 에티오피아, 케냐를 방문한
뒤 다시 네덜란드로 향하는 바쁜 일정이었다.

첫 기수를 아프리카로 정한 데는 몇 가지 이유가 있었다. 먼저 반
총장은 선거 기간 동안 "취임하면 가장 먼저 아프리카로 날아가 다
르푸르의 인종 학살◆ 등의 문제를 해결하겠다"고 여러 차례 공언한
바 있었다. 그 약속을 지키기 위해서라도 아프리카를 첫 목적지로
잡아야 했다.

다음으로 이번 출장은 '분쟁 해결사'로서 반 총장의 역량을 검증받는 첫 시험대였다. 아프리카 순방을 통해 분쟁 종식의 계기를 마련할 수 있을지 여부에 따라 그에 대한 이미지가 좌우될 터였다. 순방지에 포함한 수단과 콩고는 아프리카에서 가장 면적이 넓은 대국으로 내전과 분쟁이 끊이지 않는, 유엔의 가장 중요한 협력 대상국이었다.

그때의 아프리카 순방은 또 다른 측면에서 반 총장에게 적잖은 영향을 미쳤다. 무엇보다 아직 실감하기 어려웠던 유엔 사무총장이라는 자리가 얼마나 대단한 직책인지 피부로 실감하는 중요한 계기가 되었다.

다른 굵직한 지역 현안도 즐비했다. 국제 사회는 반 총장이 아프리카 문제, 특히 수단의 다르푸르 사태에 대한 돌파구를 열어주기를 기대하고 있었다.

그 무렵 수단 서쪽 다르푸르 지역에선 대량 살육이 끊이지 않았다. 수단의 집권층인 아랍계 이슬람 유목민들이 주로 기독교를 믿는 남서부의 흑인 농경 지역을 계속 침입했다. 아울러 중앙 정부가 이

◆　　수단 서부 고원 지대에 위치한 다르푸르에서 일어난 유혈 사태. 정부군과 반군 간의 내전이 20년 이상 지속되다 2005년 평화 협정을 체결했다. 그러나 2000년대 들어 반정부 활동에 참여하지 않던 다르푸르 지역의 흑인들이 무장 봉기를 일으키자 정부 지원을 받은 것으로 추정되는 이슬람 민병대 잔자위드가 이를 잔혹하게 진압했다. 이 과정에서 약 7만 명이 사망한 것으로 알려졌다.

들을 조직적으로 지원하는 상황이었다. 특히 '잔자위드'♦라는 민병대가 수시로 흑인 농촌 지역을 습격해 수많은 사람을 죽이고 삶의 터전에서 몰아내는 것으로 악명을 떨치고 있었다. 이 때문에 수단에서는 2003년 이후 40만여 명의 사망자와 250만 명의 난민이 발생했다.

이런 참사를 막기 위한 노력이 없었던 것은 아니다. 하지만 당시 현지에 주둔하던 7,000여 명의 아프리카연합AU군은 이 사태에 지나치게 수세적守勢的으로 대처하며 아랍계 민병대가 자행하는 살육과 강간 등을 제대로 막지 못하고 있었다. 그로 인해 다르푸르 사태가 점점 더 악화되자 코피 아난 총장은 추가로 1만 7,000명의 유엔 평화유지군을 파병하려 했다. 그러나 오마르 알바시르 수단 대통령은 유엔 평화유지군 파병은 수단을 또다시 식민지로 만들려는 제국주의 국가들의 음모라고 규정하며 수용하지 않았다. 유엔 평화유지군은 들어갈 방법이 없고, 다르푸르의 참상은 계속되는 처참하고도 꽉 막힌 상황이었다.

이런 경색된 국면을 풀어내는 게 유엔 사무총장의 가장 중요하고도 의미 있는 임무였다. 그래서 반 총장은 아프리카 순방 기간 중인 29일부터 나이로비에서 열리는 AU 정상회담에서 알바시르 대통령을 만나 유엔군 파병에 대한 수락을 이끌어낼 계획을 세웠다. 이 작전이 제대로 먹히려면 주변국의 지원 사격이 필요했다. 따라서 반 총장의 플랜에는 주변 아프리카 국가 정상들을 설득해 알바시르 대통령에게 압력을 넣는 전략도 포함되어 있었다.

아프리카 내 첫 방문지인 콩고민주공화국에서 선거 후 빚어진 혼란을 수습하고 평화를 정착시키는 것도 유엔의 과제였다. 콩고는 계속되는 국정 불안과 내전으로 어느 곳보다 유엔의 손길이 많이 필요한 나라였다.

콩고는 거대한 땅 덩어리에 풍부한 자원이 있으나, 내부적으로 복잡하게 얽힌 인종적·종교적 갈등 때문에 좀처럼 국가 통합을 이루지 못하는 상황이었다. 서부 구석에 위치한 수도 킨샤사Kinshasa부터 광물이 풍부한 동부 지역에 이르기까지, 국가의 행정력이 미치는 곳조차 거의 없었다. 이로 인해 1960년대에 건국한 이래 내전이 거듭되었고, 국제 사회의 중재가 절실했다. 그런 이유로 유엔도 적극적으로 콩고 내정에 개입하고 있었다. 1961년 비행기 추락으로 목숨을 잃은 제2대 함마르셸드 유엔 사무총장도 콩고 분쟁을 해결하기 위해 가던 길에 사고를 당했다.

1990년대, 옆 나라 르완다에서 발생한 인종 학살 사건♦♦은 콩고의 국내 사정을 더욱 복잡하게 만들었다. 르완다 내에서 투치족Tutsi 반군에게 학살당할 것을 두려워한 후투족Hutu 난민들이 대거 콩고 동부 국경 지역으로 도망쳐왔기 때문이다. 난민들은 콩고 내 후투족

♦   '말 등에 탄 악마'라는 의미. 수단 다르푸르 지역에서 2003년 조직된 무장 민병대이다. 다르푸르의 아프리카계 주민이 아랍계가 장악한 정부의 아랍화 정책에 반대해 저항하자 정부의 지원을 받은 잔자위드가 아프리카계 주민의 학살을 자행했다.

♦♦   1994년, 르완다 정부를 장악하고 있던 후투족이 대립 관계에 있던 투치족과 후투족 온건파를 닥치는 대로 살해한 사건. 약 80만 명 이상이 희생된 것으로 알려졌다.

콩고에 주둔하는 유엔 평화유지군은 평화 유지 그 이상의 중차대한 임무를 맡고 있다.

지원 세력의 도움을 받아 무장 단체를 조직했다. 그리하여 이를 소탕하려는 르완다 투치족 군대가 콩고로 넘어오면서 르완다와 콩고 간 분쟁이 끊이지 않았다.

당시 콩고는 쿠데타로 점철된 역사를 뒤로하고 선거를 통해 정권을 막 창출한 때였다. 그러나 선거에서 패배한 진영은 승복 대신 내전으로 상황을 끌고 가려 했다. 유엔의 개입이 절실한 시점이었다.

전 세계를 통틀어 콩고가 유엔 평화유지군의 최대 주둔 지역인 것도 그 때문이다. 1만 7,000여 명에 이르는 콩고 내 유엔 평화유지군은 단순히 폭력을 막고 치안을 유지하는 부대 이상이었다. 이 땅에 민주주의가 뿌리내리도록 하는 정부의 기능도 일부 맡았다. 선거

를 앞두고 투표함과 용지를 밀림 속으로 운반하는 것도 유엔 평화유
지군 장병들의 몫이었다. 특히 유엔은 선거에 패배한 후보 측이 무
력 저항을 계속하는 상태에서 대타협을 이끌어내야 한다는 어려운
과제를 안고 있었다.

에티오피아의 수도 아디스아바바Addis Ababa에는 아프리카 국가들
로 이뤄진 아프리카연합 본부가 자리해 있어 매년 1월 말이면 AU
정상회의가 열린다. 어느 지역보다 유엔의 업무가 많은 곳이 아프리
카이기에 이 정상회의에 참석해 아프리카 정상들과 인사하는 것은
신임 사무총장으로서 꼭 해야 할 일이었다.

한편 케냐는 수도 나이로비에 아프리카 담당 유엔 지역 본부가
있어 직원을 격려하기 위해 꼭 들러야 하는 곳이었다. 게다가 이곳
에는 반 총장의 둘째 딸 현희 씨 부부가 유엔아동기금UNICEF 직원으
로 일하고 있었다. 이런저런 이유로 반 총장의 첫 출장은 전 세계적
관심 속에서 이뤄져야 할 운명이었다.

약속을 위한
움직임

◆

반 총장의 첫 순방에는 보좌진과 20여 명의 기자단 등 40여 명이 수행했다. 영국 BBC 방송, 프랑스 〈르 몽드〉, AFP 통신, 미국 폭스 뉴스, 일본 〈아사히 신문〉 등 해외 주요 언론과 6명의 한국 기자가 동행해 반 총장의 일거수일투족을 시시각각 각국으로 전했다. 특히 기자단에는 중동계 언론인 알자지라 국제 방송과 알아라비아 방송 기자들이 5명이나 참석해 눈길을 끌었다.

2007년 1월 24일 오전 10시, 프랑스에 도착한 반 총장이 참석한 행사는 레바논 지원 회의였다. 자크 시라크Jacques Chirac 프랑스 대통령이 주재한 이 행사에는 33개국 대표가 참석해 내전으로 얼룩진 레바논의 복구 문제를 논의했다. 이 회의에 벨기에·룩셈부르크·레바논 총리가 자리했음에도 반 총장은 의전상 이들보다 더 높은 대접을 받으며, 시라크 대통령의 소개로 연단에 올라 기조 연설을 했다. 사실상 국가원수급의 최고 예우였다.

이에 앞서 반 총장은 23일 벨기에 브뤼셀에서 조제 마누엘 바호주José Manuel Barroso EU 집행위원장을 비롯해 하비에르 솔라나 EU 외교정책 대표, 한스게르트 푀테링Hans-Gert Pöttering 유럽의회 의장 등과 만나 EU와 유엔 간의 협력 방안을 논의했다.

그런 뒤 북대서양조약기구NATO 본부를 방문, 야프 더호프 셰퍼Jaap de Hoop Scheffer 사무총장과 아프리카 분쟁 지역 해결 방안을 숙의했다. 또 알베르Albert 2세 국왕과 함께 기 베르호프스타트Guy Verhofstadt 총리와도 만나 환담을 나누는 등 방문국인 벨기에 정상과의 만남도 빠뜨리지 않았다.

파리에서 이틀 밤을 보낸 반 총장은 26일 오전 아프리카로 떠날 예정이었다. 그러나 자크 시라크 프랑스 대통령이 긴히 할 이야기가 있다며 붙잡는 바람에 출발이 4시간이나 지연되고 말았다.

다른 국가원수와 달리 유엔 총장에겐 전용기가 없다. 그래서 반 총장 일행은 MD-83기를 개조한 유엔 수단 본부 소속 중형 여객기를 이용해 아프리카 각국을 돌아야 했다. 장거리 운항이 불가능한 이 비행기는 파리 오를리 공항을 출발한 후 이집트 카이로와 우간다 엔테베 공항에 들러 연료를 공급받아야 했다.

반 총장 일행은 결국 일정보다 4시간 늦은 27일 새벽 1시 20분쯤 콩고 킨샤사 공항에 도착했다. 파리는 유난히 추웠지만 도착 무렵의 콩고는 32℃를 웃도는 더위에 천둥과 번개가 치는 전형적 아프리카 열대야였다.

자정도 훨씬 지난 시간이었지만 공항에는 외교부 장관을 비롯해 내무부·국방부 장관 및 대통령 보좌관 등 100여 명의 고위 공직자가 몰려와 성황을 이뤘다. 유엔 사무총장에 대한 콩고 정부의 기대와 예우를 단박에 알 수 있는 장면이었다.

반 총장 일행이 차를 타고 공항에서 숙소를 향해 출발하자 영접객들도 뒤를 따랐다. 칠흑 같은 도로에 헤드라이트를 켠 70여 대의 차량이 1킬로미터 이상 꼬리를 물고 달리는 모습은 쉽게 볼 수 없는 장관이었다. 2006년 총선 이후 치안이 한결 나아졌음에도 콩고 당국은 경호에 만전을 기했다. 보통 국빈 이동 시에는 경찰 차량이 경호를 맡는 게 관행이지만, 반 총장의 경우 중무장한 장갑차가 앞뒤로 경호를 맡고 있었다.

차량 선택에도 신경을 쓴 기색이 역력했다. 벤츠 등 일반 의전용 차량이 있었음에도 콩고 정부는 현대 체어맨을 배정, 반 총장이 한국 자동차를 이용하도록 배려했다. 체어맨은 2006년 주 킨샤사 한국대사관이 콩고 대통령실에 의전용으로 기증한 두 대 중 하나였다.

도착 다음 날 아침부터 시작된 반 총장의 첫 공식 일정은 의회 연설이었다. 아프리카에는 특이하게도 중국 정부가 지은 공공 건물이 많다. 중국은 과거 폐쇄적 공산주의를 유지하던 시절에는 제삼세계 국가의 환심을 사기 위해, 최근에는 에너지 자원을 확보하기 위해 대형 건물을 제공하고 있었다. 반 총장이 방문한 의사당 건물이 그랬다. 1980년대 중국이 지은 '인민궁전' 내 회의장에서 그는 민주 콩고의 민주화 노력을 치하했다.

"저는 첫 아프리카 순방국으로 콩고를 정했습니다. 그 이유는 직접, 개인적으로 콩고인의 특별한 용기와 결단력에 경의를 표하고 싶었기 때문입니다. 콩고인의 용기 및 성숙함과 더불어 유엔과 국제 사회, 특히 아프리카 나라들의 도움으로 콩고는 지난 7년간 놀라운 발전을 이룩했습니다. 전쟁에 찢긴 나라에서 새로운 민주국가로 나아갈 준비가 된 것입니다."

반 총장은 전쟁의 잿더미에서 기적 같은 경제 발전을 이룬 한국 출신으로서 콩고의 발전 가능성에 대해서도 역설했다.

"나라를 다시 일으키기 위해서는 얼마나 많은 노력이 필요한지 저는 압니다. 저 자신이 전쟁에 의해 황폐해지고, 그 뒤 지도자들의 인내와 국민의 노력 그리고 유엔이 주도한 국제 사회의 지원 덕분에 차츰 재건된 나라에서 자랐기 때문입니다. 여러분, 우리 유엔을 믿으십시오."

유엔의 전폭적 지원을 약속하자 500여 명의 국회의원은 크게 감명받은 듯 책상을 손바닥으로 세게 두드리며 크게 기뻐했다.

국회 연설 후의 일정은 콩고 민주화에 기여한 '콩고유엔 평화유지군MONUC' 사령부 방문이었다. 그가 52개국 장병이 근무하는 사령부에 들어서자 연병장에 도열해 있던 의장대원들이 큰 구령에 맞춰 칼 같은 부동 자세를 취했다. 군복과 계급장 모두 제각각이었지만 한 가지만은 똑같았다. 유엔 평화유지군을 상징하는 푸른색 모자였다. 현지인이 평화유지군을 '블루 헬멧Blue Helmet'이라고 부르는 이유이다.

정중히 답례한 반 총장은 여성 의장대장의 안내를 받으며 대원들을 사열, 평화유지군 최고의 예우를 받았다. 그럼에도 그의 얼굴엔 잠시 그늘이 스쳤다. 세계 52개국에서 지원해 이곳에 와 있는 1만 7,000여 명의 장병 중 한국인이 단 한 명도 없는 탓이었다. 당시 그는 함께 온 한국 보도진에게 한탄했다.

"평화유지군은 물론 이를 지원하기 위해 온 민간인 2,000여 명 속에도 한국인은 찾아볼 수 없습니다. 참으로 안타까운 일입니다. 사석에서 대통령께 유엔 평화유지군을 더 많이 파견해달라고 부탁한 적도 있습니다. 이제 한국도 국가 위상에 걸맞게 국제 평화에 기여해야 할 것입니다."

그럼에도 한국은 세계 도처에서 이뤄지는 유엔의 평화 정착 노력에 무관심한 것처럼 보인다. 적어도 평화유지군 참여도로 보면 그랬다. 반 총장이 처음으로 아프리카를 공식 방문할 당시 유엔 평화유지군 규모는 9만 9,000명, 이 중 한국군의 숫자는 고작 30여 명이었다. 당시 이미 세계 10대 경제 강국을 넘보던, 유엔 사무총장을 배출한 나라라는 이름이 부끄러운 수준이었다.

가슴 아픈 사실을 뒤로하고 다시 자신이 해야 할 일로 돌아간 반 총장은 방문 이틀째 콩고 동부의 중심 도시인 키상가니Kisangani로 이동했다. 그는 이곳에서 조제프 카빌라Joseph Kabila 대통령을 만나 수단·소말리아 등 주변 지역의 분쟁 해결 방안 등을 협의했다.

두 사람이 논의한 핵심 내용은 내전으로 40만 명 이상의 희생자를 낸 수단 다르푸르 사태를 해결하기 위해 하루빨리 유엔 평화유지군을 파병하자는 것이었다. 수단 등 아프리카 분쟁 해결은 반 총장이 선거 운동 때부터 공언해온 일종의 공약 사업이었다.

반 총장은 이날 수행 기자단과 기자회견을 갖고 다르푸르 사태에 대한 자신의 해결 방안을 제시했다.

"다르푸르 파병 문제에 대해 시한을 정해놓고 일을 추진할 경우 목표 달성에 실패하면서 일어날 수 있는 위험이 있습니다. 따라서 특정 시한을 정하지 않고 가급적 빨리 파병을 이뤄낸다는 게 목표입니다."

자칫 의욕을 보이겠다고 구체적으로 날짜를 정하는 건 위험한 일이다. 이 데드라인을 맞추지 못할 경우 관계자들의 사기가 떨어지고 외부로부터 지탄을 받을 공산이 크기 때문이다. 이런 의미에서 반 총장의 방안은 지극히 현실적이었다.

다음 날에는 이번 아프리카 순방의 하이라이트가 기다리고 있었다. 아프리카 각국의 수반이 모이는 AU 정상회의였다. 29일 반 총장은 에티오피아 아디스아바바로 날아가 AU 정상회의에 참석했다.

이곳에서 30여 분에 걸친 기조 연설을 했다. 이 연설에서 눈길을 끄는 대목은 아프리카 국가들이 한국에서 교훈을 얻기를 바란다는 내용이었다.

"나는 한국에서의 어릴 적 경험으로 전쟁이 숭고한 삶과 번영의 기회를 어떻게 앗아가는지 잘 알고 있습니다. 어린 시절, 할머니들이 고물을 찾아 헤매고 어린아이들은 영양실조와 오염된 물에 시달리고, 논밭이 썩어가는 모습을 목격했습니다. 하지만 이와 함께 한국인이 단합된 목표 의식을 통해 경제활동이라곤 전혀 없는 병든 나라에서 활기차고 생산적인 사회를 거쳐 경제 강국을 향해 어떻게 성장했는지도 봤습니다. 단합된 목표 덕분에 국제 사회의 지속적 지원이 가능했으며, 여기에 한국인의 용기와 결단력을 융합시킬 수 있었습니다. 아프리카도 이런 단합된 목표를 이루어야 성공할 수 있습니다."

아울러 수단·소말리아에서 일어난 분쟁을 해결하고 이 지역에서 민주주의가 정착하도록 노력하겠다고 다짐했다.

반 총장은 AU 정상회의를 통해 많은 것을 얻고 배웠다. 무엇보다 분쟁과 지게발 속에서 신음하는 아프리카 사람들에게 유엔 사무총장의 위상이 어떤 의미인지 피부로 느꼈다. 더불어 아프리카 대륙의 분쟁에서 비롯된 형언할 수 없는 비참함과 인간의 존엄성을 지켜야 한다는 책임감이 비로소 그의 마음속에서 현실이 되었다.

아디스아바바에서 아프리카 지도자들에게 깊은 인상을 심어주는 데 성공한 반 총장은 최종 목적지인 케냐 나이로비로 향했다. 이곳은 유엔의 중요한 거점 도시이다. 유엔의 아프리카 업무를 총괄하는 지역 본부가 있기 때문이다. 어느 지역보다 빈곤과 분쟁이 많은 아프리카에 유엔의 활동이 집중되는 건 당연한 일이다. 따라서 나이로비의 유엔 지역 본부는 그 기능과 역할 면에서 뉴욕 본부, 제네바·빈 사무국 못지않게 중요한 곳이었다.

30일 오후, 나이로비에 도착한 반 총장은 지역 본부를 방문하기에 앞서 세계적으로 유명한 슬럼가 키베라Kibera에 들렀다. 나이로비 서쪽에 자리 잡은 키베라는 220만 제곱미터의 땅에 약 100만 명의 빈민이 모여 사는 세계 최대 슬럼가 중 하나이다. 이곳에서는 빈민들에게 집을 지어주는 해비탯HABITAT◆프로젝트가 유엔 주도 아래 진행되고 있었다. 반 총장이 현장을 찾아가 진행 상태를 살피고, 빈곤의 참상을 직접 보고 느끼는 것이 방문 목적이었다.

반 총장이 키베라에 들어선 순간, 그를 직접 보기 위해 주민 수백 명이 환성을 지르며 몰려들었다. 비탈진 지역에 자리 잡은 슬럼가 곳곳에는 더러운 물이 흘러내리고 있었다. 거무튀튀하게 썩은 물에선 고약한 냄새가 코를 찔렀다. 도저히 인간이 살 수 없는 땅이었다.

◆　유엔 인간주거계획UN Human Settlements Program. 사회적환경적으로 지속 가능한 도시를 만들고 인류를 위한 안정된 쉼터를 제공하는 것을 목적으로 1978년 설립한 유엔 기금. 케냐 나이로비에 본부가 있다.

슬럼가를 찾은 반 총장을 향해 취재진과 시민이 몰려들었다. 유엔에 대한 아프리카의 기대를 실감할 수 있

유엔이 무엇을 해야 하는지 웅변해주는 현장이 아닐 수 없었다. 슬럼가의 충격적인 모습을 둘러보던 중 비위가 약한 수행원은 구토를 하기도 했다. 지옥이 따로 있을까 싶을 정도로 비참한 현장이었다. 시간이 꽤 흐른 뒤, 반 총장의 부인 유순택 여사가 "키베라에서 참담한 모습을 봤을 때의 착잡하고 우울한 심정은 오랫동안 사라지지 않았다"라고 술회할 정도였다. 그때의 방문 이후 반 총장도 개인적으로 도울 수 있는 방법을 계속 모색한 모양이었다. 그해 9월 현대자동차에서 수여하는 '포니정혁신상' 수상자로 받은 상금 10만 달러 전액을 키베라 빈민가 재건 사업을 위한 청소년 건설 기술 교육에 쾌척했다.

슬럼가 방문 후, 저녁 무렵이 되자 반 총장은 나이로비 도심에서 30분 정도 떨어진 장소로 수행원과 취재진을 데려갔다. 호화롭진 않지만 안락하고 점잖은 느낌이 나는 현지 레스토랑이었다. 인사말을 하기 위해 일어난 반 총장은 전혀 예상치 못한 사연을 털어놨다.

"여러분, 이곳은 1년 전 제 둘째 딸 부부가 결혼식을 올린 곳입니다. 딸이 결혼할 때는 힘겨운 사무총장 선거 운동에 매진해야 할 시점이었습니다. 그래서 아프리카 선거 운동을 위해 이 지역을 돌아다니다 잠깐 틈을 내 아무도 모르게 딸의 결혼식에 참석했지요. 다시 이곳에 오면 딸 내외를 볼 수 있으리라 기대했습니다. 한데 딸아이가 일 때문에 이웃 나라인 우간다로 출장을 갔다고 합니다. 공이 우선이고, 사는 그다음이라는 게 유엔의 원칙입니다. 이런 원칙을 지킬 줄 아는 딸이 자랑스럽습니다."

원칙을 지키는 성품까지 대물림한 반 총장 부녀의 사연을 들은 수행원들 사이에서 큰 박수가 터졌다. 말로는 원칙을 지키는 딸이 자랑스럽다고 했지만, 아쉬움을 떨쳐버리지 못한 아버지의 어쩔 수 없는 표정도 스쳐 지나갔다. 박수 소리가 잦아들자 반 총장이 하다 만 인사말을 마무리했다.

"딸의 결혼식에서 신부 아버지 자격으로 '두 눈을 다 뜨고 보면 배우자의 단점이 보이지만, 한 눈을 감으면 장점이 보인다. 그러니 서로 상대방의 좋은 점을 보고 살라'고 당부했습니다. 여러분도 저를 한 눈을 감고 잘 지켜봐주세요."

애잔한 사연 뒤에 예상치 못한 농담이 튀어나오자 좌중은 웃음바다가 됐다. 고대하던 딸 내외와의 상봉은 무산되었지만 케냐를 끝으로 많은 관심을 끈 반 총장의 첫 아프리카 순방은 무사히 막을 내렸다. 4일 동안 콩고, 에티오피아, 케냐 등 세 나라를 돌아다니는 강행군이었지만 순탄한 일정이었다. 데뷔 무대를 훌륭하게 치른 셈이었다. 이렇게 첫 유럽·아프리카 순방을 마친 반 총장은 네덜란드를 거쳐 뉴욕으로 돌아갔다.

분쟁으로 얼룩진
암흑의 땅

◆

문명의 손길이 제대로 미치지 않는 아프리카. 그곳은 처참한 빈곤과 인종 학살에 이제는 기후변화 문제까지 들이닥친 심각한 암흑의 땅이다. 유엔 총장으로서는 자연히 이 지역에 관심과 노력을 쏟을 수밖에 없다.

그랬기에 반 총장은 첫 순방 이후, 7개월 만에 또다시 아프리카로 날아가야 했다.

무 먼째 방문의 핵심 목표는 수단 다르푸르에서 자행되고 있는 인종 학살을 중단시키는 것이었다. 이와 함께 반 총장은 악화 일로에 있는 아프리카 내 기후변화의 실태를 직접 확인하고 싶었다. 자신의 눈으로 직접 봐야 그 심각성을 국제 사회에 제대로 알릴 수 있다고 판단했다. 그리하여 반 총장은 2007년 9월 또다시 험난한 수단, 차드, 리비아 3개국 순방길에 올랐다.

첫 목적지는 2007년 9월 5일, 오랜 비행 끝에 도착한 아프리카 북동부의 수단 다르푸르. 우기를 맞아 더욱 싱싱해진 밀림의 짙푸른 녹음은 보는 사람의 마음까지 시원해질 정도로 더없이 평화롭고 싱그러웠다. 하지만 그곳의 실상은 최근 4년간 40만여 명이 내전으로 숨진 '살육의 땅'이다.

공항에 내려 중심 도시인 알파시르로 들어가니 금세 풍경이 달라졌다. 변변찮은 집들이 그나마도 대부분 부서진 채 방치되어 있었다. 기관총을 탑재한 트럭이 염소와 당나귀 사이를 질주하는 등 도심 곳곳이 여전히 위험 지대였다. 하긴 충돌이 소강 상태로 접어들었다고는 해도 전투가 끊이지 않고 있었다. 불과 몇 주 전에도 7명이 숨졌다고 했다. 다르푸르 사태는 국가 간 전쟁보다 같은 나라 안, 내전으로 인한 살육이 더 참혹할 수 있음을 증언한다. 다르푸르에서만 2003년부터 단 3년간 40만여 명이 떼죽임을 당하고 250만 명의 난민이 발생했다.

그래도 2007년 봄부터는 상황이 많이 나아졌다. 특히 알파시르는 아프리카연합 소속 군인들이 지키고 있는 덕에 그나마 치안이 낫고 희생자가 적은 편이었다.

그런데 이곳 알파시르에서 위험한 상황과 맞닥뜨렸다. 반 총장이 마을 원로들과 만나는 도중, 수십 명의 폭도가 나타나 회의장에 난입하려고 문을 부수는 일이 발생한 것이다. 일촉즉발의 순간이었지만 경호원들이 황급히 반 총장을 에워싸고 현장에서 탈출해 가까스로 위기를 넘길 수 있었다.

험한 일을 겪은 반 총장이지만 아무런 내색 없이 다음 일정을 강행했다. 다음 방문지는 다르푸르의 비극을 절감할 수 있는 난민촌이었다. 2003년 이후 발생한 난민 250만 명 중 극히 일부인 4만 8,000명 정도가 알살람 등 세 곳의 난민 수용소에서 살고 있었다.

극심한 영양실조로 뼈만 앙상한 아이들, 인간이 살 수 있다고는 믿기 어려울 만큼 더럽고 열악한 시설들. 난민촌의 비참함을 직접 접한 충격은 이루 말할 수 없었다. 그는 수행 기자들에게 자신의 심경을 이렇게 털어놓았다.

"수단 주민 수만 명이 겪는 고통과 가난을 보고 너무 충격을 받았습니다. 다르푸르 사태를 해결해야 한다는 더욱 강력한 의지를 갖게 되었습니다. 국제 사회의 지원이 절실함을 다시 한 번 깨달았습니다. 다르푸르 사태가 기후변화에 따른 물 부족에서 기인한 만큼 유엔 차원에서 수자원 개발을 추진해나가겠습니다."

반 총장의 방문을 즈음해 다르푸르 사태는 표면적으로 대전환의 계기를 맞았다. 2007년 7월 반 총장 주도로 유엔 안보리에서 유엔군 파병 결의안이 통과됐기 때문이다. 그 덕에 2007년 10월부터 유엔 평화유지군 2만 6,000명이 살육을 막기 위해 다르푸르 곳곳에 주둔하기 시작했다.

반 총장은 다음 날인 6일 오마르 알바시르 수단 대통령과 만나 대살육을 막기 위한 방안을 숙의했다. 회담 후 두 사람은 몇 가지 방안에 합의했다. 합의의 핵심은 10월 27일부터 수단 정부와 반군 간의 평화 회담을 리비아에서 개최하기로 한 것이었다.

물론 반 총장의 방문으로 이뤄낸 성과도 컸지만 모든 상황이 갑자기 호전될 수는 없었다. 민간인의 희생도 계속되었고, 구호 단체 직원들에 대한 공격도 기승을 부렸다. 세계식량계획WFP 소속 직원과 부속 건물들이 2007년 연초부터 반 총장 방문 때까지 무장 세력에 공격당하거나 약탈당한 사건만 77건이었다.

아프리카 방문 사흘째는 수단에서 차드로 이동해 기후변화의 심각성을 확인하는 날이었다. 반 총장은 7일, 기후변화에 따라 수량이 확 줄어든 아프리카 대륙 중북부의 차드Chad 호를 찾았다.

차드 호는 차드의 수도 은자메나N'Djmena에서 100킬로미터 떨어진 호수로, 지구온난화의 심각성을 가장 단적으로 보여주는 곳이었다. 1963년만 해도 한반도의 9분의 12만 5,000제곱킬로미터에 달하는 엄청난 규모의 호수였건만 2004년에는 불과 1,600제곱킬로미터로 줄어들었다. 93%의 물이 말라버린 것이다. 광활한 대호수는 완전히 사라지고, 마르다 남은 자그마한 물구덩이들만 군데군데 펼쳐져 있을 뿐이었다. 이 때문에 차드 호에서 식수와 농업용수를 얻어오던 인근 주민 200만 명은 큰 타격을 받았다. 고기잡이로 연명해온 수십만 명의 어부 가족도 생계가 막막해졌다. 이러다간 이 주변의 모든 인간과 동물의 생명줄이 말라버릴 판이었다. 뒤늦게 심각성을 깨달은 차드·카메룬을 비롯한 인근 4개국은 물 낭비를 줄이고, 사막화를 방지하기 위해 인근 지역에 나무와 풀을 대대적으로 심기 시작했다. 그나마 이 덕분에 2004년 1,600제곱킬로미터까지 줄어든 호수는 2007년 2,600제곱킬로미터로 일부 회복되기도 했다. 물론 그전수준으로 돌아가려면 아직도 요원했다. 반 총장은 지구온난화 문제가 인류의 자산인 수자원을 얼마나 쉽게 망가뜨리는지 차드 호 방문을 통해 똑똑히 알았다. 이곳에서 목격한 지구온난화의 절박함을 이후 기회가 있을 때마다 인용했다.

수단과 차드에 이은 마지막 목적지는 리비아였다.

반 총장 일행은 8일 또다시 유엔 전용기에 몸을 싣고 차드를 떠나 리비아의 시르테Sirte로 날아갔다. 당시 리비아는 1969년 27세의 육군 중위 신분으로 혁명을 일으켜 38년간 통치해온 아랍권 최장수 독재자 무아마르 카다피Muammar Qaddafi가 지배하고 있었다. 카다피는 혁명 직후엔 반서방, 반식민지주의를 내세우며 아프리카 맹주를 자처했으나, 서방 세계가 제재를 강화하자 돌연 유화적 입장으로 변신해 유柔연한 모습을 보이고 있었다.

리비아는 옛날부터 북아프리카의 손꼽히는 산유국이었다. 하지만 원유 생산에 따른 이익을 서방 석유 회사들이 대부분 차지하는 바람에 리비아인에겐 혜택이 돌아가지 않았다. 그런 와중에 혁명에 성공한 카다피는 과감하게 원유 생산 시설의 국유화를 단행했다. 그리고 여기에서 나온 수입을 대수로 공사 등 대규모 인프라 사업에 투자하고, 교육·의료 분야에서 무상 복지 혜택을 획기적으로 늘려 국민의 높은 지지를 얻었다. 또 군비 확충에도 힘을 쏟아 리비아를 이 지역 군사 강국으로 격상시키고, 이 군사력으로 인근 국가의 독재자들을 지원하며 아프리카의 맹주 행세를 하고 있었다.

수단 정권과 반군 간의 화해를 이끌어내려는 반 총장으로서는 이런 카다피의 도움이 절실했다.

반 총장 일행을 태운 유엔 전용기가 착륙하자 공항에는 최고급 승용차가 줄지어 기다리고 있었다. 이곳에서 반 총장 일행은 한 번도 겪어보지 못한 희한한 경험을 했다. 리비아 당국은 아무 설명도 없이 반 총장 일행을 독특한 이슬람식 회색 건물로 데려갔다. 건물 외벽에는 군데군데 감시 카메라를 설치해 마치 고급 감옥을 연상케 했다.

그러나 안으로 들어가보니 그곳은 조그마한 방으로 이뤄진 외빈 대기용 건물이었다. 방 안에는 침대와 음료수로 가득 찬 작은 냉장고가 구비되어 있었다. 카다피와의 회담에 앞서 휴식을 취하도록 만든 시설 같았다. 리비아 당국은 언제 어디서 회담이 열릴지 전혀 알려주지 않았다. "카다피와의 만남은 늘 이런 식"이라는 게 관계자의 귀띔이었다.

서방 세계가 예의 주시하는 인물인 탓에 언제 어떻게 테러를 당할지 몰라 마지막 순간까지 회의 장소와 시간을 알려주지 않는다고 했다. 실제로 카다피는 1986년 미국 전투기의 공격을 받았을 때 구사일생으로 살아난 적이 있었다.

어쨌거나 회담을 기다리고 있는 반 총장에게 리비아 당국은 뜬금 없이 "회담 전에 멀지 않은 곳에 있는 알그라다비 저수지를 구경시켜주겠다"고 했다. 1991년 완공한 알그라다비 저수지는 남부 사하라 사막의 지하수를 끌어다 만든 지름 1킬로미터의 인공호수였다. 건설을 맡은 업체는 다름 아닌 한국의 동아건설. 반 총장이 한국 출신임을 감안한 배려였다. 이런 뜻을 짐작한 반 총장도 저수지를 살펴본 뒤 이렇게 화답했다.

"리비아가 창의적 방법으로 물 부족 현상을 해결한 것은 여러 나라가 참고할 만합니다. 특히 한국 기업이 건설했다는 사실이 자랑스럽습니다."

저수지 투어가 끝나고 드디어 카다피와의 회담이 이뤄졌다. 회담 장소는 특이하게도 바닷가 넓은 잔디밭에 친 천막 안이었다. 회담은 카다피가 다시 한 번 한국 기업이 리비아 대수로를 건설했다는 점을 강조하고, 이에 반 총장이 화답하면서 화기애애하게 시작했다.

"리비아의 대수로는 한국 업체 동아건설의 작품입니다."
"방금 대수로 공사로 건설한 알그라다비 저수지에 가봤는데 무척 인상적이었습니다."

이렇게 시작한 1시간 40분가량의 회의에서 두 사람은 다르푸르 사태의 해결책을 논의했다. 반 총장은 카다피의 협력 약속을 이끌어 내기 위해 최선의 노력을 기울였다. 얼마나 깊은 이야기가 오갔는지 마지막 30분은 아예 배석자 없이 독대했다.

결국 이 회의는 "다음 달 27일 리비아에서 열리는 다르푸르 평화 협상에 수단 반군 지도자들도 참석하도록 도와달라"는 반 총장의 요청에 카다피가 "최선을 다하겠다"고 약속하면서 마무리되었다.

이런 반 총장의 노력에 서방 언론도 칭찬을 아끼지 않았다. 반 총장을 수행한 〈뉴욕타임즈〉 등의 취재진은 "반 총장이 인간적 접촉을 통해 외교적 성과를 거두고 있다"고 평가하며 극찬했다.

그러나 미래는 아무도 알 수 없는 법. 이렇게 협력을 약속한 두 사람은 4년 뒤 '아랍의 봄'으로 촉발된 리비아 내전을 놓고 서로를 격렬히 공격하는 사이가 되고 말았다. 뒤에 자세히 소개하겠지만 반 총장은 카다피 독재 정권에 대한 강력한 대응을 주장함으로써 전 세계로부터 불의에 맞서 싸울 줄 아는 인물이라는 긍정적 평가를 받았다. 2011년 무난히 사무총장 연임에 성공한 것도 이런 평가가 큰 영향을 미쳤다.

반면 카다피는 집권 초반 부패한 왕정에 맞서기 위해 분연히 일어난 젊은 장교란 긍정적 이미지가 있었다. 특히 석유 생산 시설을 국유화함으로써 얻은 막대한 수입을 국민에게 아낌없이 투자해 제삼세계의 칭송을 받기도 했다. 그러나 독재 기간이 길어지면서 갈수록 괴팍하고 광기에 찬 면모를 드러냈다. 2007년 반 총장과 회담할 당시에도 무척 비상식적 모습을 보인 것으로 알려졌다.

일례로 반 총장은 시르테 회담 직후 취재진에게 "리비아 측이 기분 나빠할 게 틀림없으니 보도하지 말라"면서 "카다피가 면담 내내 날파리를 잡기 위해 파리채를 휘두르는 바람에 정신을 차릴 수 없었다"고 고충을 토로하기도 했다.

때로는 폭도들의 공격을 당하기도 하고 때로는 괴이하기 짝이 없는 인물을 상대해야 했지만, 두 차례의 아프리카 출장은 반 총장에게 더없이 소중한 기회였다. 현장을 직접 찾아다니며 유엔의 수장으로서 어떤 일을 어떻게 해야 할지 확연히 깨달을 수 있었기 때문이다. 사무실에 앉아 보고서를 통해 문제를 파악하는 대신 쉴 새 없이 현장을 뛰어다니며 직접 보고 느끼고 생각하는 반기문 특유의 스타일이 업무 파악에서도 효과를 유감없이 발휘했다.

반 총장 자신도 두 번에 걸친 아프리카 순방의 소득이 컸음을 공개적으로 밝혔다. 2007년 9월 12일 안보리 회의에서 진행된 2차 아프리카 순방 브리핑에서였다.

"이번 순방은 집중적이면서도 보람 있는 출장이었습니다. 다르푸르 위기를 해결하기 위한 몇 가지 핵심 사안에서 상당한 진전을 봤다고 느꼈습니다. … 비록 양호한 진전을 이뤘다 해도 우리가 이미 성공을 거뒀다고 말할 수는 없습니다. 지금은 성공을 이야기할 시점이 아님니다. 이제는 우리의 기여와 우리가 만들어낸 호기를 통해 좋은 성과를 거둘 수 있도록 노력을 배가하고, 더욱 빠르게 나아가야 할 때입니다. 그럼으로써 우리는 수단인과 함께 다르푸르에서의 고통과 불안이 끝나는 모습을 볼 수 있을 것입니다.”

그다운 조심스러운 발언이었다. 약속을 지키는 사람, 반기문은 임기 시작과 동시에 자신이 선거 때 내건 약속을 지키기 위해 열심히 뛰고 있었다.

PART.5

혼란과
이기利己를
제압하는 힘

회의장에 울려 퍼진 반 총장의 연설은
평소의 그답지 않게 직설적이고 격정적이었다.
그의 감동적 연설이 끝나자 익나구니처럼 대립하던 각국 대표단은
모두 우레와 같은 기립 박수로 반 총장의 노력에 찬사를 보냈다.

인류의 미래를
구하라

◆

"반기문이다!"

제13차 유엔기후변화협약UNFCCC, UN Framework Convention on Climate Change 당사국총회가 열린 2007년 12월 15일 오후 인도네시아 발리 컨벤션 센터. 예고도 없이 불쑥 나타난 반기문 총장을 본 180여 개국 대표들은 술렁이기 시작했다. 회의 첫날인 12일 "인류의 공동 과제인 기후변화 문제를 해결하기 위한 틀을 꼭 마련해달라"고 간곡히 호소한 뒤 자리를 뜬 그가 다시 돌아올 리 만무했기 때문이다.

이 회의에 참석한 후 동티모르 순방에 들어간 반 총장은 기후변화 회의가 엉망이 되었다는 소식을 듣자마자 자카르타 방문 일정을 연기하고 발리 회의장으로 급히 되돌아온 참이었다.

이틀 전 개회식에서 연설을 마친 반 총장은 인근 동티모르에 들른 뒤 자카르타로 향할 예정이었다. 항속 거리가 짧은 구형 프로펠러 비행기를 이용하는지라 발리에 잠깐 들러 기름을 넣고 있을 때 "기후변화 회의가 파국으로 치달았다"는 긴급 보고가 날아들었다. 깜짝 놀란 반 총장은 즉각 수행원들에게 지시했다.

"회의장으로 되돌아가자!"

즉시 일정을 바꿀 정도로 발리 기후변화 회의는 인류의 미래를 좌우할 중요한 자리였다. 교토의정서◆ 이후 그 역할을 대신할 새 기후 협약을 어떻게 만들어나갈지 로드맵을 만드는 게 이 회의의 기본 목표였다. 그러나 선진국과 개발도상국 간의 심각한 의견 차이로 회의는 결렬 직전까지 치닫고 있었다. 다급해진 유엔 측은 14일 폐막 예정이던 회의를 15일까지 하루 연장했다.

반 총장이 나타나기 전까지 회의장은 한마디로 아수라장이었다. 유엔기후변화협약 사무국 측이 로드맵을 채택하기 위한 회의를 소집하자 개도국 대표들은 자신들의 입장을 반영하지 않았다며 난리를 쳤다. 중국 대표는 심지어 "이것은 음모다. 유엔 사무국은 사과하라"며 소리를 질렀다. 그러자 이보 데 보어Yvo de Boer 유엔기후변화

<hr>

◆　Kyoto Protocol. 1992년 6월 리우 유엔환경회의에서 채택한 기후변화협약을 이행하기 위해 1997년에 만든 국가 간 이행 협약. 이산화탄소, 메탄, 아산화질소, 불화탄소, 수소화불화탄소, 불화유황 등 여섯 가지 온실가스 배출량을 줄이기로 협의했다.

협약 사무국장은 "40년 공직 생활에서 이 같은 모욕은 처음"이라며 자리를 박차고 나가버렸다.

개도국뿐만이 아니었다. 미국도 불만이 가득했다. 배기가스 감축 대가로 기술 이전을 주장하는 개도국 측 요구를 "터무니없는 억지"라며 절대 받아줄 수 없다고 뻗댔다. 그러자 파푸아뉴기니 대표단이 미국 대표단을 향해 직격탄을 날렸다.

"기후변화협약에 앞장설 게 아니면 나가라!"

철수하겠다며 짐을 꾸리는 대표단도 나타났다. 이런 험악한 상황 속에 회의장에 도착한 반 총장이 연단에 올라 마이크를 잡았다.

"솔직히 실망했습니다. 여러분의 역할은 아직 끝나지 않았으며 모두가 조금씩 양보해 타협안을 반드시 만들어내야 합니다. 여러분은 이 회의에서 성공적 결과물을 도출해 인류에게 안길 수 있는 능력을 두 손에 쥐고 있습니다. 지금껏 이뤄놓은 모든 것이 물거품이 되도록 만들지 마십시오. 지금도 늦었습니다. 이젠 단안을 내릴 때가 왔습니다. 성과를 거둘 수 있도록 마지막까지 전력을 다해주십시오."

회의장에 울려 퍼진 반 총장의 연설은 평소의 그답지 않게 격정적이었다. 그의 연설이 끝나자 악다구니처럼 대립하던 각국 대표단은 모두 우레와 같은 기립 박수로 반 총장의 노력에 찬사를 보냈다.

간절히 구하면 얻는다고 했던가. 결국 반 총장의 노력은 기대 이상의 반전을 이뤄냈다. 몇 분 전 자리를 박차고 나간 폴라 도브리언스키Paula Dobriansky 미국 대표가 다시 회의장으로 들어왔다. 그리고 마이크를 잡은 뒤 중대 선언을 했다.

"미국은 새로운 틀의 한 부분으로서 앞으로 나아가기 위해 여기 왔습니다. 우리는 발리 회의의 성공을 기원하며 합의에 참여할 것입니다."

이로써 2년간의 협상을 거쳐 2009년 말 코펜하겐 기후변화 정상회의에서 구체적인 온실가스 감축 목표와 방법을 결정한다는 큰 원칙, 즉 로드맵을 도출해냈다. 기후변화의 걷잡을 수 없는 나락으로 떨어질 뻔한 인류의 운명이 구원을 받는 극적 순간이었다.

"드디어 해냈다!" 반 총장과 보좌진들은 주먹을 불끈 쥐며 흥분을 감추지 못했다. 취임 후 어느 사안보다 중시하던 기후변화 문제와 관련, 구체적이고 의미 있는 결실을 본 순간이기에 기쁨과 만족은 어느 때보다 컸다. 그래서인지 여간해선 자신의 공을 드러내지 않는 반 총장조차 이날만은 로이터와의 인터뷰에서 이렇게 말했다.

"오늘은 저 개인과 유엔 사무총장이란 입장 모두에서 결정적 순간입니다. 오늘 좋은 결과가 나올 수 있도록 타협의 정신을 발휘해준 모든 이에게 감사드립니다."

‘기후변화 방지’.

이 문제는 반 총장이 취임한 이래 가장 역점을 두고 다뤄온 사안이라 해도 과언이 아니었다. 유엔 사무총장은 역대로 자신이 최우선시하는 독자적 어젠더를 내걸고 여기에 혼신의 힘을 쏟아왔다. 그리고 본인이 부각시킨 이슈에서 괄목할 만한 업적을 쌓음으로써 역사에 길이 남는 위대한 유엔 사무총장으로 기억되고 싶어 한다.

전임자 코피 아난의 어젠더는 빈곤 퇴치, 특히 자신의 고향 아프리카에서 가난을 해소해보겠다는 것이었다. ‘새천년개발목표’가 바로 아프리카에서의 빈곤 해소, 즉 아난의 희망을 담은 트레이드마크이자 역점 사업이었다.

반 총장의 경우 여기에 해당하는 역점 사업이 바로 기후변화 방지였다. 그래서 반 총장은 취임 초부터 지금까지 기후변화 문제를 유엔의 최우선 이슈로 올려놓고 그 논의를 주도하면서 강력한 목소리를 내고 있다.

실제로 2007년 3월 1일, 취임 후 2개월 만에 이뤄진 첫 유엔 본부 총회장 연설의 핵심 주제도 기후변화였다. 이 자리에서 반 총장은 이렇게 역설했다.

“기후 위기와 지구온난화는 전쟁 이상으로 인류에 아주 커다란 위협이 되고 있습니다.”

취임 일성으로 기후변화와의 전쟁을 선포한 것이다. “기후변화에 대한 책임이 가장 적은 아프리카의 빈곤국이 기후변화의 최대 피해자가 되고 있다"고 지적했으며, 이후로도 '기후변화는 우리 시대의 결정적 문제'라고 주장하며 5개년 실행 계획의 중요한 요소로 규정해왔다.

반 총장의 이러한 의지는 취임 직후인 2007년 1월 17일, 워싱턴에서 열린 부시 대통령과의 첫 번째 정상회담에서부터 여실히 드러났다.

기후변화 자체를 인정하지 않으려던 백악관은 이 회담에서 유엔 측이 그 문제를 거론하지 말아주길 희망했다. 그러나 반 총장은 회담 중에는 물론 회담 종료 후 가진 기자회견에서도 자신이 부시 대통령과 다르푸르, 중동 평화, 새천년개발목표 그리고 기후변화 문제를 협의했다고 거침없이 언급해 백악관 측을 압박했다.

한술 더 떠 취임 첫해의 유엔 총회 바로 전날에는 특별 정상회의를 개최했다. 다름 아닌 기후변화에 대한 정상회의였다. 비록 발언은 하지 않았지만 미국도 어쩔 수 없이 참석해야 하는 자리였다. 기후변화 문제에 대해 부정적 시각을 가진 부시 대통령이었지만 유엔의 위상에, 반 총장과의 인간적 관계를 도외시할 수 없었다.

사무총장 선거 운동 당시 반 장관을 "우리 후보"라고까지 말하면서 강력하게 지지한 부시 대통령. 그는 유엔 입성 이후 반 총장이 보여준 부단한 노력에 깊은 인상을 받은 모양이었다. 부시는 퇴임을 코앞에 둔 2009년 1월 초, 반 총장 내외를 백악관으로 초청해 조촐

한 부부 동반 만찬을 나눴다. 이 자리에서 그는 반 총장이 몰랐던 비화를 이야기했다.

"2007년 말, 발리 기후변화 회의가 열릴 당시 우리 대표단으로부터 '미국의 기본 입장에 따르자면 회의를 결렬시킬 수밖에 없다'는 보고를 받았습니다. 그때 어떻게 할지 생각에 잠겼는데, 반 총장 얼굴이 떠오르더군요. 그래서 미국 대표단에게 '유엔 사무총장 입장을 존중해 회의를 타결시켜라'고 지시했습니다."

지구 끝에서
끝까지

◆

사실 지구온난화를 포함한 기후변화 문제는 여러 가지 측면에서 해결이 쉽지 않은 과제이다. 가장 먼저, 지구가 실제로 더워지고 있는지 그리고 온난화 현상이 있다 하더라도 과연 그것이 인간의 행위에서 비롯됐는지 여부부터가 논란의 대상이었다.

인간에 의한 기후변화를 주장하는 이들의 논리는 간단했다. 산업혁명 이래 인류가 뿜어낸 이산화탄소 등 온실가스가 쌓이다 보니, 대기에 반사되어 지구 밖으로 빠져나가야 할 햇빛 에너지가 온실가스로 이뤄진 차단막 때문에 배출되지 않아 지표면 온도가 올라간다는 설명이다. 따라서 온실가스를 줄이지 않으면 기온은 계속 올라가고, 급격한 환경 변화와 함께 상상할 수 없는 재앙을 초래할 거라는 게 기후변화론자의 주장이다.

그러나 이에 대한 반론도 만만치 않다. 우선 지구가 더워지고 있다는 주장부터 잘못됐다는 견해이다. 반대론자는 지구란 원래 장기간에 걸쳐 데워졌다 식었다 하는 변화를 주기적으로 반복한다고 설명한다. 과학적 근거로 볼 때 지구는 20억 년에 걸쳐 빙하기에 접어들었다가 다시 더운 시기로 돌아가는 순환을 계속해왔다는 것이다. 따라서 최근 수십 년간의 온난화라는 것도 결국은 주기적 기온 상승 국면에 들어간 탓이지 온실가스 때문은 아니라는 게 이들의 주장이다.

특히 이들은 공장이나 자동차 등에서 온실가스를 배출함으로써 지구가 더워지고 있다는 주장은 건전한 경제활동을 위축시키려는 잘못된 환경론자들의 음모이자 궤변이라고까지 역설한다.

기후변화 현상을 인정한다고 반드시 온실가스 감축에 적극적으로 나서는 것도 아니다. 현대 산업 사회에서 경제활동을 하다 보면 이산화탄소 등 온실가스는 어쩔 수 없는 필요조건이다. 결국 온실가스를 감축하라는 것은 경제활동을 하지 말거나, 아니면 값비싼 정화장치를 설치하라는 의미. 그러다 보니 국민 생활을 향상시키기 위해 지속적으로 경제성장에 힘써야 할 중국이나 인도를 비롯한 개발도상국으로서는 절대 쉽게 받아들일 수 없는 논리이다. 이 때문에 개도국들은 온실가스를 줄여야 한다는 대의명분에는 찬성하지만, 모든 국가에 대해 공통적으로 적용하는 규제에 대해서는 선진국과 결정적으로 의견을 달리한다.

그들의 주장도 일리가 있다. 기후변화의 주범은 산업혁명 이래 엄청난 양의 온실가스를 이미 대기 중에 배출한 서방 선진국들이며,

역사적 책임은 그들에게 있다는 논리이다. 따라서 이제 막 경제개발에 나선 후진국들에게 그 짐을 지워선 안 된다고 주장한다.

이렇게 기후변화를 인간이 초래했는지에 대한 과학적 논란에 더해 선·후진국 간의 이해 갈등까지 맞물리면서 기후변화 문제는 인류가 안고 있는 가장 심각하면서도 골치 아픈 난제로 떠올랐다.

특히 2005년 이래 이산화탄소 등 온실가스 배출량을 규제한 교토의정서 체제가 2012년 만료를 앞둔 상황에서 반 총장으로서는 하루빨리 이를 대체할 국제적 합의를 도출해내야 했다.

이뿐만 아니었다. 굵직한 정치적 분쟁마저 그 근저에는 기후변화가 원인으로 도사리고 있다는 사실이 새롭게 부각되어 그의 마음을 바쁘게 만들었다.

바로 2000년대의 악명 높은 킬링 필드로 변해버린 수단 다르푸르 지역의 학살이 바로 대표 사례이다. 단순한 내전으로만 여기던 다르푸르 참사의 원인을 파고드니 그 시작에는 기후변화가 있었다. 충격적 사실이 아닐 수 없었다.

유엔이 밝혀낸 사실은 이랬다. 1980년대부터 시작된 기후변화로 수단 남부에서는 심각한 가뭄이 발생했다. 이 혹독한 자연재해로 북부 아랍계와 남부 기독교계 흑인 사이에 서로 죽고 죽이는 살육의 역사가 시작되었다.

비극을 자아낸 원흉은 온실가스였다. 온실가스 때문에 지구가 더워지면서 인도양 상공에서 형성되던 계절성 열대 몬순이 사라져버린 것이다. 유엔의 통계에 따르면 열대 몬순의 실종으로 지난 20년 간 수단 남부의 강수량은 40% 이상 줄어들었고, 이 같은 현상은 심각한 생태 변화와 함께 정치·경제적 상황도 급격하게 변화시켰다.

옛날 수단에서는 목축에 종사하던 북부 아랍계와 농사를 짓던 남부 흑인들이 평화롭게 살았다. 당시에는 식수와 식량이 넉넉해 남부 농민은 북부 목동들이 가축을 몰고 와 물과 풀을 먹여도 너그럽게 봐주곤 했다. 그러나 가뭄이 심해지면서 사정이 달라졌다. 남부 농민들은 북부 아랍계가 식수와 곡물을 축낸다고 비난하기 시작했고, 양측 간 대립은 급속도로 악화되었다. 이런 반목이 점차 거세져 2003년부터 본격적인 내전으로 비화했다. 그리고 죄 없는 이들이 참혹하게 살해당했다.

참상의 이면에 숨은 인과관계를 파악한 반 총장은 어떻게든 이를 널리 알리기 위해 노력했다. 두 번째 아프리카 방문을 3개월 앞둔 2007년 6월에는 이 같은 내용을 담은 기고문을 〈워싱턴포스트〉에 싣기도 했다.

기후변화 문제가 나날이 심각해지는 터라 여러 방법을 모색하던 반 총장은 최대한 여론을 환기시키는 전략을 택했다. 그가 주목한 건 뉴스메이커인 자신이 직접 기후변화 현장을 찾아가 언론이 관심을 갖도록 유도하는 것이었다. 언론을 통해 여론의 경각심을 불러일으키는 방법이었다.

그래서 다르푸르 문제 때문에 정신없던 두 번째 아프리카 출장 중에도 굳이 시간을 내 거북이 등처럼 쫙쫙 갈라진 아프리카의 차드

호를 방문한 것이었다.

참혹하게 변한 기후변화의 현장을 찾는 발길은 아프리카에서 멈추지 않았다. 그해 11월엔 지구온난화로 빙하가 녹고 있는 남극을 직접 방문했다. 60년 유엔 역사상 남극을 방문한 최초의 사무총장이었다.

반 총장의 남극 탐험은 남반부 최남단 도시인 칠레의 푼타아레나스Punta Arenas에서 시작됐다. 11월 9일, 반 총장은 칠레 공군 소속 수송기를 타고 남쪽으로 기수를 돌렸다. 시기상으로는 여름이 시작되었다고 하지만, 여전히 낮은 기온 때문에 두툼한 붉은색 파카를 껴입고 있었다.

3시간쯤 날아가자 남극 대륙의 관문으로 통하는 필데스Fildes 반도가 나타났다. 반 총장과 유엔 관계자 그리고 수행 취재진은 이곳에 닦아놓은 에두아르도 프레이Eduardo Frei 공군기지에 내려 작은 경비행기로 갈아탔다. 최대한 빙산에 가까이 다가가 살펴보기 위해서였다. 경비행기가 솟구쳐 오르자마자 창문 밑으로 빙하에서 떨어져 나온 유빙流氷들이 가득히 떠다니는 해안이 눈에 들어왔다. 거대한 빙벽 곳곳에 깊은 금이 가 당장이라도 큼지막한 빙하 조각들이 떨어져 나올 것 같았다. 높아진 기온 탓에 빙하 윗부분에 상당량의 물이 고인 모습도 보였다. 이런 속도로 남극의 얼음이 녹아내린다면 지구 전체의 해수면이 크게 높아지는 건 시간문제임을 단박에 알 수 있었다.

심각한 기후변화 현장을 목격한 반 총장은 동행한 취재진에게 안타깝게 설명했다.

© UN Photo/Eskinder Debebe

유엔 역사상 최초로 남극을 방문한 반기문 사무총장. 전 세계 취재진이 수행하면서 그의 일거수일투족을 각국으로 타전했다.

"몇 년 전에 미국 로드아일랜드주만 한 빙하가 떨어져 나간 적이 있습니다. 남극의 서쪽 빙하만 없어져도 해수면이 6미터나 높아진다는 연구까지 나왔습니다."

유엔 수장이 사상 처음으로 남극을 방문한다는 이야기를 듣고 쫓아온 전 세계 기자들은 이 같은 반 총장의 활약과 설명을 타전하기에 바빴다. 원하던 홍보 효과를 제대로 보는 순간이었다.

위기에 빠진 남극 빙하 실태를 살펴본 반 총장의 다음 목적지는 한국의 세종과학기지. 고무보트를 타고 세종과학기지가 있는 킹조지King George섬으로 건너가자 기다리고 있던 대원들은 일제히 "와!" 하는 함성을 지르며 기쁨을 감추지 못했다. 한국이 낳은 자랑스러운 반 총장이 이 머나먼 지구 끝까지 올 줄은 상상조차 못 했을 터였다. 반 총장은 대원 전원과 차례로 기념 촬영을 하며 기뻐했다. 남극에서 잡은 대구와 참치를 안주 삼아 위스키 한잔을 나누기도 했다.

남극 다음으로 지목한 지역은 '지구의 허파' 아마존Amazon 밀림이었다. 남극에서의 일정을 마친 13일, 반 총장은 비행기를 타고 아마존 강의 동쪽 끝 하류에 위치한 브라질 해안 도시 벨렝Belém을 찾았다. 그곳에서 반 총장을 기다리고 있는 장면은 밑동이 처참하게 잘려 나간 거목들과 시커멓게 타버린 숲이었다. 화전火田을 일구기 위해 원주민이 불을 놓은 결과였다. 온난화에 따른 재앙은 숲 속뿐이 아니었다. 풍부한 수량으로 유명한 아마존 강의 지류들마저 보트를 탈 수 없을 정도로 말라가고 있었다. 강에서 물이 사라지자 물고기 수백만 마리가 떼죽음을 당하기도 했다. 또다시 처참한 광경을 목격한 반 총장은 더욱 가슴이 묵직해졌다.

'전 세계 삼림의 3분 1을 보유한 브라질에서 남벌이 자행되면 지구의 호흡 장치가 고장 나는 셈 아닌가.' 무슨 수를 써서라도 최악의 재앙을 가져올 지구온난화를 막아야 한다는 결의가 새삼 솟구치는 현장들이었다.

전 세계 언론의 관심 속에 이뤄진 2007년 11월 반 총장의 환경 투어는 이렇게 끝났다. 하지만 기후변화에 대한 관심을 환기시키기 위한 반 총장의 위기 지역 방문은 이후에도 계속 이어졌다.

2009년 2월, 르완다 전범재판소를 둘러보기 위해 탄자니아로 가는 길에는 킬리만자로Kilimanjaro 산을 비행기로 넘어가며 정상의 만년설이 녹아내리는 현장을 살펴봤다. 그는 이후 기자회견에서 "2030년이면 킬리만자로의 만년설이 모두 사라진다고 한다"며 기후변화의 심각성을 또다시 호소했다.

5개월 뒤인 2009년 7월엔 지구의 북쪽 끝인 북극을 찾았다. 남극에 이어 2년 뒤 북극까지 직접 찾아가며 기후변화의 위기 상황을 전 세계에 고발했다.

2010년 10월, 반 총장이 바쁜 일정 속에서 찾아간 곳은 완전히 바닥이 드러난 아랄해Aral Sea였다. 중앙아시아 순방에 나선 반 총장은 키르기스스탄에 이어 우즈베키스탄을 방문하며 헬리콥터를 타

풍부했던 물은 모두 말라버리고, 그곳을 지나던 배들만 남은 처참한 아랄해.

고 아랄해 상공을 날았다. 아랄해는 시르다리야Syr Dar'ya 강과 아무다리야Amu Dar'ya 강 등이 흘러드는 세계에서 네 번째로 큰 담수호였다. 그러나 옛 소련 시절 목화를 키운다며 물길을 다른 곳으로 돌리고 마구 남용하는 바람에 호수 면적이 과거에 비해 10%로 줄어들었다.

반 총장은 정확한 실태를 파악하기 위해 무이낙Muynak 지역에 내렸다.

한때 맑고 깨끗한 물이 넘실대던 아랄해의 모습은 흔적도 없이 사라지고 낡아빠진 목선 10여 척만 사막 위에 덩그러니 놓여 있었다. 현지인 사이에서 '배 무덤'이라고 불리는 곳이었다. 독성 있는 소금을 머금은 모래바람이 귓가를 스치며 매섭게 불어댔다. 반 총장이 사막으로 변한 아랄해에 서 있는 모습은 각 언론을 통해 전 세계로 퍼져나갔다.

최근 2014년 3월에는 그린란드Greenland를 방문해 이곳 빙산이 녹아내린 현장과 이로 인한 현지 주민의 고통을 보고 들었다. 기후변화의 심각성을 알리려는 노력은 지금도 계속되고 있다.

현장 방문과 함께 반 총장이 관심을 기울인 또 하나의 전략은 기후변화의 실체를 과학적으로 납득시키는 작업이었다. 심각한 기후변화와 기상 이변에도 불구하고 여전히 지구가 뜨거워진다는 사실을 인정하지 않는 사람이 많았다.

특히 미국에서 온실가스 배출을 줄여야 할 기업인과 이들의 지원을 받는 공화당 보수파 중에서는 기후변화 자체를 부정하는 사람이 많았다. 혹여 인정한다 해도 온실가스가 아닌 다른 요인으로 치부하는 이가 대부분이었다.

이들이 주장하는 대표적 이론 중 하나가 '태양 표면 이상론'으로, 태양 표면에 존재하는 흑점이 폭발하면서 지구의 오존층이 파괴돼 지표면 온도가 올라간다는 가설이다. 이 이론을 인정하면 산업 활동으로 발생하는 온실가스를 감축해봐야 기후변화 방지에 아무런 효과가 없다는 결론이 나온다.

'온실가스에 의한 기후변화 이론'에 정면으로 도전하는 이들의 반론과 의심을 잠재우기 위해 어떤 대책이 필요할까. 일찍이 이 문제에 봉착한 유엔은 1980년대부터 객관적이고 전문적이며, 공정한 자료를 통해 기후변화 위기가 실존함을 증명하고자 노력했다. 그래서 만든 기구가 '기후변화에 관한 정부 간 패널IPCC, Intergovernmental Panel on Climate Change'이다. 유엔 산하 세계기상기구WMO와 유엔환경계획UNEP은 기후변화의 위험성을 평가하고 이를 전 세계에 알리기 위해 1988년 힘을 합쳐 IPCC를 설립했다. 이 기구에는 각국 기상대 연구원과 지질학자 등 전문가가 참여해 기후변화와 관련한 학술적 의견을 발표한다. IPCC는 스스로 자체 연구를 실시하거나 기후변화 상황을 측정하는 등 독자적 일을 수행하지는 않는다. 대신 이미 발표된 기상 자료 등을 이용해 기후변화가 과연 진행되는지, 얼마나 심각한지 등을 연구·분석해 평가 보고서를 발표한다.

IPCC의 역사적 첫 평가 보고서가 나온 것은 1990년. 참여한 과학자들은 온실가스와 오염물질의 대기 중 비율이 높아짐으로써 기온

이 올라간 것은 의문의 여지가 없는 사실이라고 발표했다. 이와 함께 현재 수준으로 경제활동을 지속한다면 지구의 온도가 10년마다 0.3℃씩 올라갈 것이라고 예측했다. 이를 막기 위해 기후변화 문제를 논의할 국제 규범이 필요하다는 것이 그들의 판단이었다.

드디어 유엔은 이러한 결론에 입각해 기후변화에 관한 기본 협약을 제정할 정부 간 협상을 출범했다. 정부 간 협상은 1992년 5월 '유엔기후변화협약UNFCCC'을 채택하고 1994년 3월에 이 협약을 발효했다. 국제 사회는 기후변화에 대응하기 위해 다음의 4개 분야에서 노력해나가야 한다는 공감대를 형성했다.

① 온실가스 배출 제한
② 새로운 환경에 대한 적응 노력
③ 개발도상국을 위한 재원 조달
④ 필요한 기술의 개발도상국 이전

IPCC의 두 번째 보고서는 5년 뒤인 1995년에 나왔다. 참여 과학자들은 1차 때보다 더 암울한 미래를 예고했다. "지구온난화로 2100년까지 해면 온도는 최고 4℃, 해면 수위는 50~75센티미터까지 상승할 것"이라는 전망이었다. 특히 눈길이 가는 부분은 물에 대한 내용이었다. 보고서는 "지구 온도의 상승은 바다와 대기 간의 물 순환계를 망가뜨려 초대형 홍수와 극심한 가뭄 등이 나타날 것"이라고 진단했다.

가히 충격적인 2차 보고서 내용으로 협상은 가속화 물결을 탔다.

이 덕분에 1997년 12월 교토에서 개최한 제3차 유엔기후변화협약 당사국총회에서 기후변화협약 부속의정서일반적으로 교토의정서라고 한다를 채택했고, 이는 2001년 마라케시Marrakech 합의◆ 등 준비 과정을 거쳐 2005년 2월에 발효되었다. 그러나 교토의정서는 2012년이면 우선적으로 그 효력이 다하는 협약이었다. 그 때문에 반 총장은 취임 초기부터 교토의정서를 대체할 새로운 기후변화 규범을 마련해야 한다는 묵직한 의무감을 느끼고 있었다.

한편 2001년 발표한 세 번째 보고서의 핵심은 갈수록 기상재해의 폐해가 심각해진다는 사실이었다. 과학자들은 각종 자료를 조사한 결과 1960년대에 비해 홍수, 가뭄 등 대형 기상재해가 4배나 많아졌으며 피해액은 7배나 늘었다는 결과를 보여줬다. 이처럼 폭발적으로 늘어난 자연재해를 과거 수준으로 되돌리기 위해서는 온실가스 배출을 최대 80%까지 줄여야 한다는 게 결론이었다.

지구온난화의 심각성을 부르짖는 반 총장으로서는 어느 기구, 어느 단체보다 객관성을 인정받는 IPCC의 존재가 무척이나 고맙고 소중할 수밖에 없었다. 여기에 반 총장이 기후변화 방지 운동을 본격적으로 펼치기 시작한 2007년, IPCC의 네 번째 평가 보고서가 발간되면서 큰 힘을 보태줬다.

◆　2001년 10월 모로코 마라케시에서 개최한 제7차 유엔기후변화협약 당사국총회에서 타결한 협정. 교토의정서에서 제시한 기후 대책에 대한 규제를 구체화했다. 이로써 교토의정서 체제의 운영이 실질적으로 출범했다.

반 총장이 이 평가 보고서를 입수한 것은 2007년 11월 17일 스페인 발렌시아Valencia에서 열린 27차 IPCC 총회에서였다. 반 총장이 참석한 가운데 열린 이 회의에서 지난 5~6년간 연구한 지구온난화의 실태와 폐해 등이 상세히 담긴 평가 보고서가 공개됐다. 보고서에 나타난 분석과 전망은 섬뜩할 정도였다. 먼저 1906년 이래 100년간 지구의 평균 온도가 0.74℃ 상승했다는 사실이 증명되었다. 이로 인해 해수면 높이는 1993년 이후 한 해 3.1밀리미터씩 올라갔는데, 이는 북극에 얼어붙은 바닷물이 10년에 약 2.7%씩 줄어들면서 나타난 현상이었다.

4차 보고서에서 가장 암울한 내용은 지구온난화로 많은 생물이 멸종할 것이라는 대목이었다. 보고서는 "지구가 1.5~2.5℃ 이상 더워지면 20~30%의 생물종이, 3.5℃ 이상 높아지면 40~70%가 멸종 위험에 처할 것"이라고 진단했다.

이와 더불어 산호초가 파괴되고, 전염병이 창궐할 것이라는 무서운 경고도 덧붙였다. 이 같은 비극의 원흉은 물론 "이산화탄소 같은 인류가 뿜어낸 온실가스"라는 게 이 보고서의 확고한 결론이었다.

IPCC의 구체적 보고 내용을 전달받은 반 총장의 목소리는 어느 때보다 강경했다. 반 총장은 이날 회의에서 이렇게 역설했다.

"기후변화가 자연계에 미치는 영향은 상상하기 어려울 정도로 엄청나게 무서운 것입니다. 모든 국가는 IPCC 보고서가 제안한 대로 기후변화에 대처하기 위해 최선의 노력을 다해야 합니다."

빙산이 녹아내리고 있는 그린란드.

매년 기후변화 회의에서 회원국 간의 협상을 독려하고, 2007년 과 2009년 유엔 총회를 계기로 열린 기후변화 정상회의에서 각국 정상들의 정치적 의지를 결집시킨 반 총장이었다. 여세를 몰아 2009년 12월 코펜하겐에서 기후변화에 대한 국제 협약을 완결해 교토의정서에 대체할 체제를 마련하고자 했다. 유엔 홍보팀에서 만든 구호 "대타협을 완결하자!Seal the Deal"를 모두 외치면서 코펜하겐에 대한 기대가 국제적으로도 무르익었다.

그러나 좋은 일이 이어지다 보면 불운도 따르기 마련이다.

2009년 11월, 지구온난화 문제와 관련해 반 총장의 든든한 지지자이던 IPCC에서 충격적 사건이 터지고 말았다. '기후게이트Climategate'라고 불리는 기후변화 관련 증거 자료 조작 의혹 사건이었다. 특히 이 사건은 코펜하겐 기후변화 정상회의를 코앞에 둔 상태에서 불거져 유엔 관계자를 경악하게 만들었다.

사건의 진상은 이랬다. 2009년 11월, 영국 중부 동쪽 해안에 자리한 이스트앵글리아 대학University of East Anglia 부속 기후연구소의 메인 컴퓨터가 해킹당했다. 해커는 컴퓨터에서 이 대학의 유명한 기후학자인 필 존스Phil Jones 교수를 비롯해 4명의 이메일 1,000여 건을 빼내갔다. 그런데 도난당한 이메일이 어떤 경로를 통해서였는지 모르지만 기후변화 회의론자들의 손에 들어갔다. 이들 회의론자들은 유출된 이메일을 검토해본 결과, 과학자들이 기후변화의 존재를 정당화하기 위해 과학적 증거를 조작했다고 발표했다. 공개한 이메일 가운데에는 "기온 하락을 감추기 위해", "속임수를 썼다" 등등 회의론자들의 입맛에 딱 맞는 문구도 들어 있었다.

코펜하겐 기후변화 정상회의를 한 달 남짓 앞둔 시점에서 언론들은 이 문제를 심각하게 다루기 시작했다. 파문은 일파만파로 번져나갔다. 커다란 장벽에 직면한 반 총장은 문제를 정면 돌파하기로 하고, 곧바로 진상을 샅샅이 파헤칠 조사단을 꾸렸다.

대중을 흥분시키는 대개의 스캔들이 그렇듯 이 사건도 떠들썩하게 시작했지만 결말은 싱겁기 그지없었다. 조사단은 그 이듬해 존스 교수와 나머지 3명의 기상학자 모두 열정적이고 정직한 과학자라는 결론을 내렸다. 그러면서 "기온 하락을 감추기 위해" 등등의 표현은 거두절미하고 보면 오해를 살 여지가 있지만, 전체적 맥락으로 보면 무리가 없는 글이었다고 해명했다. 결국 기후 스캔들은 용두사미로 싱겁게 막을 내리고 말았다.

이런 우여곡절 탓인지, 2009년 12월 코펜하겐에서 열린 기후변화 정상회의는 개막부터 순탄치가 않았다. 날카롭게 맞부딪치는 각국의 이해관계 속에 회의는 막판까지 반전에 반전을 거듭해야 했다.

혼란과 이기를
넘어서

◆

2009년 12월 15일, 기후게이트로 인해 시작 전부터 논란에 휩싸인 코펜하겐 기후변화 정상회의가 가까스로 개최되었다. 예상대로 선진국과 개도국이 날카롭게 대립하면서 회의는 처음부터 삐거덕거렸다. 전체 회의가 이틀간이나 이어졌지만 논의의 가닥조차 제대로 잡히지 않았다. 마음이 급해진 반기문 총장은 고민 끝에 의장국 덴마크의 라르스 뢰케 라스무센Lars Løkke Rasmussen 총리에게 아이디어를 제시했다.

"이러다간 아무런 성과도 내지 못하겠습니다. 전체 회의에선 결론을 내기 어려우니 각 그룹을 대표하는 몇 나라를 모아 초안을 만드는 게 어떻겠습니까?"

회의 의장으로서 고심하던 라스무센 총리는 반 총장의 제안을 받아들였다. 두 사람은 일단 선진국과 개도국 그리고 지구온난화로 큰 타격을 입을 섬나라 대표들을 합쳐 모두 28개국을 선별해내고 회의 방법을 찾기 위해 동분서주했다. 17일 밤, 반 총장 참모진의 핸드폰에 긴급한 메시지가 떴다.

"오늘이 D-데이. 밤 11시까지 모두 소회의장으로 집합시켜라."

참모진은 재빨리 움직였다. 선별한 28개국 대표 전원에게 "덴마크 여왕이 주최하는 만찬에 참여해달라"고 신속하게 연락을 취한 뒤, 황급히 회의실을 잡았다. 반 총장 일행은 혹시나 예기치 못한 상황으로 계획이 어그러질까 마음을 졸였지만, 심야 비밀 회의는 다행히 밤 11시에 시작되었다. 참석자들은 28개국 대표에다 반 총장 그리고 유럽연합 의장을 합쳐 모두 30명이었다.

이명박 대통령과 미국 오바마 대통령을 포함한 이들 대표는 다음 날 새벽까지 머리를 맞대고 협의해 각국이 개별적으로 온실가스 감축 목표를 설정한다는 합의문의 뼈대를 만들어내는 데 성공했다. 정상회의 대타협을 이루기 위한 물꼬가 트이는 숨 막히는 밤이었다.

그러나 자국의 경제성장을 방해해서는 안 된다는 입장을 고수해온 중국과 인도는 정상회의에 차관보급 및 차관급 대표를 보내 기존 주장만 반복했다. 대폭적인 온실가스 감축 대상에서 자신들을 빼달라는 얘기였다. 하지만 선진국만 감축 목표를 정하자고 하는 건 곤란했다.

정상들 간의 협의는 다음 날 18일 밤에도 계속되었다. 특히 기후 변화 방지를 적극 지지하는 오바마 대통령은 어떻게든 가시적 성과를 끌어내기 위해 최대한의 노력을 기울였다. 심지어 개도국의 리더 격인 중국을 설득하면 개도국 전체의 지지를 이끌어낼 수 있으리라 판단해 18일 오후 2시 원자바오溫家寶 중국 총리의 숙소를 예고 없이 방문해 담판을 짓기도 했다. 그때까지 원 총리는 무조건적 온실가스 감축에 비판적인 인도·브라질·남아공 정상과 만나 개도국 입장을 조율하고 있었다. 가장 문제가 되는 대목은 각국이 보고한 온실가스 감축 실적을 국제 사회에서 확인토록 한다는 부분이었다.

협조해달라는 오바마 대통령의 요청에 원 총리는 주권 침해라고 맞섰다. 결국 오바마 대통령이 "주권을 침해하지 않는 범위 내에서 확인토록 하자"는 중재안을 제시해 원칙적인 동의를 이끌어냈다. 이어 인도·브라질·남아공 정상과도 접촉해 합의를 얻어냈다.

이제 협상이 잘 마무리될 거라 여긴 오바마 대통령은 이날 오후 6시쯤 급히 워싱턴으로 향했다. 미 동부에 폭설이 내려 잘못하면 항공편이 끊길 거라는 일기예보 때문이었다. 하지만 오바마 대통령의 조기 귀국은 엄청난 소동을 예고하고 있었다. 그가 가볍게 뱉은 발언 때문이었다. 공항으로 향하던 오바마 대통령은 기쁜 마음 때문이었는지 기자들에게 "타결이 임박했다"며 주요국 간에 별도 협의가 이루어지고 있다는 정보를 흘리고 말았다.

오바마 대통령의 발언이 외신을 타고 알려지자 18일 밤 코펜하겐 정상회의장은 아수라장으로 돌변했다. 19일 새벽, 지난한 협상 끝에 28개국 정상은 각국별로 온실가스 감축 목표를 자발적으로 설정하고 이를 유엔기후변화협약 사무국에 통보한다는 합의문을 완성하고 있었다. 그러고는 이를 총회에서 채택하는 것이 그들의 복안이었다.

하지만 그 소식을 들은 28개국 외의 다른 나라 대표들이 들고 일어났다. "우리가 허수아비냐", "소수의 밀실 합의는 완전 무효다"라며 극도의 흥분 속에 합의문 내용보다는 협의 과정에 대한 성토가 빗발쳤다.

19일 새벽 2시 정상회의장. 주요국 간 합의문을 총회에서 채택해야 하는 시점이 다가왔다. 사회를 보던 주최국 덴마크의 라스무센 총리는 비주류 국가들의 반발을 의식해 이렇게 이야기했다.

"끝으로 하고 싶은 말이 있는 사람은 다 하시오." 그러자 각국 대표들이 다투어 연단에 올라 자기들의 입장을 쏟아내기 시작했다. 그바람에 회의는 뚜렷한 결론 없이 지루하게 이어졌다. 그나마 다행인건 요란하던 반대파의 목소리가 시간이 지날수록 잦아들고, 초안을 낸 국가들이 분위기를 주도하기 시작한 것이었다. 기회를 보던 라스무센 총리가 28개국이 마련한 초안을 총회에 상정하려 했다. 그런데 합의문을 통과시켜야 할 순간, 또 한 번 라스무센 총리의 말실수가 터져나왔다.

"더 이상 이의가 있습니까?"

하지 않아도 될 말을 덧붙인 것이다. 또다시 기다렸다는 듯 반대 국가들이 들고 일어났다. 특히 쿠바, 베네수엘라, 볼리비아 등 카리브해 지역과 남미의 진보 국가ALBA♦들은 선진국 위주의 국제 문제 결정 구조에 격렬히 반대했다. 발언권을 달라고 명패를 들고 있던 베네수엘라의 여성 대표는 플라스틱 명패로 책상을 내리치다가 명패의 날에 손이 찢겨 피를 흘리기도 했다. 정상들이 이틀 밤을 지새우면서 공들인 합의문 채택이 좌절되는 순간이었다.

참다못한 미국과 영국 대표도 의장석 앞으로 뛰어나와 "의장, 도대체 회의를 어떻게 진행하는 거요" 하며 거칠게 소리치기 시작했다.

이를 보던 반대파들도 의장석으로 몰려나왔다. 회의장은 험악하게 변했고, 당장이라도 충돌할 듯한 일촉즉발의 상황이었다. 극도로 당황한 라스무센 총리는 "합의문은 채택되지 못했다. 더 이상 회의를 진행하지 못하겠다"며 정회를 선언하고 퇴장해버렸다.

초안파와 반대파가 서로 고함 지르고 몸싸움을 벌이면서 각국 정상들이 참여한 회의장은 유례를 찾기 힘든 아수라장이 되었다. 이대로라면 기후변화를 막기 위한 모든 노력이 수포로 돌아갈 참이었다. 절체절명의 순간, 반 총장은 목표를 이루어야 한다는 강한 의지가 샘솟있다. 그는 즉각 비상조치를 발동했다.

♦　미주 대륙을 위한 볼리바르 동맹. 미국이 주도한 미주자유무역지대FTAA 설립에 반대해 중남미에서 미국의 정치·경제적 영향력에 맞서는 취지로 베네수엘라와 우방국들이 연합한 동맹이다.

"반대파들을 한자리로 모아라!"

반 총장의 한마디에 참모진은 이리 뛰고 저리 뛰며 초안 반대국 대표자들을 회의장 밖으로 불러 모았다. 시간은 이미 하룻밤을 꼬박 새운 아침 8시. 반 총장의 목소리는 부드럽지만 단호했다.

"당신들의 의견을 뭐든지 이야기해보시오."

말을 하면서 그리고 시간이 갈수록 이들의 태도는 누그러졌다. 명패에 손을 다쳐 피까지 흘린 베네수엘라 대표단의 클라우디아 살레르노Claudia Salerno 참사관은 반 총장이 진지한 태도로 자신의 이야기를 끝까지 들어주자 감정이 복받쳤는지 눈물을 뚝뚝 흘리기까지 했다.

"소수파의 이야기를 이렇게 진지하게 들어주는 사람은 반 총장이 처음입니다."

하고 싶은 이야기를 다 털어놓아 속이 후련해진 듯 살레르노 참사관은 눈물을 닦으며 반 총장에게 고마움을 표시하기도 했다.

반대파들의 흥분이 잦아들자 반 총장은 중재안을 제시했다. 28개국이 동의한 내용을 '합의한다'는 표현 대신 '유의한다take note'로 바꿔 표현하자는 안이었다. 반대파의 얼굴을 세워주면서도 실질적 합의를 도출해내는 절묘한 절충안이었다. 반대파들이 이 제의를 수용하려는 기색을 확인한 반 총장은 곧바로 회의장으로 들어갔다.

자리를 뜬 의장 라스무센 총리 대신 의사봉을 잡은 부의장이 결국 절충안을 담은 합의안을 통과시키는 데 성공했다.

아수라장이 된 정상회의, 나락에 굴러떨어질 뻔한 기후변화 방지 합의가 막판에 되살아나는 역사적 장면이었다. 반 총장은 절충안을 통과시킨 후 기자들에게 이렇게 설명했다.

"마침내 우리는 협상을 마쳤습니다. 이번 것은 진짜 협상입니다. 세계 정상을 한곳에 모은 게 그 값을 했습니다. 이번 코펜하겐 합의는 모든 이의 희망을 만족시키지 못할 수 있습니다. 그러나 이번 회의에서의 결정은 시작입니다. 의미 있는 시작입니다. 지금은 지구 전체의 온도 상승 폭을 2℃ 미만으로 묶자는 것이 의무 사항은 아니지만, 이와 관련해 법적 구속력 있는 협약을 앞으로 추진할 것입니다."

코펜하겐 기후변화 정상회의에서는 새 기후변화협약을 채택하지 못했고, 선·후진국 간 대립만 첨예하게 부각되었다. 그로 인해 정치적으로는 실패한 회의였다는 평가도 있었다. 어찌 보면 구속력 있는 국제 협약을 만들어낸다는 당초의 기대에 미치지 못한 것도 사실이다. 그럼에도 이 회의는 두 가지 측면에서 충분히 의미 있는 결실을 맺었다. 첫째는 지구온난화의 수준을 산업혁명 이전에 비해 '2℃ 이내'로 막겠다고 참가국들이 의견을 모았다는 사실이다. 이 목표를 달성하려면 대기권에 퍼져 있는 온실가스 610억 톤 중 170억 톤을 줄여야 한다. 결국 어느 나라가 얼마큼 줄일지는 별개 문제이지만, 일단 감축 목표량을 구체적으로 정했다는 건 커다란 성과였다. 훗날 '코펜하겐 합의Copenhagen Accord'로 불린 이 규정은 선·후진국 간의 극적 타협으로 "회원국들은 합의한 내용을 '유의한다'"로 낙착됐다. 그러나 이런 애매한 표현과는 무관하게 회원국은 이 회의에서 합의한 원칙을 존중해 2014년 현재 170여 개국이 자발적으로 감축 목표를 신고해왔다. 코펜하겐 기후변화 정상회의를 파국에서 구해낸 반 총장의 진정성이 각국에 온실가스 감축 목표를 스스로 신고하는 긍정적 영향을 미친 것이다.

두 번째로 온실가스를 감축을 위해 미국, 유럽, 일본 등이 2010년부터 3년간 100억 달러씩 지원하기로 합의한 것도 큰 수확이었다. 2013년부터는 그 모금 액수를 대폭 올려 2020년까지 한 해 1,000억 달러씩 조성하기로 했다.

한편 코펜하겐에서 파탄의 위기를 넘긴 유엔의 기후변화 방지 노력은 반 총장의 주도 아래 지속적으로 이어지고 있다. 2010년에는 기후변화 방지 운동에 필요한 재원을 조달하기 위해 고위 자문단을 꾸리고, 모은 자금을 기후변화로 피해를 입는 후진국에 지원했다.

다음 해인 2011년에는 기후변화와 밀접한 에너지 분야의 개혁에 힘을 쏟으며 '모두를 위한 지속 가능한 에너지'라는 이니셔티브initiative를 출범시켰다. 또 기후변화로 수몰 위기에 처한 남태평양의

반 총장의 진정성은 파국으로 치닫던 코펜하겐 기후변화 정상회의에서 의미 있는 결과를 만들어냈다.

섬나라 키리바시Kiribati를 방문하기도 했다. 해발 2미터 높이에 있는 호텔에 투숙한 반 총장은 투숙객에게 지급하는 구명조끼를 받고 큰 충격을 받았다. 주민 모두가 언제 바닷물이 넘쳐들지 모른다는 생존의 두려움 속에 삶을 살고 있다는 사실에 심장이 덜컥 내려앉았다.

기후변화 문제는 병으로 치면 당뇨병 같은 만성 질환이다. 심장마비처럼 당장 죽는 병이 아닌 까닭에 치료에 소홀하기 쉽다. 곳곳에서 인종 학살이나 내전으로 수많은 사람이 죽어가는 지구촌이기에 기후변화 같은 만성적 문제는 자칫하면 관심 밖으로 밀려나기 십상이다. 이런 이유로 반 총장은 기후변화의 심각성을 새삼 일깨우고 대책을 마련하기 위해 동분서주해야 한다. 그리하여 2011년 12월 남아공 더반Durban에서 개최한 제17차 유엔기후변화협약 당사국총회, 2012년 5월 리우+20 정상회의, 2013년 폴란드 바르샤바Warszawa에서 열린 제19차 유엔기후변화협약 당사국총회 등에 빠짐없이 참석하며 작은 진전이라도 얻기 위해 최선을 다하고 있다.

반기문 사무총장에게 2014년과 2015년은 무척 중대한 시기이다. 현재까지 합의된 로드맵에 의하면 2015년 파리에서 열리는 기후변화 정상회의에서 교토의정서를 대체한 국제기후협약을 최종적으로 채택해야 한다. 그리고 이 목표를 이루기 위해서는 한 해 전인 2014년 12월 페루 리마Lima에서 열리는 제20차 유엔기후변화협약 당사국총회에서 구체적 현안을 논의하고 합의를 이루어내야 한다.

이를 위해 반 총장은 2014년 9월 뉴욕 본부에서 또 한번의 기후변화 정상회의를 개최했다. 박근혜 대통령도 참석한 이 회의에서는 정상급인사 120명을 포함하여 업계 대표와 시민단체들이 의기투합하여 인류를 구원하기 위한 효과적인 협약을 만들어 내자는 결의를 다짐했다. 주요국들은 각자 온실가스 감축을 위한 구체적인 계획을 천명하고, 업계는 향후 15년 간 2,000억 달러에 달하는 기금을 모으기로 하였으며, 시민들은 회의에 앞서 대규모 세계시민 가두행진을 벌이며 기후변화 방지에 목소리를 높였다. 회의는 같은 해 페루 리마 회의, 그리고 2015년 파리 회의에서 목표를 달성하기 위한 굳건한 토대를 마련했다는 평가를 받으면 성공리에 마무리되었다.

2014년 4월, 브뤼셀에서 유럽 선진국을 대상으로 한 반 총장 연설을 보면 기후변화 문제에 대해 그가 얼마나 뜨거운 열의를 갖고 있는지 느낄 수 있다.

"유엔의 우리 모두는 기후변화 문제야말로 모든 현안에 걸쳐 있는, 여러 의미를 지닌 도전임을 인식하고 있습니다. 왜 우리가 그렇게 많은 곳에서, 그렇게 많은 방법으로 문제의 심각성을 알릴 뿐 아니라 해결책을 찾기 위해 부단히 노력하는지, 그 이유도 여기에 있습니다. 기후변화 문제야말로 제가 취임한 이래 가장 중요한 사안입니다."

우리 모두가 각자의 일상을 살아가면서 잊고 있는 인류의 미래. 이미 명백하게 나타나기 시작한 위기에서 벗어나기 위해 반 총장은 지금도 치열하게 나아가고 있다.

PART.6

평화를
선점하라

그는 무엇보다 생명을 보호하거나
국제 사회의 도덕적 원칙을 지키기 위해서는 무섭도록 단호했다.
그 결과 때로는
기존의 사고방식을 뛰어넘는 결정을 내리기도 했다.

평화를 위해
포화 속으로

◆

"부우우웅….".

2010년 7월 19일 밤 아프가니스탄의 수도 카불Kabul 인근 상공. 칠흑 같은 어둠 속에 날렵한 동체의 소형 제트기가 카불 국제공항을 향해 황급히 날아가고 있었다. 기체 결함으로 40분가량 출발이 지연되어 예정 도착 시간보다 늦어진 상태였다. 반기문 총장 일행이 탄 조지아Georgia◆ 국적의 비행기는 목적지가 가까워지자 서서히 고도를 낮추었다. 그 순간, 관제탑으로부터 다급한 목소리의 메시지가 날아들었다.

"30분 전 반군의 로켓포 공격이 있어 활주로가 폐쇄되었다! 다른

◆ 소비에트연방을 구성하던 공화국의 하나로, 연방 해체와 함께 독립했다.

곳으로 기수를 돌려라!"

어쩔 수 없이 비행기는 착륙하지 못한 채 4~5차례 상공을 선회해야 했다. 창문으로 내다보이는 공항 상공은 온통 새파랬다. 수많은 서치라이트가 정신없이 밤하늘을 뒤지고 있는 탓이었다. 활주로 곳곳에선 시커먼 연기가 뭉게뭉게 치솟아 오르고 있었다.

원래의 예정대로 도착했으면 어떻게 되었을까. 하마터면 로켓포의 표적이 되었을지도 모르는 반 총장과 일행이었다. 이들은 어쨌거나 살았다는 안도감에 가슴을 쓸어내렸다.

불운으로 보이던 일이 지나고 보면 더없는 행운이었음을 알게 되는 경우가 있다. 이때가 딱 그런 경우였다. 반 총장은 아프가니스탄 전쟁의 해법을 모색하고자 열리는 카불 국제회의에 참석하기 위해 제네바에서 출발했다. 조지아 정부가 제공한 유엔 소속 제트기는 급유를 위해 조지아의 트빌리시Tbilisi 공항에 잠시 기착했다. 그런데 이곳에서 통상적 점검을 하는 과정에서 예기치 않은 이상이 발견되었다. 조종석 앞유리에 작은 균열이 있었던 것이다. "이대로 비행하면 큰 사고로 이어질 수 있다"는 경고를 받았지만 회의는 코앞이고, 해결할 방법은 없었다. 빌민 동동 구드고 있을 때 다행히 사정을 전해 들은 조지아 정부가 전격적으로 같은 모델의 다른 비행기를 내주었다. 덕분에 다시 카불로 출발할 수 있었지만, 이 과정에서 도착 일정은 40분가량 늦어졌다.

어쨌거나 유리에 난 작은 균열 덕분에 참변을 피할 수 있었던 반 총장 일행은 착륙할 곳을 찾아야 했다. 인근 지역을 알아본 끝에 결국 비행기는 카불에서 북쪽으로 60킬로미터 떨어진 바그람Bagram 미공군 기지 비행장에 착륙할 수 있었다. 20일 새벽 1시였다.

활주로 위에는 가지런히 도열한 수십 대의 헬기가 있었다. 너무 갑작스러운 연락을 받아서였을까, 유엔 사무총장이 착륙한다는 타전을 보낸 상태였지만 한참 동안 아무도 나타나지 않았다. 마음을 졸이며 기다린 지 1시간여, 반바지에 티셔츠 차림을 한 미군 병사가 차를 몰고 나타났다. 사정을 전해 들은 미군 측은 곧장 코브라 헬기로 반 총장 일행을 아프가니스탄 하미드 카르자이Hamid Karzai 대통령 별궁으로 데려다주겠다고 나섰다.

"타타타타…"하는 요란한 굉음을 내며 헬기가 하늘로 솟구쳐 올랐다. 그러나 어디서 로켓이 날아올지 모르는 비상 상황이라 모든 불빛을 감춘 채 어두운 밤하늘을 날아야 했다. 이렇게 해서 겨우 카불의 대통령 별궁에 도착한 시각이 새벽 4시 반. 또 한 번 사선死線을 넘는 순간이었다.

대통령 별궁에서 1시간 반 정도 눈을 붙인 반 총장은 예정대로 카르자이 대통령과 조찬 회동을 마치고, 공동으로 카불 국제회의를 주재하는 데 성공했다.

유엔헌장 1조 1항의 내용은 이렇다.

"유엔의 목적은 국제 평화와 안전을 유지하고, 이를 위해 평화에 대한 위협 방지, 제거 그리고 침략 행위 또는 기타 평화 파괴를 진압하기 위한 유효한 집단적 조치를 취하고, 평화 파괴에 이를 우려가 있는 국제적 분쟁이나 사태의 조정·해결을 평화적 수단에 의거해 또한 정의와 국제법의 원칙에 따라 실현하는 것이다.”

　전쟁을 막고 평화를 유지하는 일, 이것은 빈곤 퇴치 및 인권 보호와 함께 유엔이 추구하는 가장 기본적 목표이다. 이 기구의 탄생 자체가 제2차세계대전의 비극을 되풀이하지 말자는 국제 사회의 간절한 염원 속에서 이루어진 것이므로 평화 유지는 유엔의 가장 큰 존재 이유이기도 하다. 역대 모든 유엔 사무총장이 어떤 사안보다 우선적으로 전쟁을 막고 평화를 유지하는 데 전력 투구한 것도 지극히 당연한 일이다.

　유혈 사태를 방지하기 위해 세계 분쟁 지역에 투입되는 평화유지군 규모를 보면 유엔이 이 분야에 얼마나 역점을 두고 있는지 쉽게 알 수 있다. 2013년 12월 현재, 해외에서 활동 중인 유엔 평화유지군과 경찰 병력의 수는 거의 12만 명에 육박한다. 세계 경찰을 자처하며 16만여 명을 파견하고 있는 미군을 제외하면 어느 나라보다 많은 수의 해외 파병을 하고 있는 것이 바로 유엔이다.

　예산 규모에서도 유엔 내 평화유지활동의 막대한 비중을 알 수 있다. 평화유지군 관련 예산을 뺀 2014~2015년도 유엔 전체 예산은 55억 3,000만 달러. 반면 평화유지군 활동 예산은 이보다 40% 이상 많은 78억 3,000만 달러이다.

유엔의 태생적 운명으로 인해 반 총장도 취임 이후 누구 못지않게 평화 유지와 안보 문제에 각별한 노력을 기울여왔다. 분쟁 해결과 평화 정착을 위해서라면 살육 현장이든, 모래바람이 부는 열대 사막이든 어디든 달려가고 있다.

물론 분쟁 지역을 누벼야 하는 평화 만들기 노력은 위험하기 짝이 없는 일이다. 세상에서 가장 불가능한 일들을 헤치워야 하는 유엔 사무총장으로서 심각한 위험을 감수하기도 한다. 실제로 역대 사무총장 중 가장 훌륭한 유엔 수장으로 존경받은 스웨덴 출신의 다그 함마르셀드는 1961년 9월, 콩고 내전을 중재하기 위해 달려가던 중 의문의 비행기 추락 사고로 북北로디지아현재의 잠비아에서 숨지고 말았다. 그럼에도 반 총장을 비롯한 유엔 총장들은 자신이 직접 중재에 나서거나 상황에 따라 특사를 파견해 평화 중재에 심혈을 기울여왔다.

취임 이래 평화 정착을 위한 반 총장의 노력은 크게 전·후반기로 나누어 그 전략을 달리했다.

취임 초기, 반 총장은 외교적 중재를 통해 지구촌의 분쟁을 미리 차단하는 것을 목표로 삼았다. 그간 유엔은 무력 분쟁이 발생한 뒤에야 이를 중재하고 평화유지군을 투입하는 패턴을 반복하고 있었다. 그 때문에 무력 충돌로 확대되기 전에 설득과 중재로 분쟁의 불씨를 사전에 차단하고자 했다.

그러나 이러한 반 총장의 전략은 임기 후반에 접어들면서 사뭇 달라졌다. 전반기가 정성스럽고 끈기 있는 외교관의 모습이었다면, 후반기에 들어서는 때로 거친 대립과 싸움도 마다하지 않는 소신 있는 정치인의 모습을 보여주기 시작한 것이다.

반 총장은 그간의 유엔 평화유지군 활동에 대해 다분히 비판적 시각을 가지고 유엔에 입성한 듯하다. 그가 유엔 평화유지군에 회의적 입장을 취한 것도 무리는 아니었다. 블루 헬멧을 쓴 해외 파병 군인들이 평화 유지는커녕 온갖 말썽을 부리는 사건이 비일비재하게 일어났기 때문이다.

대표적인 것이 유엔군 장병들이 저지르는 매춘, 강간 등 성문제였다. 이 문제가 본격적으로 수면 위로 등장한 것은 1990년대 본격화된 보스니아 코소보 사태 때였다. 평화유지군으로 파견된 유엔군 장병들이 이 지역 매음굴에서 매매춘을 하며 미성년 매춘부와 관계를 맺은 사실이 드러난 것이다. 게다가 일부는 관계 서류 위조에 가담해 매춘을 위해 팔려나가는 여성들의 인신매매까지 도운 것으로 밝혀져 국제 사회에 큰 충격을 주었다.

이런 비리가 드러났음에도 유엔군의 성性 기강 해이는 여전했다. 2002년을 전후해 캄보디아, 서아프리카, 동티모르에서 블루 헬멧에 의한 성폭력과 성매매 사건이 잇달아 발생했다. 인종 말살 차원에서 반군에 의한 대량 강간이 일어난 콩고에서는 이를 막기 위해 파견된 유엔군이 성폭력에 가담하는 어처구니없는 일도 일어났다. 이들 중에는 지급받은 무기를 반군에 팔다 덜미가 잡힌 형편없는 병사도 있었다.

심지어 양민 학살을 자행한 때도 있었다. 2004년 아이티에서는 불법 갱단을 소탕한다며 시테솔레일Cite Soleil이란 빈민촌에 들어가 가택 수색을 하는 과정에서 무차별적으로 총을 난사해 최소 20명이 죽기도 했다.

문제는 기강 해이만이 아니었다. 대규모 병력을 외국에 파견하려면 막대한 비용이 필요한데, 운송 비용부터 각 군인에게 지급하는 장비 구입, 군 시설 건축 등에서 필요한 군비 조달과 지출 과정에서도 적잖은 비리와 부패가 만연했다.

실제로 유엔 특별 조사팀은 2007년 말 콩고와 아이티 등의 평화유지군 관련 조달 사업 등에서 거액의 뇌물을 받거나 부정을 저지른 사례들을 적발해 관련자 10명을 수사 기관에 넘겼다. 당시 유엔 특별 조사팀이 밝혀낸 이들의 횡령 액수는 무려 6억 1,000만 달러에 달했다.

한마디로 유엔 평화유지군은 범죄와 비리의 온상이라는 불명예스러운 이미지가 굳어가고 있었다. 이로 인한 평화유지군에 대한 불만은 코피 아난 총장 시절에 최고조에 달했다. 아난으로부터 바통을 넘겨받은 반기문 총장으로서는 유엔 입성 당시부터 평화유지군 활동에 대해 상당히 비판적 시각을 가질 수밖에 없는 상황이었다.

그래서인지 반 총장은 분쟁 종식과 평화 유지라는 목표에 대해 전임자들과는 상당히 차별화된 노선을 취했다. 바로 외교적 설득과 중재를 통한 평화 정착 전략이었다. 물론 전임자들도 설득과 중재의 역할을 했지만, 반 총장만큼 분쟁 현장을 부지런히 누비며 설득에 설득을 거듭한 유엔 사무총장은 지금까지 없었다.

이는 대화와 타협으로 문제를 해결하는 정통 외교관의 삶을 살아온 그의 인생 역정과 무관하지 않다. 어쨌거나 문제가 악화되기 전에 미리 해결하려는 반 총장의 스타일은 조직 개편에서도 고스란히 드러났다.

유엔의 제1목표, 평화 유지를 담당하는 조직으로는 정무부와 평화유지부를 들 수 있다.

정무부DPA, Department of Polibical Affairs는 일반 국가에서의 외교부처럼 대외 교섭과 정무 기능을 담당하는 곳으로, 정치적 개입과 중재 등을 통해 지역 분쟁을 막는 역할을 한다. 평화 유지를 최우선 목표로 하는 유엔에서 핵심 부서로 통한다.

또 하나의 핵심 부서인 평화유지부DPKO, Department of Peace Keeping Operation는 위기 상황이 생길 때마다 배치한 여러 지역의 평화유지군을 통합·관리한다. 1992년, 냉전 종식으로 전 세계에는 그동안 잠잠하던 인종 간 갈등이 분출하기 시작했다. 자연히 평화유지군에 대한 수요가 급증했고, 이를 관리하기 위해 당시 부트로스갈리 사무총장이 만든 부서였다. 이때부터 2000년대 중반까지 평화유지군은 전 세계의 분쟁 지역으로 파견되며 자랑스러운 유엔의 상징으로 자리매김했다. 반면 고전적인 외교 부서인 정무부는 갈수록 그 위상이 낮아지고 있었다.

정무부의 위축에는 회원국들의 책임도 적지 않았다. 주요 회원국은 유엔이 나서서 평화를 중재하는 것을 곱게 보지 않았다. 특히 미국과 유럽 주요국, 중국 등은 분쟁 지역에 유엔이 개입하는 걸 탐탁지 않게 생각했다. 게다가 평화유지부 출신인 코피 아난 사무총장 역시 정무부의 기능에 회의적이었다.

그동안 주요국과 사무총장의 협공으로 정무부는 사실상 마비 상태였다. 금전적 지원은 물론 인적 지원까지 부족해 직원들은 엄청난 업무량에 허덕이고 있었다. 내부 조사 결과 6명밖에 안 되는 유럽 담당 직원은 2006년 한 해 동안 사무총장 등 유엔 고위 간부를 위해 204건의 서류와 147건의 회의록, 173건의 분석 자료, 54건의 브리핑 자료 등을 만들었으며, 이외에도 무려 1,000건 이상의 각종 서류를 작성했다고 밝혀졌다. 이뿐 아니라 이들은 872회에 걸쳐 각종 회의에도 참석했다. 말 그대로 살인적 업무 강도였다.

자연 반기문 총장이 취임한 2007년 초, 정무부 인원을 늘리고 예산 지원도 강화해야 한다는 목소리가 유엔 내부에서도 커지고 있었다.

무기력해진 정무부를 되살리기 위해 반 총장은 우수한 인물들을 발탁했다. 그리고 유엔 정무부를 한 국가의 외교 담당 부처처럼 운영하도록 지시했다. 이를 위해 정무부 안에 96개의 신설 보직을 추가하자는 제안서를 제출하고, 정무부의 주된 역할에도 변화를 꾀했다. 그가 원하는 정무부 역할을 한마디로 함축하면 다음과 같았다.

"책상이 아닌 현장 중심으로!"

© UN Photo/Eskinder Debebe

분쟁 현장에서는 유엔 사무총장이 움직였다는 사실 자체가 큰 힘을 발휘했다. 그러기에 반 총장은
누구보다 분주하게 분쟁국을 누비며 상황을 중재했다.

정무부 직원은 책상에 앉아 보고서나 쓰지 말고 현장에서 뛰어다녀야 한다는 의미였다. 반 총장은 정무부 직원들이 분쟁 당사자 간의 이해 조정 등 평화 외교를 직접 수행한다면 내전이나 인종 학살 같은 처참한 비극을 사전에 막을 수 있다고 여겼다. 이런 신념은 사실 반 총장 개인의 철학과도 일치하는 것이었다.

그렇기에 반 총장은 어느 누구보다 불철주야 분쟁 지역을 누볐고, 평화 중재를 위한 외교적 타협에 혼신의 노력을 쏟아부었다. 반 총장이 초인적 힘을 발휘하며 유혈 사태가 임박한 일촉즉발의 상황에서 평화를 이끌어낸 사례는 많았다.

가장 대표적인 것이 2012년 11월에 있었던 이스라엘과 팔레스타인 간 무력 충돌 중재이다.

세계의 화약고로 통하는 이 지역은 1948년 이스라엘의 건국 이래 양쪽 간 군사적 공격이 끊이지 않았다. 새롭게 요르단 강 유역을 차지하려는 유대인과 수천 년간 이 땅에서 뿌리박고 살아온 팔레스타인인 간에는 충돌이 일어날 수밖에 없다. 특히 이스라엘에 빼앗긴 땅을 되찾아 독립 국가를 세우려는 무장 투쟁 단체 팔레스타인 해방기구PLO가 발족하면서 보복이 보복을 부르는 피의 악순환이 끊이지 않았다. 거듭된 평화 중재 노력에도 불구하고 이스라엘 우파들의 팔레스타인 지역 내 점령지 확대와 이슬람 무장 단체들의 테러 등 상대를 향한 피의 복수가 이어졌다.

반기문 총장이 유엔에 입성한 2007년 이후에도 이 지역의 상황은 전혀 달라지지 않았다. 그리하여 반 총장은 참담한 유혈 사태를 막기 위해 입에서 단내가 나도록 이스라엘과 팔레스타인을 오가고, 하루에도 몇 번씩 주변 국가들을 드나들며 셔틀 외교를 벌이곤 했다.

이스라엘과 팔레스타인이 전면전 직전까지 치달은 2012년 11월, 늘 그렇듯 이 지역을 불바다로 몰아넣을 뻔한 위기의 시작은 특별하지 않았다. 이스라엘 독립 이래 팔레스타인 측 무장 단체는 일상처럼 유대인이 살고 있는 지역에 공격을 가하고 있었다. 이 무렵 팔레스타인 무장 단체 하마스HAMAS는 하루가 멀다 하고 가자 지구Gaza Strip◆에서 이스라엘 쪽으로 로켓을 쏘아대곤 했다. 하루에 100발 이상을 발사하는 날도 있었다.

죄 없는 민간인 사상자가 끊임없이 발생하는 데 분개한 이스라엘 당국은 결국 2012년 11월 14일 대대적인 소탕 작전에 돌입했다. 이름 하여 '방어 기둥 작전Operation Pillar of Defense'. 하마스 본부와 로켓 발사대는 물론 지하 터널 등 가자 지구 내 1,500여 개의 군사 거점

◆　　팔레스타인 남서부, 이집트와 이스라엘 사이에 위치한 약 362킬로미터에 이르는 지역. 대부분의 주민이 팔레스타인인이며, 이스라엘에 대한 저항 세력인 하마스의 거점이다. 한때 이스라엘이 이 지역을 점령해 자국민을 이주시키기도 했으나, 1993년 이스라엘과 팔레스타인의 합의에 의해 팔레스타인 자치 지구가 되었다. 그러나 여전히 이 지역에 대한 이스라엘의 공격이 계속되고, 무장 단체 하마스의 보복이 이어지면서 수많은 사상자가 발생하고 있다.

을 장악하고 하마스 간부들을 색출해내는 거대한 작전이었다. 이스라엘 측은 14일부터 전투기를 동원해 목표 지점을 폭격하는 등 대대적인 군사 작전에 돌입했다. 이 과정에서 수많은 팔레스타인 양민이 죽거나 크게 다쳤다. 그러던 중 18일, 5명의 어린이를 포함해 일가족 10명이 이스라엘 공습에 숨지는 사건이 일어났다. 당연히 팔레스타인 측의 분노가 하늘을 찔렀다. 하마스도 당하고만 있진 않았다. 하마스는 인접국에서 몰래 들여온 이란제 파지르-5 로켓, 러시아제 그라드Grad 로켓 등을 쏘아대며 맞섰다. 이스라엘 정부에 따르면 14일 시작한 방어 기둥 작전이 끝난 21일까지 8일간 하마스가 발사한 로켓은 모두 1,500여 발에 이르렀다.

이처럼 양측 간 충돌이 격화되자 이스라엘 당국은 팔레스타인에 지상군을 투입해 이 지역을 장악하는 방안까지 고려했다. 이스라엘과 팔레스타인 정규군 간의 전면전이 벌어지는 것은 불을 보듯 뻔했다. 세계의 화약고 중동이 또다시 불타오르는 최악의 위기 상황이 코앞에 와 있었다.

반기문 총장은 만사를 제치고 분쟁 현장으로 날아갔다.

반 총장이 이스라엘-팔레스타인 분쟁을 해결하기 위해 이집트 카이로에 도착한 것은 2012년 11월 20일 오후. 이집트는 대대로 팔레스타인에 큰 영향력을 행사하는 나라이다. 국경을 맞대고 있을 뿐 아니라 이집트를 통해 공식·비공식적으로 많은 물자가 팔레스타인에 반입되고 있기 때문이다. 반 총장은 이날 오후 이집트 외무장관과 만찬을 겸한 휴전 회담을 한 뒤, 다음 날인 21일 무함마드 무르시Muhammad Mursi 이집트 대통령과 본격적인 해결 방안을 논의할 참이었다. 그런데 예기치 않은 일이 일어났다. 20일 밤 무르시 대통령의 여동생이 타계했다는 소식이 날아든 것이다. 반 총장은 신속하게 결단을 내렸다. "대통령 대신 총리를 만나고 이스라엘로 가자."

그리하여 반 총장은 20일 총리와의 회담을 마치고, 서둘러 이스라엘 텔아비브Tel Aviv로 발길을 돌렸다. 잠시도 쉴 겨를이 없었다. 곧바로 아비그도르 리에베르만Avigdor Lieberman 외무장관, 에후드 바라크Ehud Barak 국방장관, 베냐민 네타냐후Benjamin Netanyahu 총리 그리고 시몬 페레스Shimon Peres 대통령까지 이스라엘 측 핵심 인물 전원을 잇따라 만나 평화를 호소했다. 이들이게 던진 반 총장의 메시지는 한결같았다.

"인명 살상을 중단하는 것이 가장 중요합니다. 하마스의 로켓으로 인해 느끼는 이스라엘 측 불안은 충분히 이해합니다. 그러나 민간인이 죽거나 다치는 군사 작전은 곤란합니다."

반 총장의 설득도 효과가 있었시반 그가 이스라엘로 달려갔다는 사실 자체가 큰 힘을 발휘했다. 곧 지상군을 투입하겠다고 했지만 이스라엘 측이 확전을 자제하기 시작한 것이다. 유엔 사무총장의 도덕적 권위가 빛을 발하는 순간이었다. 일촉즉발의 긴장 속에서 최악의 사태를 면한 다음 날 21일, 이번엔 팔레스타인 쪽 양보를 이끌어내기 위해 부지런히 발길을 옮겼다. 이날 일정은 오전 8시 20분부터 시작됐다. 이번 사태에 대한 힐러리 클린턴 미 국무장관과의 양자 회담이었다.

이 자리에서 두 사람은 이번 분쟁을 해결하기 위해서는 이집트 무르시 대통령의 역할이 무엇보다 중요하다는 데 의견을 모으고 그를 어떻게 활용할 것인지 고민했다.

회담이 끝난 뒤 오전 9시쯤 반 총장은 다시 팔레스타인 가자 지구로 이동했다. 그곳에서 팔레스타인 난민을 위해 일하는 유엔 산하 유엔구호청UNRWA을 찾아 현장 상황을 보고받은 후, 팔레스타인의 또 다른 영토인 요르단 강 서안 지역West Bank의 라말라Ramallah로 신속히 이동했다. 라말라는 정부 기관들이 자리 잡고 있는 팔레스타인의 수도이다. 여기서 반 총장은 오전 10시 20분부터 팔레스타인의 살람 파이야드Salam Fayyad 총리를 만나고, 이어 오전 11시에는 마무드 아바스Mahmoud Abbas 정부 수반과 회동했다. 이 자리에서도 무력 사용 자제를 호소해 긍정적 답변을 끌어냈다.

휴전 분위기는 무르익었지만 이것만으로는 불충분했다. 반 총장은 양쪽 모두에게 영향력이 큰 이웃 나라들의 협력을 얻어 휴전 굳히기에 들어가기로 마음먹었다. 특히 여동생의 죽음으로 만나지 못한 이집트 무르시 대통령과의 회담은 반드시 필요했다. 무르시 대통령은 다수의 하마스 지도부와 같은 무슬림형제단◆ 출신이었다. 따

◆　　500만~1000만 명에 이르는 회원으로 구성된 세계에서 가장 크고 가장 오래된 이슬람주의 단체.

라서 무르시 대통령은 거의 유일하게 하마스 쪽과 말이 통하는 인물이었다.

반 총장은 팔레스타인 수도 라말라에서 비행기를 타고 이집트 카이로로 다시 날아갔다. 그리고 공항에서 곧장 대통령 궁으로 이동해 무르시 대통령과의 회담을 시작했다. 이때가 오후 5시. 평화 협정에 어떤 내용을 포함하는 게 좋을지 구체적인 이야기를 나눈 뒤, 반 총장은 다시 이스라엘 영공을 지나 요르단의 압둘라 2세Abdullah II를 만나러 날아갔다. 함께 중동 분쟁 해결을 위한 방안을 상의해보자는 압둘라 2세의 초청이 있었기 때문이다.

숨 가쁘게 돌아가는 일정 속에서 요르단으로 향하던 그에게 고대하던 낭보가 날아들었다. 이스라엘과 팔레스타인 간의 휴전 협정이 타결됐다는 소식이었다. 기쁜 소식을 가지고 참석한 만찬은 오후 8시 40분부터 시작됐다. 고단하고도 긴 하루가 끝날 시간이었지만 반 총장에겐 아직 남은 일이 있었다. 휴전 소식을 뉴욕의 유엔 안보리 이사국들에 브리핑해야 했기 때문이다. 만찬이 끝나자마자 곧바로 다시 텔아비브로 날아간 반 총장은 그곳에서 화상 회의를 통해 그간의 경과 보고를 마쳤다.

이스라엘 예루살렘에서 시작, 팔레스타인 가자·서안 지구를 거쳐 이집트 카이로, 요르단 암만 그리고 이스라엘 텔아비브로 돌아오는 살인적 스케줄이 드디어 막을 내렸다. 하루에 무려 네 나라, 여섯 도시를 주파한 셔틀 외교의 전형이었다.

이 과정에는 기막힌 일도 많았다. 라말라에서 카이로로 이동할 때는 유엔 대표단의 절반만이 제시간에 공항에 도착하기도 했고, 뉴욕으로 돌아갈 때는 텔아비브 공항에서 유엔 특별기가 이륙하려는 순간 뒤늦게 반 총장 일행이 타지 않은 것을 알아차리곤 활주로에 비행기를 세운 뒤 승객을 태우는 촌극이 벌어지기도 했다. 긴박하게 돌아가는 정세에 맞춰 돌발적으로 움직여야 하는 일정 때문에 발생한 실수들이었다.

이 같은 반 총장의 셔틀 외교는 힘들기 짝이 없는 강행군이었다. 하지만 유엔 사무총장이라는 자리가 지닌 상징적 권위, 그 힘으로 인해 그가 움직였다는 사실 하나만으로도 큰 효과를 발휘할 때가 많았다.

가장 창의적인
해법

◆

유엔 전문가에 대한민국 외교장관 출신이라는 경력에도 취임 당시에는 반 총장의 능력에 의심을 품는 이가 적지 않았다. 동서양의 문화적 차이를 이해하지 못하는 서양 사람들의 시각에는 동양 특유의 '겸손'이라는 덕목이 소극적 성격, 혹은 자신감의 결여로까지 보였기 때문에 국제적 분쟁 상황을 감당할 수 있을지에 대한 우려가 컸다. 그러나 이런 분위기 속에서 반 총장은 보란 듯이 어려운 분쟁을 타결로 이끌어내는 수완을 보여주었다. 그간의 사무총장들에겐 없던 매우 기민하고 노련한 모습이었다. 반 총장에게는 주변의 우려 섞인 시각을 불식시킬 그만의 특별한 무기가 있었다.

우선 그의 최대 덕목은 포기하지 않는 성실함이다. 때로 서양 언론들이 그런 모습을 비꼬기도 하지만, 그럴 때조차도 무척이나 겸손하게 처신해왔다. 몸에 밴 겸손하고 낮은 자세로 모든 관련국과 친밀한 관계를 유지했다. 그러다 분쟁 상황이 발생하면 물불 가리지 않고 신속하게 뛰어들었다. 이때 그가 구축해온 친밀한 신뢰는 관련국의 협의를 이끌어내는 큰 무기가 되었고, 놀라운 결과를 가져올 수 있었다. 기회가 있을 때마다 선진국을 맹렬히 비난하고 탓하던 전임자들과는 극명히 대비되는 부분이기도 했다.

이 같은 반 총장의 태도는 성실하고도 겸손한 선비 자세, 그러나 내적으로는 깊은 책임감을 가지고 자신의 의무를 수행하는 아시아적 지도자상과 맥을 같이한다. 실제로 반 총장 스스로 아시아적 가치에 토대를 둔 리더십을 발휘하겠다는 포부를 여러 차례 밝히기도 했다. 그렇다고 반 총장이 늘 조용하고 순리를 따르기만 하는 리더는 아니다. 냉철한 비판 정신을 지닌 그는 무엇보다도 생명을 보호하거나 국제 사회의 도덕적 원칙을 지키기 위해서는 무섭도록 단호했다. 그 결과 때로는 기존의 사고방식을 뛰어넘는 파격적 결정을 내리기도 했다.

2008년, 유럽의 화약고로 불리는 발칸 반도의 코소보가 일방적으로 독립 선언을 하며 일촉즉발의 위기 상황이 불거졌다. 반기문 총장은 코소보 사태 해결을 위해 그동안 보여주지 않은 과감함과 정책적 상상력을 발휘해 세계를 놀라게 했다.

코소보는 동구 공산권 몰락 이후 유고슬라비아에서 떨어져 나온

잔혹한 인종 청소로 가족과 터전을 잃은 코소보 주민들은 인접국으로 도망쳐 난민이 되었다.

세르비아◆ 남쪽의 한 지방으로, 우리나라의 경기도와 비슷한 크기에 200만여 명의 주민이 살고 있었다. 1990년대 코소보의 주민 비율을 살펴보면 이슬람교를 믿는 알바니아계 주민이 90% 이상을 차지하고, 정교를 믿는 세르비아인이 6% 안팎, 나머지는 집시 등 다른 인종이 섞여 있었다.

이런 상황에서 1990년대 코소보 내 알바니아인들이 독립 운동의 불길을 당기기 시작했다. 그러나 코소보 분리 운동에 대한 국제 사회의 반응이 시큰둥하자 그들은 극단적 방법을 택했다. 일부러 세르비아군과 충돌함으로써 국제 사회의 골칫거리로 등장해 관심을 얻으려는 전략이었다. 그리하여 코소보 해방군은 1997년 의도적으로 세르비아군 또는 경찰들과 싸움을 벌이기 시작했다. 예상대로 세르비아군은 무자비하게 알바니아계를 탄압했고, 이 싸움이 갈수록 격화되면서 결국 1998년 내전으로 비화되었다.

코소보 내전은 이 지역 알바니아계에겐 더없이 참혹한 전쟁이었다. 특히 당시 대★세르비아 국가 건설을 꿈꾸던 전 유고연방 대통령 슬로보단 밀로셰비치Slobodan Milošvić의 하수인 격인 세르비아 군부와 민병대는 코소보를 침략해 추악한 인종 청소를 자행했다. 고문과 약탈은 물론 코소보 내 알바이나계 주민을 대량 학살하고 부녀자를 집단 강간하는 등 조직적 인종 청소로 코소보 주민 1만 명이 살해당했고, 86만 명의 난민이 인접국인 마케도니아와 몬테네그로 등으로 도망쳤다.

국제 사회의 여론이 들끓기 시작하자 유엔도 가만히 있을 수 없었다. 하지만 유엔이 움직이려면 안보리 상임이사국의 의결이 필요한데, 세르비아와 같은 슬라브족인 러시아가 유엔의 개입을 받아들일 리 만무했다. 중국 역시 자국 내 티베트족 및 위그루족 같은 소수민족들의 분리 운동을 우려하는 입장에서 코소보의 독립을 지지할 가능성은 극히 희박했다. 안보리 상임이사국에 주어진 거부권이라는 덫에 빠져 유엔이 제구실을 못 하는 상황이 된 것이다.

지지부진한 유엔의 태도를 참다못한 미국과 유럽 주요국은 나토NATO군을 동원해 유엔 안보리의 결의 없이 코소보 내 세르비아군을 표적으로 맹렬한 공습을 퍼부었다. 78일간에 걸쳐 이루어진 무려 3만 8,000회의 공습을 견디다 못한 세르비아군은 결국 코소보에서 퇴각하고 말았다.

살얼음판처럼 위태로운 평화가 가까스로 찾아왔다. 유엔의 역할이 절실한 시점이었다. 그리하여 1999년 6월 유엔 코소보 임시행정청UNMIK United Nations Interim Administration Mission in Kosovo이 안보리 결의 1244호에 의해 창설되었다. 그리고 유엔은 세르비아 정부를 대신해 코소보 지역의 행정과 제도를 조직하고 집행하는 작업을 시작했다.

2006년 코소보 문제 담당 유엔 사무총장 특별대표로 임명된 전 핀란드 대통령 마르티 아티사리Martti Ahtisaari는 코소보를 독립시키는 쪽으로 기본 입장을 정했다. 아티사리는 세르비아와 러시아, 코소보와 서방의 합의를 유도하기 위해 노력했지만 결론은 쉽게 나지 않았다. 세르비아는 코소보를 세르비아 주권하의 자치령으로만 허용하겠다는 입장을 굽히지 않았다. 코소보 역시 완전한 독립 이외에는 받아들일 수 없다고 버텼다. 3개월에 걸친 협상 노력도 실패로 끝나는 듯 보였다.

반 총장은 2007년 1월 취임 직후부터 코소보 문제에 대해 보고를 받았다. 유엔 내부, 특히 서방 국가 출신이 장악한 정무부와 평화유지부는 서방의 입장에 동조하며 코소보의 독립 실현을 지지하고 있었다.

그러나 유엔에 입성한 반 총장은 처음부터 이런 흐름에 의문을 품었다. 세르비아가 저지른 만행은 끔찍했지만, 그래도 주권국인 세르비아의 의견을 무시하고, 더구나 러시아의 반대도 묵살하면서 코소보의 독립을 억지로 추진했다가는 사태가 더욱 복잡해질 거라는 계산이었다. 게다가 양측 간 갈등의 골이 심해진다면 지금까지보다 더 많은 인명 피해가 우려되는 비현실적 방안이었다.

2008년 초, 협상이 오랜 답보 상태에 놓인 상황에서 코소보의 일방적 독립 선언이 임박했다는 보고가 들어왔다. 서방 국가들의 암묵적 지원이 힘을 발휘하고 있었다.

이런 흐름의 한복판에서 뜻하지 않게 반 총장이 제동을 걸고 나섰다. 그는 좀 더 현실적이고 점진적인 방안을 찾아야 한다고 요구했다. 코소보 독립은 역사의 대세이지만 그 과정은 조화롭고 점진적이어야 한다고 생각한 것이다. 이른바 '페이드인, 페이드아웃Fade-in fade-out' 전략을 추구하자고 강조하며 구체적 방안을 연구하기 시작했다.

당시 세르비아는 EU 가입을 통해 선진국으로 도약하려는 목표가 있었다. 반 총장은 이 사실을 이용하자는 아이디어를 제안했다. 세르비아에는 코소보 분리 독립도 매우 민감한 사안이지만, EU 가입은 그보다 훨씬 더 실리적 결실을 안겨주는 선택이었다. 반 총장은 코소보 문제의 타협이 세르비아의 EU 가입에 긍정적 영향을 미칠 것이라는 뉘앙스를 내비치며 세르비아가 스스로 좋은 그림을 만들어내기를 원했다.

그러나 서방 국가들은 코소보가 일단 독립 선언을 하면 많은 회원국이 코소보 독립을 승인할 것이고, 세르비아는 어쩔 수 없이 이를 받아들이는 그림을 예상했다. 그래서 반 총장에게 독립 선언이 나오면 이를 비난하는 발언을 하지 말라고 압박하기까지 했다.

반면 세르비아는 세르비아대로 코소보 독립 승인을 저지하기 위해 외교전을 펼치기 시작했다. 전통적으로 세르비아 편이던 러시아는 코소보가 독립 선언을 한다면 유엔 사무총장이 부효 선언을 해야 한다며 압박하는 등 안보리 내에서도 각국의 이해관계에 따라 의견이 대립하고 있었다.

이런 상황에서 반 총장은 안보리의 분열로 유엔이 마비되어서는 안 된다고 역설하며 만일 폭력 상황이 발생한다면 유엔은 평화와 안전을 보전하는 의무를 다해야 한다고 강조했다. 코소보의 독립과 관련해 유엔은 '지위 중립적status neutral' 입장이며 기본 임무에 충실할 것이라는 원칙을 천명했다.

2008년 2월 17일, 우려한 대로 코소보가 일방적으로 독립을 선포했다. 이에 세르비아 내에서도 소요가 일어났지만, 특히 코소보 독립으로 코소보 정부의 통제를 받게 된 북부 세르비아계 주민이 격렬하게 항의하기 시작했다. 상황이 악화되던 3월 10일, 세르비아 정부가 무너지고 새 정부를 구성하기 위한 선거를 치르게 되었다. 세르비아 내에서는 EU 가입을 위해서는 서유럽과 우호적 관계를 맺어야 한다는 의견이 점점 힘을 얻고 있었다. 코소보를 내주는 한이 있더라도 EU라는 경제 공동체의 멤버가 되어야 한다는 실리적 여론이었다. 하지만 '코소보를 빼앗겨선 안 된다'는 강력한 민족주의가 이에 맞서고 있어 양측의 의견이 격렬하게 충돌했다.

당시 서구 학자들은 곧 있을 선거에서 과격한 민족주의 세력의 승리를 예상했다. 또 코소보 내 세르비아계 주민들이 세르비아 정부와 힘을 합친다면 코소보는 두 동강이 날 수도 있다고 진단했다. 만약 이런 일이 벌어진다면 EU는 세르비아의 가입을 불허해야 한다는 게 전문가들의 의견이었다.

그러나 반 총장의 전망과 전략은 완전히 달랐다.

세르비아 내 온건파의 입지를 강화하려면 EU 가입을 향한 희망의 불씨가 있어야 했다. 그리고 온건파가 집권해야 코소보 문제를 평화적으로 해결할 수 있었다. 이런 전망을 주목한 반 총장은 EU가 세르비아의 가입 협상을 지속해주기를 요청했다. 결국 EU와 세르비아 간 협의가 계속되면서 온건파에 대한 지지는 점점 높아졌다.

마침내 EU 가입을 주장한 민주당이 코소보 독립 반대에 모든 것을 내건 급진당을 근소한 차이로 누르고 선거에서 승리했다. 덕분에 코소보에서도 평화로운 정권 교체가 이루어졌다.

이러한 성공 뒤에는 항상 기존의 상황을 비판적으로 다시 보는 반 총장의 통찰력이 있었다. 잘 알려지지 않은 이야기이지만, 이 과정에서 반 총장은 러시아에도 많은 공을 들였다. 2008년 4월 반 총장은 푸틴 대통령과 드미트리 메드베데프Dmitri Medvedev 총리 그리고 세르게이 라브로프Sergei Lavrov 외교장관을 차례로 만나며 자신의 구상을 설명하며 이들을 설득하기도 했다.

온건파가 집권한 이후 세르비아가 전보다 탄력적인 입장을 취하자 러시아도 사태 해결에 유연한 자세를 보였다. 이에 유엔에서는 "굳이 러시아 사람이 세르비아 사람보다 더 세르비아적일강경할 필요는 없지 않느냐?"는 식의 농담이 돌기도 했다.

결론적으로 코소보 사태는 반 총장이 분석하고 의도한 방식대로 평화적으로 해결된 셈이었다. 덕분에 코소보에서는 평화로운 과정을 거쳐 유엔의 기능을 EU로 인계하게 되었다.

사상 초유의 결단, 유엔의 전쟁

대화와 협상을 중시하는 반 총장의 조용한 외교는 미얀마에 이어 코소보에서도 뛰어난 성과를 이끌어냈다. 그럼에도 일부 언론은 여전히 반 총장의 중립적 태도를 두고 독재자들과 대결을 피하려 한다며 비판을 멈추지 않았다.

그런 비판에 일일이 반박하지 않는 반 총장이었지만, 언론의 비뚤어진 시각을 바로잡을 기회가 찾아왔다. 2010년 11월 코트디부아르 대통령 선거 결과를 둘러싼 위기 상황이었다. 반 총장은 민주주의를 수호하기 위해서는 타협하지 않는다는 원칙, 그 원칙을 지키기 위한 단호하고도 결단력 있는 태도로 항간에 남아 있던 비판적 시각을 종식시켰다.

아프리카 중서부 해안에 위치한 코트디부아르는 1893년 프랑스의 식민지가 되었다. 그 후 아프리카의 많은 나라가 독립을 선포하던 1960년에 정식으로 독립했다. 코트디부아르Cote d'Ivoire라는 이름은 '상아 해안'이라는 의미의 불어로, 영어로는 아이보리코스트Ivory Coast라고 부른다.

많은 신생 독립국이 그러하듯 초대 대통령 펠릭스 우푸에부아니Félix Houphouët-Boigny는 1993년 서거하기까지 33년 동안 코트디부아르를 통치했다. 그의 타계와 함께 민주화의 불씨가 살아났지만, 그간 잠재해 있던 종족 및 종교 갈등도 함께 불거지고 말았다.

코트디부아르 국민은 크게 북쪽에 사는 이슬람계와 남쪽 해안 지역에서 플랜테이션에 종사하는 기독교계로 나뉘어 있었다. 사바나 기후에 척박한 땅인 북쪽 주민이 농업이 발달한 남쪽으로 넘어오면서 인종 갈등이 일어나곤 했다.

2대 대통령 앙리 코낭 베디에Henri Konan Bédié는 정권을 강화하기 위해 기상천외한 편법을 동원했다. 그는 "코트디부아르는 순수 혈통을 지닌 국민이 지배해야 한다"는 희한한 원칙을 세운 뒤 '대통령 후보는 양쪽 부모 모두 이 나라 국적이어야 한다'고 선거법을 수정했다. 이는 북부 이슬람 출신으로 자신의 최대 라이벌인 알라산 우아타라Alassane Ouattara를 선거에 나오지 못하게 하려는 꼼수였다. 우아타라의 어머니가 외국인으로 되어있었기 때문이다.

당연히 남북 간 긴장이 고조되었고, 이런 상황에 불만을 품은 군부가 1999년 쿠데타를 일으켰다. 혼돈 속에서 베디에 대통령은 피신하고, 야권 소수 정당 지도자에 불과하던 로랑 쿠두 그바그보 Laurent Koudou Gbagbo가 정권을 잡았다.

그러나 그바그보 대통령 역시 남북 간의 갈등을 해소하기에는 역부족이었다. 결국 2002년 9월, 그바그보가 이탈리아 방문을 위해 자리를 비운 사이 양쪽 간의 갈등이 폭발해 내전으로 비화하고 말았다. 곧바로 코트디부아르를 식민 지배했던 프랑스가 개입해 휴전이 되긴 했지만 근본 해결책은 아니었다. 반군이 장악한 북쪽 이슬람계 지역과 그바그보 대통령이 통치하는 남쪽 해안가 플랜테이션 지역으로 양분되어 복수가 복수를 낳는 악순환이 이어졌다.

한편 코트디부아르 분쟁에 대해 유엔도 손을 놓고 있었던 것은 아니다. 2002년 프랑스의 중재로 내전이 일단 수습되자 유엔 안보리는 2004년 초 '코트디부아르 유엔 평화유지군UNOCI, The United Nations Operation in Côte d'Ivoire'을 창설했다. 정부군과 반군 간 도발을 저지하고 치안 유지와 민주화를 지원하기 위한 조치였다. UNOCI의 수장으로 아프리카 베냉Benin 출신의 정치인 알베르 테보에드레Albert Tevoedjré와 스웨덴 출신의 피에르 쇼리Pierre Schori 대사를 임명했지만 코트디부아르 당국의 비협조로 큰 성과를 내지 못하고 물러나야 했다.

공석인 UNOCI의 수장 자리를 임명해야 하는데 그 자리를 놓고 적잖은 논란이 벌어졌다. 프랑스를 중심으로 한 서방 국가들은 유럽인이 되길 강력히 희망했다. 그러나 당사국인 코트디부아르는 현지 사정을 잘 아는 아프리카 출신을 원했다. 대놓고 말하진 않았지만 유럽인 수장은 자기주장이 강하고 오만할 거라는 선입견이 컸다. 반면 아프리카 출신은 자신들과 사고방식이 비슷하고, 회유하기 쉬울 거라는 기대도 있었다. 양측의 갈등 사이에서 UNOCI의 수장을 찾아야 하는 반 총장은 고심 끝에 회심의 카드를 내놓았다.

"유럽인도 안 되고, 아프리카인도 어렵다면 아시아 사람은 어떻겠습니까?"

제3의 제안이었다. 타협안을 제시하면서 반 총장은 염두에 둔 인물이 있었다. 바로 반 총장이 유엔 수장으로 취임할 때부터 뉴욕 현지에서 도움을 아끼지 않은 한국인 최영진 전 유엔 대사였다.

최 대사는 반 총장이 믿을 수 있는 수십 년 지기의 후배 외교관이었다. 무엇보다 한국인으로서는 드문 경력을 가진, 여러모로 코트디부아르 특별대표에 적합한 인물이었다. 외교부 내에서 손꼽히는 학구파로 알려진 그는 프랑스 파리 1대학에서 국제관계학으로 석·박사를 받아 영어와 불어에 능통했다. 또 대북 경수로 관련 KEDO 사무차장에 이어 유엔에서 PKO 사무차장보까지 역임해 국제기구에 익숙한 인물 중 한 명이었다. 게다가 반 총장과의 인연도 각별했다. 1980년대 말 워싱턴 주미 대사관에서는 총영사와 참사관으로, 외교부 본부에서는 차관과 정책실장, 그 뒤에는 장관과 차관으로 함께 근무했다. 심지어 반 장관의 사무총장 선거 운동 때에는 주 유엔 대사로 현장 사령관이 되어 당선에 핵심 역할을 했다. 그만큼 믿을 수 있는 인물이기에 코트디부아르 사태에 대해서도 반 총장과 긴밀하게 사정을 논의할 수 있으리라 판단했다. 하지만 그바그보 대통령이 난색을 표했다. "아프리카 물정에 어두운 아시아인이 와서 뭘 할 수 있겠느냐"는 반응이었다. 그러나 반 총장은 물러서지 않았다.

"내가 보증하는 적임자입니다. 맡겨봐주십시오. 최 대사는 능력도 훌륭하지만 나와 평생을 함께한 지기인데, 대통령 뜻을 나에게 직접 전할 수 있는 사람이니 대통령 측에도 큰 도움이 될 겁니다."

이례적일 정도로 강력한 반 총장의 요청에 그바그보 대통령도 결국 최 대표를 받아들이기로 했다. 반 총장은 어려운 임무를 부탁하는 미안함 그리고 임무를 훌륭하게 수행해내리라는 믿음으로 격려하며 그를 UNOCI 수장으로 임명했다.

유엔과 반 총장에게 코트디부아르 사태는 반드시 해결해야 할 중요한 사안이었다. 이번 사안은 코트디부아르의 민주주의 원칙을 수호한다는 의미로 끝나는 일이 아니었다. 잘 해결하지 못하면 아프리카 대륙 전체에 탈법적 방식으로 정권 연장을 꾀하는 행위가 허용된다는 잘못된 선례를 남길 수 있었다. 자칫 '유엔이 개입해도 별 볼일 없다'는 불신감이라도 생기면 주변국은 너나 없이 장기 집권을 노리고 오만 가지 편법을 동원할 판이었다.

이런 중차대한 압박 속에서 최영진 대표는 2007년 10월 코트디부

코트디부아르 민주주의의 성공은 아프리카 대륙에서 큰 의미가 있었다.
그만큼 유엔이 쏟은 관심과 노력도 막대했다.

아르 현지로 부임했다. 이 무렵 이 나라에는 8,200명의 군인을 비롯해 경찰과 민간 요원 등 1만 1,000여 명의 UNOCI가 주둔해 있었다.

반 총장의 전폭적 지지 속에 임명된 최 대표는 신뢰에 부응하기 위해 코트디부아르 정상화 작업에 혼신의 힘을 쏟았다. 그가 초점을 맞춘 것은 민주적 선거였다. 최 대표는 그바그보를 상대로 민주적 선거가 필요하다는 점을 수없이 설득해 결국 10년간이나 미뤄둔 대선을 치르도록 만드는 데 성공했다.

최 대표의 노력으로 이뤄진 대선은 마침내 2010년 11월 28일에 실시되었다. 최대 관심사는 현직 대통령인 그바그보와 이에 맞선 알라산 우아타라 전 총리 간의 대결이었다. 우아타라는 이슬람계가 장악한 북부에 지지 기반을 두고 있었다.

이때까지만 해도 최 대표와 그바그보 대통령은 매우 우호적인 관계였다. 그바그보는 유엔이 대선 결과를 감독할 수 있도록 최 대표를 현장에 초청하기까지 했다. 하지만 둘의 관계는 선거 결과가 나오면서 완전히 뒤집혔다. 선관위는 54.1%를 얻은 우아타라가 45.9%를 득표한 그바그보를 누르고 새 대통령에 당선되었다고 발표했다.

그러자 그바그보의 지지 세력이 장악한 헌법위원회는 선관위 측 발표가 법정 시한을 하루 넘겼으므로 불법이라고 선언하며, 선거 결과는 그바그보의 승리라고 억지를 부렸다. 국가 기관 두 곳이 서로 다른 결과를 공개적으로 주장하고 나선 것이다.

　사태는 선거 6일 후 그바그보와 우아타라가 동시에 각각 취임식을 갖고 서로 합법적인 대통령이 됐다고 주장하는 어이없는 상황으로까지 이어졌다. '한 나라 두 대통령'이라는 희극이 일어난 것이다.

　그바그보 측은 자신의 승리라고 우겨댔지만 유엔이 파악한 진실은 우아타라의 승리였다. 최 대표는 우아타라가 선거에서 승리했으므로 그바그보는 즉각 정권을 넘겨야 한다고 공표했다. 그러자 최 대표에게 호의적이던 그바그보의 태도가 백팔십도 돌변했다.

　"유엔이 사실상 코트디부아르의 대통령을 지명하려 한다. 최 대표는 즉각 떠나라."

　유엔의 공식 발표 후 코트디부아르는 순식간에 무력 충돌의 소용돌이에 빠져들었다. 그바그보를 지지하는 군부 및 부족 세력과 우아타라 측 지지자 사이의 싸움이 총격전으로 확대되기 시작한 것이다.

　케냐 등 주변국이 희생자를 줄이기 위해 중재에 나섰지만 속수무책이었다. 유혈 사태는 갈수록 격화돼 양쪽 무장 세력은 물론 민간인까지 숨지는 일이 빈번했다.

　이뿐 아니었다. 그바그보 측은 유엔 소속 직원과 평화유지군까지 공격하기 시작했다. 최영진 대표의 신변 역시 극도로 위험한 상황이었다. 최 대표가 참모들과 회의하는 도중에 "꽝!" 하는 소리를 내며 총알이 창문을 뚫고 들어와 벽에 박히는 일까지 벌어졌다.

　사태가 이렇게 흘러가자 유엔 측은 사상 초유의 일을 도모했다.

유엔 평화유지군이 주둔 국가의 군대를 공격해 정면 대결을 펼치기로 한 것이다.

평화유지군은 말 그대로 분쟁 지역의 안정을 유지하기 위해 파견된 군대이므로 사전 공격은 절대적 금기 사항이었다. 다만 상대방이 먼저 공격해올 경우 스스로를 지키기 위한 반격은 할 수 있다. 이미 그바그보 쪽에서 UNOCI를 공격했으니 명분은 충분했다. 유엔은 그간의 소극적 자세에서 벗어나 전례 없는 조치를 취했다. 여기에는 사태 해결을 바라는 반 총장의 굳은 결심이 크게 작용했다. 반 총장은 코트디부아르 사태에 대해 공식적으로 선언했다.

"그바그보를 대통령직에 남아 있도록 놔두는 것은 민주주의에 대한 조롱거리가 될 것입니다."

반 총장은 코트디부아르의 치안이 악화하자 이틀에 한 번꼴로 최 대표와 화상 대화를 하며 현지 상황을 주시했다. 눈코 뜰 새 없이 바쁜 유엔 사무총장이 한 지역의 사태에 대해 이렇게 자주 시간을 낸다는 것은 유례가 없는 일이었다. 그리고 반 총장은 최 대표가 건의한 특단의 대책을 수락했다.

"평화유지군의 헬기를 동원해 그바그보 진지를 공격하겠습니다."
"최 대표의 판단이 그렇게 섰다면 소신대로 하세요."

　유엔군은 헬기 두 대를 띄워 그바그보 측 진지를 공격해 항복을 받아내고자 했다. 그런데 계획은 훌륭했지만 막상 실행하려니 난제가 튀어나왔다. 분석 결과 그바그보 측 무장 세력이 여러 곳에 분산해 있어 한꺼번에 제압해야 할 진지가 다섯 곳이나 있는 것 아닌가. 가동할 수 있는 유엔 소속 헬기는 단 두 대. 두 곳을 공격할 경우 나머지 세 곳의 무장 세력이 유엔 직원이나 시민을 상대로 무차별적 보복을 할 가능성이 있었다.

　고민 중인 유엔군에게 낭보가 날아들었다. 프랑스군이 헬기를 지원한 것이었다. 과거 코트디부아르를 식민지로 지배한 프랑스는 자국 군대를 그곳에 주둔시키고 있었다. 반 총장이 직접 나서 당시 니콜라 사르코지Nicolas Sarkozy 대통령을 설득해 프랑스군 헬기를 동원하는 데 성공한 것이었다.

　마침내 공격 D-데이 2011년 4월 10일, 유엔군 소속 러시아제 Mi 24 헬기 두 대와 프랑스군 소속 가젤Gazelle 공격 헬기 여섯 대가 아비장Abidjan의 하늘을 가르며 그바그보 측 진지로 날아갔다. 목표물에 도착한 헬기는 미사일을 발사했다. 공교롭게도 한 진지의 무기 창고가 정통으로 공격받아 "꽝, 꽝, 꽝" 하는 엄청난 굉음을 내며 폭발했다. 시커먼 연기가 하늘로 치솟으면서 화약 냄새가 아비장 전 시가지에 진동할 정도였다.

　공격은 결정적이었다. 엄청난 타격을 입은 그바그보 측 무장 세력은 전의를 잃었다. 그다음 날인 4월 11일, 우아타라 측 군인들은 대통령 궁으로 진입해 그곳에 머물고 있던 그바그보와 가족 그리고 50여 명의 지지자를 체포하는 데 성공했다. 장기간의 내전으로 3,000명 이상의 희생자를 낸 코트디부아르 사태가 대단원의 막을 내리는 순간이었다.

결국 최 대표는 코트디부아르 사태 해결에 큰 역할을 해냈다. 아울러 그 뒤에는 그가 소신껏 일할 수 있도록 지원을 아끼지 않은 반 총장의 숨은 노력이 있었다. 사실 코트디부아르 문제로 인해 최 대표는 유엔 본부의 고위 관계자나 안보리 이사국 대표들과 여러 차례 마찰을 빚었다. 코트디부아르 현지와 화상 회의를 하고 나면 몇몇 안보리 대사는 최 대표의 단호함에 의문을 제기하거나, 상황이 어떻게 전개될지 몰라 불안감을 표시하곤 했다. 그럴 때면 반 총장은 항상 최 대표의 능력과 결단력에 힘을 실어주었다.

"분쟁 지역 사정은 현지의 최 대표가 가장 잘 알 테니 그의 판단을 믿고 맡깁시다."

만약 반 총장의 신뢰와 과감한 결정, 부단한 노력이 없었다면 코트디부아르에서는 시킥도 많은 희생이 이어지고 있을지 모른다. 또 안보리의 입김으로 최 대표가 끝까지 사태를 지휘할 수 없었다면 이곳의 평화는 요원한 일이었을 것이다.

그로부터 한 달 후인 2011년 5월 21일 코트디부아르의 행정 수도 야무수크로Yamoussoukro. 초대 대통령 이름을 딴 펠릭스 우푸에부아니 재단 건물 그랜드홀에서 대선 후 6개월이나 미뤄진 알라산 우아타라 신임 대통령의 취임식이 열렸다. 건물 밖에선 내전 종식의 기쁨과 함께 우아타라의 취임에 들뜬 지지자들이 아프리카 특유의 경쾌한 춤을 추며 열광했다.

이날 취임식에는 아프리카 주변국을 포함, 모두 20명 넘는 국가 정상이 참석했다. 코트디부아르의 안정을 국제 사회가 얼마나 중요하게 여기는지 상징적으로 보여준 장면이었다. 취임식이 시작되고 귀빈들의 소개가 뒤따랐다.

"프랑스 대통령 니콜라 사르코지."

장내를 메운 참석자들은 커다란 환호로 사르코지 대통령을 환영했다. 프랑스 헬기가 그바그보 세력을 물리치는 데 결정적 역할을 한 데 대한 고마움의 표시였다.

곧이어 소개가 이어졌다.

"유엔 사무총장 반기문."
"우와아아아!"

사르코지 대통령 때보다 훨씬 더 큰 함성이 터져나왔다. 반 총장이 손을 흔들자 "반기문, 반기문!" 하며 그의 이름을 힘차게 연호했다. 코트디부아르 국민이 반 총장을 어떻게 생각하는지 고스란히 드러나는 반응이었다.

평화유지군의 적극 선제 공격이라는 유엔 사상 유례없는 모험을 감행하고, 성공한 결과로 서 있는 자리였다. 그렇기에 반 총장으로서는 감개무량할 수밖에 없었다. 유엔 사무총장의 불문율을 깨고 특별히 우아타라 취임식에 참석한 것도 그 때문이었다.

유엔 사무총장은 각국 국가원수 취임식에 자주 초청받지만, 보통 적절한 대표를 보내 참석을 대신한다. 193개국에 달하는 유엔 회원국에 모두 참석하는 것이 불가능하기도 하거니와 어느 한 나라의 취임식에 참석하기 시작하면 어디는 가고 어디는 안 가느냐는 시비거리가 되기 때문이다. 우리나라 박근혜 대통령의 취임식에도 얀 엘리아손Jan Eliasson 부총장이 대신 참석했다. 하지만 이번에는 보좌진의 반대도 물리치고 코트디부아르로 날아갔다. 우아타라 대통령 취임을 축하하는 동시에 그간 여러모로 고생한 최 대표를 격려해주기 위해서였다. 죽음을 무릅쓰고 꿋꿋이 현장을 버티낸 최영진 대표 그리고 그를 전폭적으로 신뢰하며 외부로부터 지켜준 본부의 반 총장. 이 두 한국인이 강힌 의지 딕에 코트디부아르에는 민주주의와 평화가 찾아왔다.

사태 해결 후 코트디부아르에는 '최영진'이란 이름의 아이가 적잖게 생겨났다고 한다. 막 태어난 아이에게 훌륭한 인물의 이름을 붙여주는 아프리카의 관습 때문이다. 같은 이유로 남수단 독립 때는 신생아에게 '반기문'이란 이름이 유행했다.

수많은 평화유지활동 중 코트디부아르 사태 해결은 반 총장의 결단력이 돋보이는 대표적 사례로 통한다. 이 사건 이후 너무 무른 총장이라는 부정적 시각도 모두 사라졌다. 2011년 6월, 예상보다 빨리 반 총장의 재선이 확정된 것은 한 달 전에 진행된 코트디부아르 사태 해결이 깊은 인상을 남겼기 때문이라는 분석이 나올 정도였다.

실제로 반 총장은 첫 임기 동안 세계 인권 단체로부터 집중 포화를 맞았다. 그러나 연임 도전 의사를 밝힐 무렵, 반 총장에 대한 이들의 인식은 확연히 달라졌다. 심지어 그를 혹독하게 비판하던 '휴먼 라이츠 워치Human Rights Watch'◆조차 이렇게 말했다.

"과거 우리는 여러 인권 문제에 대해, 특히 미얀마와 중국 그리고 스리랑카 내의 문제와 관련한 반 총장의 대응 방식을 비판해왔지만, 최근 수개월간에 걸친 그의 긍정적 입장 변화를 인식하고 있다. 그는 최근 코트디부아르, 이집트, 리비아, 시리아 문제와 관련해 훨씬 더 강력하고 공적인 목소리를 내고 있다. 그의 연임이 의심의 여지가 없는 상황에서 우리는 반 총장이 앞으로도 인권 신장에 좀 더 많은 기여를 하기를 희망한다."

◆　미국의 국제 인권 감시 단체. 인권 위반 사례를 조사·문서화하며 전 세계 국가가 '세계인권선언'을 침해하는지 감시한다. 매년 〈월드 리포트〉를 발행해 세계 인권의 현주소를 보고한다.

평화, 그리고
유엔의 딜레마

◆

2010년 12월 17일 오전 11시30분. 북아프리카 튀니지의 수도 튀니스에서 남쪽으로 300km 떨어진 소도시 시디부지드Sidi Bouzid. 도시 가운데에 자리한 시청 앞 도로에서 남루한 차림의 20세 청년이 분노한 목소리로 외쳤다.

"우리보고 어떻게 살아가란 말이냐!!"

그리고 그는 휘발유를 뒤집어쓰더니 곧바로 자신의 몸에 불을 붙였다. 깜짝 놀란 사람들이 달려가 물을 끼얹었지만 불이 순식간에 온몸으로 번지면서 그는 온몸의 90% 이상에 화상을 입었다. 분신자살을 감행한 청년은 당시 26세였던 모하메드 부아지지Mohamed

Bouazizi. 부아지지는 거리에서 과일과 야채를 팔아 부모와 6명의 동생들을 부양하는 노점상이었다. 착실한 청년이던 그에게 불행이 닥친 것은 그날 오전 10시쯤. 시청 소속 단속반이 들이닥쳐 무허가 영업이라며 그의 과일과 저울을 빼앗아갔다. 튀니지에서는 무허가 노점상 영업이 금지였지만 단속반에게 뇌물을 주면 눈감아 주는 일이 다반사였다. 하지만 뇌물을 줄 돈도 없던 부아지지는 속수무책으로 단속을 당한 것이었다. 부패한 단속반은 과일과 저울을 뺏는 것도 모자라 뇌물을 주지 않은 부아지지에 욕설을 퍼붓고 폭행을 가하기도 했다. 모욕과 절망감에 분노한 부아지지가 분신자살이라는 최후의 수단으로 비뚤어진 세상에 항거했던 것이다. 부아지지의 분신은 '아랍의 봄'이라 불리며 온 세상을 뒤흔들었던 역사적인 중동 민주화의 시발점이 되었다.

치명적인 화상을 입은 부아지지는 큰 병원으로 옮겨졌지만 생명이 위독했다. 당시 튀니지는 23년간에 걸친 벤 알리Ben Ali 대통령의 독재 통치 아래에서 신음하고 있었다. 부패하고 무능한 정부 아래 경제는 지지부진했고 실업률은 30%를 넘었다. 아무리 노력해도 제대로 된 일자리 찾기는 불가능했고 부패한 공권력은 국민들의 고혈을 빨아먹는데 혈안이었다. 성난 민심이 언제 터질지 모르는 상황에 부아지지의 억울한 사연이 퍼져나가자 그의 고향인 시디부지드에서 격렬한 반정부 시위가 시작되었고, 시위는 튀니지 전역으로 빠르게 번졌다.

이 와중에 부아지지는 사건 18일 만인 2011년 1월 4일, 병원에서 숨을 거두고 만다. 그의 죽음은 활활 타는 불에 기름을 끼얹는 꼴이었다. 흥분한 시위대는 경찰서를 습격하고 이에 맞선 경찰은 이들을 진압하기 위해 발포하며 사망자가 발생한다. 사태가 심상치 않음을 직감한 벤 알리 정권은 관련자 처벌과 실업대책 마련 등을 통해 민심을 추스르려 했지만 어림도 없었다. 반정부 시위는 날이 갈수록 격화됐고 믿었던 군부마저 등을 돌리자 결국 대통령은 1월 14일 사우디아라비아로 도망치고 만다. 이후 튀니지의 저명한 반정부 인사인 몬세프 마르주키Moncef Marzouki가 정권을 잡고 3년간 통치한다. 민주화 운동에 앞장섰던 덕에 국민적 인기는 높았지만 마르주키 정권 역시 허술한 경제 정책으로 민심을 잃고 결국 2014년 12월 과도 체제는 3년 만에 막을 내렸다. 뒤에 민주적 선거로 베지 카이드 에셉시Beji Caid Essebsi가 대통령에 당선되며 튀니지의 국화 재스민에서 이름을 딴 '재스민 혁명'이 마침내 성공을 이루었다. 그리고 튀니지에서 재스민 혁명으로 빛을 본 민주화 바람은 국경을 넘어 북아프리카와 중동 전역으로 불기 시작했다.

"평화·인보, 개발, 그리고 인권. 이 세 가지를 신장시키는 게 유엔의 목표입니다. 유엔은 이 임무를 성공적으로 수행할 때도 있지만 시리아 위기에서 보듯 실패할 때도 있습니다."

2015년 9월 맨해튼 시내와 이스트리버가 한 눈에 보이는 뉴욕 유엔본부 38층 사무총장실, 갈색 벽에 새겨진 흰색 대형 유엔 로고 앞. 반기문 총장은 영국 가디언과의 유엔 창설 70주년 인터뷰에서 유엔의 현실을 담담하게 털어놨다. "세계 각지에서는 여전히 많은 분쟁이 계속되고 있는데도 유엔은 뒷전으로 밀리는 것 같다"는 날카로운 질문에 유엔도 때로는 임무 완수에 이르지 못한다는 사실을 솔직히 시인한 것이다. 그가 유엔의 한계를 인정하면서 꼽은 대표적 사례가 바로 시리아 사태였다. 발생 5년 만에 22만 명 이상의 희생자와 700만 명이 넘는 난민을 낳고도 여전히 해결될 기미를 보이지 않는 시리아는 반 총장의 아픈 손가락이었다.

무엇이 잘못된 것인가. 시리아 사태는 2010년 12월 튀지니에서 시작된 아랍의 봄과 직접적으로 연관돼 있다. 여러 나라로 빠르게 퍼져나간 민주화 운동은 독재정권을 무너뜨렸고 건강한 민주정권에 대한 희망을 낳았다. 이로 인해 고질적인 중동의 국가 간 분쟁은 저절로 사라지고 이 지역에도 평화가 깃들 거라는 기대도 생겨났다. 하지만 현실은 참혹했다. 장밋빛 꿈은 깨어지고, 독재 정권이 무너진 많은 국가에서 심각한 소요, 심지어 서로 죽고 죽이는 처절한 내전이 일어나 무고한 생명이 수십만 명씩 숨지는 비극이 일어났다. 꽃향기 속에서 자유를 노래했던 아랍의 봄이 살육의 광풍이 휘몰아치는 '아랍의 겨울'로 돌변한 것이었다. 이집트, 리비아 등을 비롯해 4~5개국이 민주화 운동으로 독재정권을 무너뜨렸지만 뒤따라온 엄청난 혼란을 겪어야 했다. 그 중에서도 시리아는 바샤르 알아사드

Bashar al-Assad 독재정권이 위태롭게 버티며 어느 곳보다도 큰 피해와 혼란을 맞아야 했다.

메소포타미아 문명과 이집트 문명의 중간에 위치하여 고대 무역의 중심지가 되었던 시리아. 기원전 4300년 정도에 건설된 수도 다마스쿠스Damascus는 세계에서 가장 오래된 도시 중의 하나이다. 중동의 심장부로 고대 문명을 꽃피웠던 시리아는 고대 로마와 몽골제국, 그리고 오스만투르크 제국의 지배를 받다 1차 대전 후에는 프랑스의 식민지가 되었다. 시리아가 끊임없는 외세의 지배에서 벗어난 건 2차 대전 이후인 1946년. 이후로도 계속된 혼란 끝에 1970년 당시 국방부 장관이던 하피즈 알아사드Hafiz al-Assad 장군이 무혈 쿠데타를 일으켜 집권에 성공한다. 46년간의 세습독재가 시작되는 순간이었다. 집권 다음 해인 1971년 대통령에 취임한 알아사드는 아랍의 단결을 외치면서 친소련, 반反이스라엘 정책을 밀어붙였다. 이와 동시에 철저히 반대파를 탄압해서 대내외적으로 원성을 샀다. 권력에 대한 욕심은 목숨이 다할지라도 끊이지 않는지, 알아사드는 일찍부터 장남 바셀 알아사드를 자신의 후계자로 내정했지만 장남 바셀은 1994년 불의의 교통사고로 숨지고 그의 동생 바샤르 알아사드가 후계자 자리를 이어받는다. 차남 바샤르는 안과를 전공하고, 영국에서 유학까지 마친 의사 지망생이었지만 형의 죽음으로 졸지에 의사에서 정치가로 변신하게 되었다. 당시 시리아 헌법에는 40세 이상의 국민만이 대통령이 될 수 있도록 명시되어 있었지만 아버지 하피즈 알아사드가 2000년 심장마비로 숨지자 차남 바샤르는 합법적인 승계를 위해 헌법을 고쳐 최저연령을 34세로 낮추고 대통령 자리를 이어받는다.

대통령으로 취임한 바샤르 알아사드는 초기에는 유화정책을 펴는 듯 했다. 하지만 불과 1년 남짓 지나 반정부 인사들이 민주선거를 요구하자 아버지처럼 무자비한 독재로 돌아서게 된다.

40년 넘게 독재에 신음하던 시리아에 변화의 바람이 불기 시작한 건 2011년, 튀니지에서 싹을 틔우고 중동 전역으로 퍼져나갔던 아랍의 봄 때문이었다. 튀니지에서 발휘된 민초들의 저력을 목격한 알아사드 정권은 민주화 바람이 시리아에 미칠 것을 우려해 한발 앞서 민주화 조치를 단행하겠다고 발표했다. 하지만 시리아 국민들은 그 정도로 만족하지 못했다. 도화선이 된 것은 평범한 10대들의 낙서였다. 2011년 3월 시리아 남부 다르아시 인근 한 마을에서 십여 명의 학생들이 학교 담장 등에 "사람들은 정권이 몰락하길 원한다"는 낙서를 했다. 그러자 이를 반정부 운동으로 여긴 당국이 낙서를 한 범인을 찾아내 이들을 연행해 간 것이다. 부모들이 "아이들을 돌려보내라"고 시위를 했지만 돌아온 것은 무자비한 탄압뿐. 이에 분노한 주민들이 더욱 격렬하게 항의하면서 반정부 시위가 온 나라로 확산되었다.

오랫동안 쌓였던 국민들의 불만이 한꺼번에 폭발하자 걷잡을 수 없었다. 반정부 시위는 갈수록 격화돼 수도 다마스쿠스에서 수천 명이 참가한 폭력 시위로 이어졌고 군용차가 불타고 진압 병사가 시위대의 인질로 붙잡히기도 했다. 이에 정부군은 시위대를 향해 발포, 수십 명의 민간인 사상자가 발생한다. 흥분한 시위대는 무장하기 시작했고 이들을 지지하는 군인 세력도 생겨났다. 이들 반정부 무장 세력이 시리아 남부를 거점으로 정부군과 치열한 전투를 시작하면서 시리아 민주화 운동은 정부군 대 반정부군 간의 본격적인 내전으로 비화되었다.

반정부 시위에서 촉발된 시리아 내전은 단순한 지역전쟁에 그치지 않았다. 종교 갈등과 중동 내 영향력을 늘이려는 외세의 의도까지 맞물려 그 양상이 여간 복잡하지 않았다. 대를 이어 통치해온 알아사드 정권이 줄기차게 친러 정책을 펼쳐왔으니. 러시아 입장에서 알아사드 정권의 붕괴는 중동 내 최대 우방을 잃는 것을 의미했다. 푸틴 정권이 물심양변으로 알아사드 정권을 지원하는 건 지극히 당연했다. 반면 하마스, 헤즈볼라Hezbollah♦ 등과 같은 이슬람 무장 세력을 지원하며 강력한 반反이스라엘 정책을 펼쳐온 알아사드가 거슬리던 미국으로서는 시리아 내전이야말로 그를 몰아낼 수 있는 절호의 기회였다. 결국 미국은 선량한 국민을 대량 학살하는 알아사드를 살인자로 규정한 뒤 반정부군을 지원하기 시작했다. 오바마 행정부

♦　레바논의 이슬람교 시아파 교전단체이자 정당조직

가 가장 먼저 택한 전략은 반정부군을 훈련시키는 것이었다. 미 중 앙정보국CIA는 터키와 요르단 등지에서 중도성향의 반군 요원을 양성했다. 하지만 이들의 상당수가 미국으로부터 지급받은 무기와 장비를 시리아에 투입되는 즉시 이슬람 테러단체인 이슬람 테러단체ISIL에 넘긴 것으로 밝혀져 나중에 이 전략은 중단되고 만다.

미국의 전략이 본격화 되자 러시아 푸틴 대통령도 가만있지 않았다. 러시아 역시 미국에 맞서 시리아 정부군에게 각종 무기를 공급하는 등 군사지원을 아끼지 않았다. 미국의 지원을 받는 반정부군 대 러시아를 등에 업은 정부군 간의 죽고 죽이는 시리아 내전은 21세기 최대의 희생자를 내고 있다. 그럼에도 세계 평화와 안정을 위해 만들어진 유엔에서는 유감스럽게도 한동안 별다른 해결책을 내지 못했다. 그렇다고 국제 사회를 구성하는 주요 국가와 인권단체, 반기문 총장을 비롯한 유엔 수뇌부가 손을 놓고 있는 것은 아니었다.

유엔은 2011년 시리아 내전 발발 이후 기회마다 시리아 민간인들의 피해를 막기 위한 가능한 한 모든 조치를 시도했다. 하지만 냉전 시대부터 이어져온 고질적인 안보리의 의사결정 시스템이 유엔의 발목을 잡았다. 잘 알려진 대로 안보리에서는 미국·중국·러시아·영국·프랑스 등 5개 상임이사국 중 어느 한 나라라도 거부권을 행사할 경우 어떤 결정도 이뤄지지 않는다. 시리아 사태와 관련된 유엔의 활동이 벽에 부딪혀 별다른 성과를 내지 못한 것도 이 때문이었다.

그렇다고 가만히 있을 수는 없었다. 2011년 8월 3일 유엔 안보리는 "계속 악화되고 있는 시리아 사태를 깊이 우려하고 있으며 수백 명의 민간인이 희생돼 몹시 안타깝다"는 의장 성명을 발표했다. 반기문 총장은 시리아 정부에 대해 매우 강경한 입장이었다. 그는 이날 안보리 의장 성명 발표에 맞춰 알아사드 정권을 강력히 비판하는 성명을 발표한다.

"나는 민간인에 대한 모든 폭력을 즉각 중단하고 인권을 존중하며 이미 발표한 개혁을 실행하도록 알아사드 대통령과 시리아 정권에게 요구한다. … 모든 살인행위는 철저하고 독립적이며 투명하게 조사돼야 하며 책임자는 모두 마땅한 벌을 받아야 한다."

알아사드 정권의 폭력은 중단돼야 한다는 촉구인 동시에 이들에게 책임을 묻겠다는 엄중한 요구였다. 하지만 알아사드 정권과 40년 이상 밀월관계를 맺어온 러시아가 이들에 대한 조사와 처벌을 바랄 리 없었다. 미국에 대해 우호적이지 않은 중국 역시 내심 알아사드 편이었다. 그렇게 그 해 10월 4일 서유럽 국가들이 안보리에 낸 시리아 규탄 결의안은 러시아와 중국의 반대로 채택되지 못했다. 뿐만 아니라 이후 알아사드 정권을 비판할 때도, 심지어 알아사드 대통령을 국제형사재판소에 제소해야 한다는 내용의 안보리 결의안도 예외 없이 러시아, 중국의 반대로 쓰레기통으로 들어가야 했다. 보다 못한 유엔 총회는 그 다음해인 2012년 2월 알아사드 대통령의 하야를 요구하는 결의안을 채택한다. 그때도 역시 유엔의 가장 중요한 기구인 안보리는 러시아와 중국의 거부로 알아사드를 처벌하지 못했다.

유엔의 내부에 정통한 이들은 익히 알듯이 안보리 상임이사국 5개국 중 어느 하나라도 훼방을 놓으면 유엔은 식물기구가 될 수밖에 없다. 창립 때부터 5개국에 주어진 거부권 탓이다. 냉전 이후에는 훨씬 나아졌다고 하지만 동서 갈등이 한창이던 7,80년대에는 분쟁이 일어나도 유엔은 말 그대로 속수무책이었다. 무슨 일을 하려 해도 상대방 진영에서 무조건 반대하고 나섰기 때문이었다. 그러다가 89년 공산권 붕괴 이후에는 상황이 완전히 달라졌다. 서방과 옛 공산주의 국가 간의 화해무드로 전 세계가 합심해 처리하는 일이 잦아졌다. 그러나 화해무드도 러시아의 강력한 민족주의를 표방하고 나선 블라디미르 푸틴이 정권을 잡으면서 금이 가기 시작했다. 유엔 역시 최근 들어 뚜렷해진 신냉전 분위기로 갈수록 제 역할을 하기 어려워졌다. 대표적인 예가 시리아 사태였다. 그런데도 많은 세계 언론은 유엔의 무기력함을 반 총장 탓으로 돌리곤 한다. 안타깝지만 유엔 내부의 사정을 아는 사람이라면 다 알고 있는 속수무책의 속성을 탓할 수밖에.

하지만 모든 역사가 그렇듯, 예기치 못했던 사건으로 상황은 돌변하게 된다. 2013년, 시리아 내전의 흐름을 결정적으로 바꿀만한 중

© UN Photo/Eskinder Debebe

유엔 안보리가 가진 딜레마에도 불구하고 반 총장은 세계 정상을 설득하여 시리아 난민 보호와 지원금 확보를 위해 뛰어다녔다.

대 사건이 터진 것이다. 독가스 살포사건이었다.

　2013년 8월 28일 유럽 출장 중, 차를 타고 이동 중이던 반기문 총장의 핸드폰이 울렸다. 저음의 남자 목소리, 버락 오바마 대통령이었다. 반 총장은 차를 즉각 세웠다. 그리고 오바마 대통령과 시리아의 중대 사안을 놓고 40여 분에 걸쳐 고성이 오가는 격론을 벌였다. 오바마 대통령은 어느 때보다 강력하게 반 총장을 압박했다. "짐을 싸서 내일까지 당장 나오게 하시오." 그는 이 말을 세 번이나 되풀이했다. 시리아에 파견된 유엔 화학무기 조사단을 철수시키라는 얘기였다. 미국이 시리아를 폭격하기 위해선 먼저 유엔조사단을 피신시켜야 했기 때문이다. 하지만 반 총장도 물러서지 않았다. "일단 현지 조사단의 보고를 듣고 나서 결정하자. 그것이 미국 측의 결정에도 정당성을 부여할 것이 아닌가?"하는 논리였다. 오바마가 조사단 철수를 강력히 요구했지만 끝내 반 총장은 철수를 답하지 않았다. 어찌나 격렬하게 다퉜는지 당시 동승했던 대사는 통화 상대가 오바마였다는 것을 믿지 못했다고 한다. 사실 미국은 미국대사, 안보 보좌관, 국무장관이 차례로 반 총장을 압박하고 있었다. 꿈쩍도 않는 반 총장의 반응에 급기야 오마바 대통령까지 설득에 뛰어든 것이었지만 역시 반 총장은 뜻을 굽히지 않았다.

　흔히 서방 언론들은 반 총장을 강대국, 특히 미국의 말이라면 다 들어주는 줏대 없는 인물이라고 묘사한다. 그러나 국제 무대 뒤에서 벌어지는 상황을 들여다보면 결코 그렇지가 않다. 자신의 신념에 대해서는 어느 누가 압박해도 끝까지 버티는 것이 반 총장의 모습이었다. 도대체 반 총장은 어떤 이유로 오바마 대통령과 그토록 험한 설전을 벌였을까. 격돌의 배경이 된 시리아 독가스 살포 사건은 다음과 같이 일어났다.

2013년 8월 19일 하루 일과가 막 시작된 아침 8시. 시리아 북부의 소도시 알레포 시가지에 "꽝"하는 굉음을 내며 장거리 미사일이 떨어졌다. 이전에도 정부군 공격이 심심치 않게 있던 터라 미사일이 떨어진 것은 특별한 일이 아니었지만 이날만 유독 다른 게 있었다.

미사일이 떨어진 곳에서 분홍색 연기가 피어났던 것이다. 얼마 뒤 미사일 추락지점 주변에서 민간인들이 픽픽 쓰러져 나갔다. 부녀자와 어린이들이 많았다. 피해자들은 갑자기 숨이 막히면서 화학물질 염소의 강한 냄새를 맡았다고 했다. 질식해 쓰러진 이들은 모두 알레포대학병원 등으로 옮겨져 응급치료를 받았으나 25명이 숨지는 인명피해가 발생했다. 시리아 당국은 자신들의 소행이 아니라고 주장했다.

전혀 예상하지 못한 독가스 공격에 온 세계는 경악했다. 무차별적으로 인명을 살상하는 화학무기의 잔인함을 모두가 알고 있기 때문이었다. 그러기에 1997년, 비인간적이고 무차별적 화학무기의 사용을 금하는 '화학무기금지협약'이 맺어져 2016년 4월 현재 192개국이 가입돼 있다. 하지만 시리아는 당시 이 협약에 가입돼 있지 않아 마음만 먹으면 얼마든지 화학무기를 제조, 보유할 수 있는 상태였다. 이 때문에 서방에서는 알아사드 정부가 몰래 화학무기를 개발, 다량의 치명적인 독가스를 숨겨놓고 있다고 판단하고 있었다.

미국을 비롯, 많은 서방 정부가 알아사드 정권의 화학무기 사용 가능성을 우려해 독가스를 살포할 경우에 대해 수차례 경고해온 것도 그래서였다. 특히 오바마 대통령은 여러 차례 화학무기 사용은 '레드라인red line', 즉 인내의 한계선을 넘는 행위인 만큼 미국의 군사 개입을 비롯한 중대한 정책변화가 있을 거라고 공언해왔다. 이런 상황에서 민간인을 상대로 한 독가스 사용 가능성이 제기되고, 이 사실이 주요언론을 타고 전해지자 이 분쟁을 보는 시각이 근본적으로 달라져버렸다.

시리아 내 화학무기 사용 가능성이 제기되자 유엔은 어느 정부, 어느 인권단체보다 바쁘게 돌아갔다. 반기문 총장부터 다음날인 20일 오전 9시 긴급 기자회견을 갖고 "시리아 내 화학무기 공격 의혹을 철저히 조사하겠다"고 선언하고 "어느 쪽이, 어떤 상황에서 썼던, 화학무기 사용은 잔혹한 범죄행위"라고 규탄했다.

반 총장의 구상은 유엔 주도하의 조사단을 피해지역에 파견해 정확한 상황을 파악하는 것이었다. 문제의 독가스 공격을 놓고 시리아 알아사드 정권과 반군 측은 서로 상대방의 소행이라고 주장하니 과학적 증거를 토대로 한 조사가 반드시 필요했다. 시리아 사태와 관련된 주요 이해당사국, 즉 미국, 영국, 프랑스와 러시아, 그리고 주변 중동국가 모두 현장 조사의 필요성에 대해서는 원칙적으로 합의했다. 그러나 조사단의 구성과 방법에 대해서는 의견이 크게 갈렸다. 처음 독가스 사용 가능성을 제기한 영국과 프랑스는 25명이 숨진 알레포를 포함해 모든 지역을 샅샅이 조사하도록 하자고 요구했다. 하지만 자신들에게 호의적이지 않은 유엔조사단이 온 나라를 헤집고 다니는 것은 시리아 정부로서는 달갑지 않은 일이었다. 그러니 알아사드 정권을 지지해온 러시아는 조사 대상을 이번에 희생자가 발생한 알레포 일대로 제한해야 한다고 버텼다. 하지만 반 총장은 알레포 일대로 조사를 국한한다는 러시아의 요구는 끝내 받아들이지 않았다. 결국 집요한 설득 끝에 러시아도 반 총장 안을 받아들여 유엔조사단이 출범했다.

어렵게 구성된 유엔조사단의 앞길도 순탄하지 않았다. 무엇보다 시리아가 조사단 입국을 달가워하지 않았다. 수개월에 걸친 승강이 끝에 조사단은 결국 그 해 8월 18일 시리아의 수도 다마스쿠스에 도착한다. 방사능 낙진 등으로 수백 년 이상 사용 흔적이 남는 핵무기와는 달리 화학무기는 시간이 지나면 그 증거가 사라지기에 조사단은 증거 수집에 서둘렀다. 도착 다음날인 19일 희생자 25명을 낸 알레포 시와 그 주변의 칸 알아살 주州, 그리고 사라퀘브 및 셰이크 막수드 등 세 곳에 대한 조사에 착수했다.

천신만고 끝에 조사단이 시리아에 입국했을 때만 해도 만사가 그런대로 순조롭게 돌아가는 것처럼 보였다. 하지만 불과 이틀 후인 8월 21일, 시리아에서 누구도 예상치 못했던 엄청난 일이 일어난다. 독가스 살포를 조사하기 위한 유엔조사단이 파견된 상황에서 또다시, 그것도 이전과는 비교할 수 없는 대규모의 화학무기 공격이 감행됐던 것이다.

두 번째로 독가스가 뿌려진 곳은 다마스쿠스 동쪽의 구타Ghouta 지역. 이번에도 사린sarin가스를 탑재한 미사일이 시가지로 떨어져 무려 1,300명 이상이 숨지고 3,600여 명이 중독되는 참변이 발생했다. 시리아 정부군은 부인했지만 누가 봐도 이들의 소행이 분명했다. 시리아가 오바마 대통령의 경고에도 아랑곳없이, 유엔조사단이 현장검증을 하고 있는 상황에서 또다시 독가스를 썼다는 것은 미국과 국제 사회에 대한 정면 도전이었다.

미국 국내에서는 그간 시리아 사태에 개입을 거부해온 오바마 대통령에 대한 비난이 쏟아졌다. 화학무기를 사용할 경우 중대 결심, 즉 시리아 내전 개입을 하겠다고 여러 차례 공언한 터라 미국 입장에서도 이제 강공책 외에는 대안이 없었다. 미국은 자체 정보기관의 분석으로 구타에서의 두 번째 화학무기 공격 역시 정부군 소행이라는 것을 확인하자 알아사드 정권 축출을 위한 시리아 공습을 감행키로 결정한다. 두 번째 화학무기 살포로 미국의 정책이 불과 며칠 만에 반군 지원에서 공습 단행으로 급변한 것이다. 반면 알아사드 정권을 지지해온 러시아는 시종일관 공격이 정부군의 소행이라는 확실한 증거가 없다며 공습 반대 목소리를 냈다.

어쨌거나 시리아 공습으로 방향을 바꾼 미국은 신속하게 움직였다. 그러나 그 와중에 오바마 정부의 발목을 잡는 게 있었다. 바로 시리아에 들어가 현장 조사를 하고 있던 유엔조사단이다. 이들이 현장에 남아있으면 시리아를 폭격할 수가 없었다. 그리하여 미 외교안보라인의 전면적인 반기문 압박이 시작되었던 것이다. 처음에는 사만다 파워 유엔대사, 수잔 라이스 백악관 국가안보보좌관, 존 케리 국무장관이 계속해서 하루에도 몇 차례씩 전화를 걸어 조사단 철수를 요구했다. 하지만 반 총장은 요지부동이었다. 유엔 안보리 결의로 파견한 조사단의 현장조사가 끝나지도 않은 상황에서 한 회원국, 즉 미국의 자체 판단을 받아들여 다음 단계의 조치를 취하는 것은 옳지 않다는 신념이었다. 반 총장이 꿈쩍도 않자 결국 오바마 대통령이 직접 설득 작업에 나선 것이었다.

미국의 입장은 처음부터 확고했다. 알아사드 정권이 레드라인을 넘은 만큼 즉각적인 응징에 나서겠다는 것이었다. 이런 기조에서 케리 국무장관은 독가스 대량살포 사건 발생 후 5일째인 26일 긴급 회견을 열어 "미국은 시리아 정부군이 화학무기를 썼다는 증거를 갖고 있으며 수일 내에 공개하겠다"고 선언해 공습이 임박했음을 시사했다. 오바마 대통령이 8월 28일 반 총장에 전화를 걸어 윽박지르다시피 했던 건 다음날인 29일이 시리아 정부군에 대한 공습 개

시일이었기 때문이었다.

하지만 시리아 공습 카드를 꺼내 들었던 오바마 정부의 정책에 예기치 않은 돌발변수가 튀어나왔다. 함께 공습에 참여키로 했던 영국이 의회의 반대로 입장을 철회한 것이다. 영국 하원은 29일 캐머런 내각이 낸 시리아 제재안을 반대 285표, 찬성 272표로 부결시켰다. 이렇게 되자 미국 내에서는 "영국이 동참하지 않는데 우리만 나설 필요가 있느냐"는 반대 여론이 거세지며 오바마를 망설이게 했다. 게다가 유엔을 비롯한 국제 사회에서도 무력개입에 대해서는 냉담한 반응이어서 미국의 시리아 공습 전략은 엉거주춤한 채로 계속 미뤄지기만 했다.

지루한 교착 상태에서 벗어날 방안을 제시한 것은 생각하지도 못한 러시아였다. 시리아 공습에 반대해온 러시아는 다각도의 전략을 폈다. 심지어 푸틴 대통령은 〈뉴욕타임즈〉에 자신의 이름으로 '러시아가 신중론을 호소합니다A Plea for Caution From Russia'라는 글을 기고하기도 했다.

이와 함께 러시아는 시리아 내 화학무기를 유엔조사단이 사찰한 후 이를 제3국으로 반출해 폐기하자는 중재안을 냈다. 미국의 공습을 겁낸 시리아도 여기에 맞춰 화학무기금지협정CWC에 즉각 가입한다. 가뜩이나 국내 여론이 공습에 부정적인데다 러시아 측에서 새로운 제안을 내놓자 오바마 정부의 입장도 흔들렸다. 결국 미국과 러시아 외무장관은 9월 12일부터 제네바에서 협상을 시작해 사흘 만에 러시아 측이 제안한 시리아 화학무기 폐기안에 원칙적으로 합의한다. 독가스 사용으로 시작된 시리아 공습 위기가 20여 일만에 수습된 것이다.

반 총장은 그렇게 뚝심으로 무력 충돌의 위기를 막아냈다. 유엔대사에서 대통령에 이르기까지 미국 행정부의 집요하고 총체적인 압력에도 불구하고 끈질기게 미 정부를 설득하며 사태를 중재했다. 또한 유엔조사단의 활동 보장을 지켜낸 것도 큰 성과였다. 이 과정에서 반 총장은 많은 기회를 통해 "평화적인 외교적 방법을 통한 사태 해결"을 강조함으로써 시리아에서 수많은 민간인이 희생되는 비극을 막는 데 큰 기여를 하게 된다.

2013년 독가스 살포로 시작된 미국의 공습 위기는 가까스로 넘겼지만 그렇다고 시리아 내전 상황이 나아진 것은 결코 아니었다. 정부군과 반군 간의 전투가 끊이지 않는 상황 속에서 IS라는 악마가 나타나 무고한 시리아 인들을 도탄에 빠트렸다. IS와 알아사드라는 두 적을 앞에 둔 미국이 누구를 쳐야 할지 우왕좌왕하면서 시리아 내전은 장기화됐고 이에 따른 민간 피해도 말할 수 없을 정도로 커졌다.

IS라는 최악의 이슬람 테러단체가 본격적으로 주목받은 것은 2014년 들어서였다. 1999년 '유일신과 성전JTJ'이라는 이름 아래 결성된 이 조직은 처음에는 9·11 테러를 자행한 알카에다에 충성을 맹세하고 이 단체의 하부조직으로 이라크에서 활동했다. 2004년 이라크에 파견된 김선일 씨를 납치해 참수한 테러단체가 바로 IS의 전신인 JTJ이다. JTJ는 2013년 무렵 내부 권력투쟁 끝에 알카에다에서 떨어져 나와 독자적인 활동을 시작하는데, 특히 인질들을 무자비하게 참수하는 등 극도로 잔인한 행동을 서슴지 않아 무슬림 테러단체들마저 치를 떨었다. IS는 초기 시리아 반군에 섞여 알아사드 축출을 위한 전투에 가담했다. 하지만 시리아 반군과도 노선 갈등을 일으키며 결국 2014년 6월 스스로 이슬람식 제정일치 원칙에 입각한 국가라고 선포한 뒤 자신들이 점령한 지역에서 온갖 악행을 저질렀다.

당초 알아사드 쫓아내기에 힘을 쏟아왔던 오바마 행정부가 IS 소탕으로 방향을 튼 건 2014년 9월이었다. 그 즈음 IS가 미국 인질들을 계속 참수하면서 미국 내에서 "IS를 박멸하라"는 여론이 들끓었기 때문이다. 이에 따라 미군은 IS 근거지에 본격적인 공습을 개시한다. 누가 보더라도 명분 있는 공격이었다. 하지만 미국으로서는 이 때문에 생각하지 못한 역풍을 맞는다. 미국을 비롯한 서방 국가들이 IS 소탕에 매진하는 사이 알아사드 정부군이 대대적인 반격에 나선 것이다. 자칫하면 그간 공을 들였던 알아사드 제거가 물거품이 될 판이었다. 결국 오바마 행정부는 IS 공습 두 달 만에 또다시 알아사드 축출로 재선회할 움직임을 보이며 알아사드와 IS 사이에서 갈팡질팡했다.

이런 혼란 속에 2015년, 돌연 러시아가 IS 소탕을 외치며 시리아 내전에 끼어들자 사태는 더더욱 복잡해진다. IS를 공격한다면서 시리아 반군을 폭격하는 일이 일어났기 때문이다. 전통적으로 시리아 정부와 가까웠던 러시아가 알아사드 정권을 측면 지원하는 전략이었던 셈이다. 이렇듯 알아사드 정부군과 반군, 그리고 IS가 서로 싸우는 상황 아래 미국과 러시아까지 개입하면서 시리아 내전은 발발 7년째로 접어든 현재에도 수그러들 기미를 보이지 않는다. 그렇게 내전으로 평화롭고 아름답던 시리아의 수도 다마스쿠스를 비롯해 유네스코 문화유산으로 등재돼 있는 팔미라, 알레포 등이 무참하게 파괴됐다.

인명 피해는 이루 말할 수 없을 정도다. 2016년 7월 현재, 전쟁의 포화에 목숨을 잃은 숫자만 40만 명 이상이고 부상자는 100만 명 이상이다. 뿐만 아니라 480만 명의 난민이 해외로 탈출해 레바논, 요르단, 터키 등 인근 국가의 난민 캠프에서 비참한 생활을 하거나 유럽을 향해 목숨 건 탈출을 한다. 시리아 내에서 터전을 잃고 떠돌고 있는 난민도 870만 명에 달한다. 특히 국경을 넘어 탈출한 많은 난민이 유럽으로 가려고 밀항을 하면서 매년 수천 명이 바다에 빠져 익사하고 있다.

이 끔찍하고도 지난한 전쟁을 보며 반 총장도 가만히 있을 수는 없었다. 무서운 분쟁에 휘말려 지옥 같은 나락에 떨어진 무고한 양민들을 보호하고 이들에게 필요한 거처와 물자를 공급해주기 위해 반 총장은 온 세상을 뛰어 다녔다.

그가 선택한 방안은 두 갈래였다. 전쟁을 끝내기 위한 평화 협상 마련이 첫 번째, 그 다음은 사방으로 흩어진 난민의 구호였다. 우선 반 총장은 시리아 내전이 격화되자마자 평화적 해결 방안을 모색했다. 반 총장은 분쟁 당사자인 알아사드 정권과 반군 측 대표들이 협상을 통해 싸움을 끝내는 게 최선이라고 믿었다. 이를 위해 2012년 2월 바로 전임 유엔 사무총장인 코피 아난을 시리아 담당 특사로 임명해 평화를 중재토록 한다. 이전에도 아랍연맹Arab League, 러시아 등이 중재를 시도했으나 매번 실패할 정도로 평화 협상은 간단한 문제가 아니었다. 그럼에도 아난 특사는 전직 유엔 사무총장의 외교력을 발휘해 2012년 6월 미국·러시아·영국 등 주요 강대국 외교 수장들이 참여하는 시리아 평화 협상 개최에 성공한다. 이 회의는 스위스 제네바에서 열려 이후 국제 사회에서는 '제네바 I'이라고도 불린다. 격론 끝에 이뤄진 최종 합의의 골자는 실질적인 통치능력을 가진 과도 정부를 구성하는 것이었다. 현 시리아 집권세력과 반군 측을 아우르는 중도적 과도 정부를 꾸린 뒤 민주적 절차를 통해 정식 정부를 출범시키자는 것이었다. 아이디어는 썩 훌륭했지만 알아사드 대통령의 처리 문제가 협상의 발목을 잡았다. 알아사드를 제거하려는 미국과 그의 권좌를 보호해주려는 러시아 간의 반목이 타결을 막고 있었다. 미국은 축출대상인 알아사드가 과도 정부에 참여해서는 안 된다고 주장한 반면, 러시아는 현실적으로 권력을 잡고 있는 그가 이 조직에서 활동하는 것을 허용해야 정권이양이 가능하다고 반박했다.

결국 제네바 I은 '과도 정부를 꾸린다'는 원칙에만 합의한 채 목표로 했던 분쟁 종식은 이뤄내지 못하고 끝나버린다. 반 총장의 지지아래 평화 회담을 주도했던 아난 특사는 가시적 성과 도출에 실패한데 대한 책임감 때문인지, 2012년 8월말 사임한다. 어쨌거나 제네바 I의 실패로 소모전 양상으로 접어든 시리아 내전은 계속해서 무고한희생자만 양산하면서 지루하게 이어졌다.

첫 번째 시도는 실패했지만 그 이후에도 분쟁 종식의 노력은 이어졌다. 반 총장은 아난 특사가 사임한 뒤 2012년 9월 아랍 지역의베테랑 외교관인 라크다르 브라히미Lakhdar Brahimi 전 알제리 외무장관을 새로운 시리아 특사로 임명하고 또다시 평화적 해결을 모색했다. 그 결과 2014년 2월에는 반기문 총장의 주도로 39개국과 4개국제단체 대표가 참여하는 '제네바 II' 평화회의가 또다시 제네바에서 열렸다. 하지만 이 역시 알아사드 대통령의 퇴진에 대한 이견으로 좌초하고 만다. 그 결과 브라히미 특사도 2014년 5월 사퇴하고, 4개월 뒤 그 후임으로 이탈리아 외교관 출신인 유엔 간부 스테판 데미스투라Staffan de Mistura가 임명됐다. 시리아 평화 협상은 특사 개인의역량과 무관하게 너무나 어려운 과정이었다. 2016년 1월말에 열린'제네바 III'는 더 실망스러웠다. 회의 첫날부터 시리아 정부와 반군대표가 같은 회의실에 앉기를 거부해 변변한 논의조차 못한 채 5일만에 무산된다. 유엔과 반 총장이 평화적 해결을 위해 그토록 에너지를 쏟아부었지만 시리아 사태는 21세기 최악의 분쟁으로 기록되

© UN Photo/Jean-Marc Ferré

반 총장은 시리아 내전의 평화 협상을 위해 코피 아난 전 사무총장을 특사로 임명했다.

며 날이 갈수록 더 많은 희생자와 난민, 그리고 처참한 문명파괴를 양산하고 있다.

비록 결정적 성과를 내거나 돌파구를 마련하지는 못했기에 드러나지 못했지만 반기문 총장은 끈질긴 평화적 해결 노력을 강구했다. 무고한 민간인 피해를 최소화하고 전 세계로 흩어진 난민에 대한 국제 사회의 관심을 위해 동분서주하며 최선을 다해왔다. 대표적인 두 가지 노력은 유엔 주도의 국제회의를 열어 각국으로부터 지원금을 모금하여 난민 구호에 쓰도록 하는 것, 그리고 또 갈 곳 없는 시리아 난민을 받아주도록 전 세계 정상을 설득하는 것이었다.

유엔이 마련한 국제 모임은 '시리아를 위한 인도적 지원 국제회의International Humanitarian Pledging Conference for Syria'가 대표적이다. 2013년부터 2015년까지의 1~3차 회의는 유엔과 쿠웨이트 정부 공동 주최로 쿠웨이트시티에서, 2016년 4차 회의는 영국 런던에서 열렸다. 이 회의는 첫해에는 40여 국 대표가 참석했으나 시리아 사태가 갈수록 심각해지자 4차 런던 회의에는 70여 개국에서 대표단을 보냈다. 반 총장은 이 자리에서 주요 관계국들의 관심과 지원을 강력하게 촉구한다 2016년 1월 4차 런던 회의에서 그는 이렇게 호소했다.

"저는 유엔 안보리와 시리아를 위한 국제지원그룹이 분쟁 당사자들로 하여금 시리아의 미래를 위해 서로 진지하게 협상하도록 압력을 가해줄 것을 촉구합니다. 최근의 정치적 상황으로 수백만 시리아인들의 고통을 덜어주기 위한 노력을 더욱 더 긴박하게 기울여야 할 필요성이 커졌습니다. 엄청난 인도주의적 지원의 수요를 충족시키려면 올해에는 지난해의 두 배가량인 최소 70억 달러가 필요합니다. 몇몇 국가의 후한 지원에도 불구하고 전체적으로 필요한 자금에는 훨씬 부족합니다."

결국 반 총장은 상당한 지원금을 확보하는 데 성공했다. 유엔의 간곡한 호소가 효과를 발휘해 2013년 1차 회의 때 15억 달러에 그쳤던 국제 사회의 지원금은 해가 갈수록 늘어나 2014년 24억 달러, 2015년 38억 달러, 그리고 2016년 런던 회의 때는 100억 달러로 확충됐다.

각국이 시리아 난민을 받아주도록 설득하기 위한 스케줄도 살인적이었다. 반 총장은 2016년 6월, 그리스의 알렉시스 치프라스Alexis Tsipras 총리를 만나 "필사적으로 탈출하려는 시리아 난민들을 관대히 받아들여줘 감사하다"고 치하한 뒤 앞으로도 인도적 차원에서 난민을 대해줄 것을 부탁했다. 그리고는 시리아 난민들이 유럽으로 탈출하는 통로 중 하나인 에게해의 레스보스 섬을 방문, 난민 캠프를 둘러보기도 했다. 레스보스 섬은 2015년에만 50만 명의 시리아 난민이 도착한 곳이다. 반 총장은 시리아 난민들이 많은 인근 중동 국가와 유럽은 물론 멀리는 남미 아르헨티나까지 각국 정부에 날아가 이들을 너그러이 수용해줄 것을 호소했다. 아르헨티나는 반 총장의 헌신적인 노력에 감복하여 2016년 8월 3천 명의 난민을 받아들이기로 결정했다.

어쨌거나 난민 보호에 유엔이 아무리 매달린들, 시리아 내전이 끝나지 않는 한 비극은 계속될 수밖에 없다. 이런 참상이 좀처럼 끝나지 않는 이유는 강대국, 즉 미국과 러시아 간의 반목이 결정적이다. 만약 두 나라가 자국 이기주의에서 벗어나 대국적으로 합심해 시리아 내전을 끝내려 했다면 진작 비극은 없었을 것이다. 하지만 미국은 알아사드 축출에, 러시아는 그의 보호에 힘을 쓰는 바람에 전쟁은 끝없이 길어졌고, 민간인 피해는 막대해졌다.

유엔 창설 70주년을 맞아 가디언과 가졌던 반 총장의 인터뷰에서도 이에 대한 이야기가 나온다.

"우리에겐 특히 안보리 상임이사국 간의 결속과 통일된 목표의 추구가 필요합니다. 안보리 이사국 간에 의견이 갈리면 유엔이 평화·안전의 증진과 인권 향상을 이루는 게 지극히 어려워집니다. 안보리 이사국들이 의견을 같이하면 시리아 화학무기 사례에서 보듯 문제들을 해결하는 데 매우 신속하고 거대한 영향력을 지니게 됩니다."

안보리 이사국이 서로 다투면서 거부권을 행사하면 아무리 유엔 총장이 바쁘게 뛰어다녀도 '식물 유엔'이 될 수밖에 없음을 완곡하게 표현한 것이다. 이 같은 유엔의 구조적 모순을 어떻게 해결해야

할까. 이는 사무총장 개인이 아닌 유엔 회원국 전체가 풀어야 할 국
제 사회의 중대한 과제일 수밖에 없다.

PART.7

영혼을
움직이는
원칙주의자

Secretary of General Ban Ki-moon

“나는 '무방비 상태에 있는 이들의 보호자,
목소리 없는 사람들의 목소리'가 되겠다.”

약자의 목소리와
강자의 힘으로

"애들아, 이 사무총장 할아버지는 너희보다 훨씬 나쁜 환경에서 공부했단다. 전쟁 때문에 학교가 모두 부서져 나무 밑에 앉아서 수업을 했지. 내가 태어난 나라도 옛날엔 아주 가난했어. 책을 만들 종이와 기계가 없어 유네스코에서 만들어준 교과서로 공부했어. 그래서 책 뒷면에 유네스코에서 만들어줬다는 글이 적혀 있었지. 그렇지만 열심히 공부해서 지금 이렇게 유엔 사무총장이 되었단다."

2008년 4월, 열대 지방 특유의 녹음이 짙게 우거진 아프리카 최빈국 부르키나파소의 수도 와가두구Ouagadougou. 반기문 총장은 도시 외곽에 흙벽으로 세운 마네그다 초등학교의 한 교실을 찾았다. 그리고 초롱초롱한 눈빛의 어린 학생들에게 교육을 받는 것, 배운다는 것이 얼마나 중요한지 친절하게 설명하고 있었다.

한 소녀가 손을 들었다.

"그럼 여자도 유엔 사무총장이 될 수 있을까요?"
"물론이지. 내가 그만두면 다음 총장은 여자가 될 수도 있을 거야."

이날 교실에 있는 사람들은 학생들뿐이 아니었다. 반 총장을 수행하는 유엔 직원들과 부르키나파소 정부의 고위 직원들이 함께 자리를 채우고 있었다. 이들 역시 교과서를 만들 수 없을 정도로 열악하던 나라, 지금의 자기들보다 더 어려운 환경에서 자라 유엔의 최고위직까지 오른 반 총장의 이야기에 놀라는 표정이었다. 나라가 발전하는 힘은 '교육'이라는 메시지가 뭉클한 감동과 함께 전해졌다. 스스로 궁핍한 삶에서 피어나 꽃이 된 반 총장의 이야기는 어느 누구의 강연보다도 호소력 있게 다가갔다.

'가난을 이기기 위해서는 열심히 공부해야 한다'는 너무도 명백하고 단순한 진리. 이 진리를 전 세계에 전파하는 데 반 총장만큼 적합한 인물이 또 있을까. 이 쉽고도 분명한 명제를 온 세상에 가장 잘 증명해 보인 나라가 한국이라는 데는 누구도 이견을 달지 않는다. 그리고 가난한 나라의 넉넉하지 않은 집안에서 태어나 열심히 공부한 끝에 '세계의 대통령'이라는 유엔 최고위직까지 오른 입지전적 인물, 반기문.

스스로 교육의 위대한 힘을 증명해 보인 반 총장은 세계를 돌며 빈곤을 해결하기 위한 교육의 중요성을 역설해왔다. 이럴 때마다 자주 등장하는 이야기가 "유네스코가 만들어준 교과서로 공부했다"는 반 총장의 일화이다.

반 총장의 일화를 알게 된 유네스코 한국위원회 측은 매우 뿌듯해했다. 유네스코의 활약과 기여를 유엔 수장이 자랑스럽게 알려주고 있으니 고맙기 짝이 없는 일이었다. 그리하여 유네스코 한국위원회는 감사의 뜻으로 반 총장을 기쁘게 할 아이디어를 냈다. 헌책방을 모두 뒤져 1968년의 수학 교과서와 과학 교과서를 찾아낸 뒤 2012년 8월, 한국을 방문한 반 총장에게 선물한 것이다. 자신이 어릴 때 공부한 유네스코의 지원으로 만든 교과서들이었다. 생각지도 못한 선물을 받은 반 총장은 사람들 앞에서 교과서를 펴 보이며 크게 기뻐했다.

두 달 뒤, 반 총장은 프랑스 파리에 위치한 유네스코 본부를 방문한 자리에서 자신이 선물 받은 두 권 중 한 권을 기증해 현재 과학 교과서 한 권이 파리에 보관되어 있다. 나머지 수학 교과서는 뉴욕 총장 관저에 있다.

'평화, 개발, 인권'.

잘 알려진 유엔의 3대 목표이다. 제2차세계대전의 참화 속에서 탄생한 유엔은 전쟁 방지와 평화 유지를 최우선 목표로 움직인다. 그러나 이 목표를 달성하기 위해서는 먼저 모든 인간이 기본 생활을 유지할 정도의 경제·사회적 여건을 마련해야 한다. 더불어 인간의 존엄성을 유지할 가치관과 법체계 역시 정립해야 한다. 유엔이 평화와 함께 개발과 인권에 역점을 두는 이유이다.

이 중 개발 문제는 '전쟁과 평화' 문제만큼 시급하지 않은 것처럼 보일 수 있다. 그러나 장기적으로 보면 이것만큼 노력한 효과가 뚜렷하게 드러나는 분야도 없다. 바꾸어 생각하면 경제개발을 위한 실질적 투자가 없다면 빈국이 잘살게 될 가능성은 아예 없다는 얘기이기도 하다. 아프리카 국가를 비롯해 외부의 개발 전략과 지원에 크게 의존하는 빈국들이 유엔의 지원에 목을 맬 수밖에 없는 이유가 여기에 있다. 그러다 보니 아프리카 제국에서 유엔의 영향력과 그들에 대한 존경은 우리의 상상을 초월한다.

냉전 종식 이후 강대국 간 전쟁의 위험성이 줄어들면서 빈곤 퇴치, 경제개발, 지속 가능한 성장 등 안보와는 관련 없는 사안이 갈수록 지구촌 관심사로 떠오르기 시작했다.

유엔 역시 이 같은 국제적 추세에서 자유로울 수 없었다. 그리하여 2000년 9월 8일, 뉴욕 유엔 본부에서 역사에 길이 남을 '새천년 정상회의The Millennium Summit'를 개최했다. 빌 클린턴 미국 대통령, 블라디미르 푸틴 러시아 대통령, 장쩌민 중국 국가수석 등 149개국 정상과 40여 개국 최고위급 인사들은 눈코 뜰 새 없이 바쁜 일정에도 불구하고 유엔 본부 총회장으로 모여들었다. 그때까지 이렇게 많은 국가 정상이 한자리에 모인 적은 없었다.

코피 아난 총장 주도로 개최한 이 회의의 목표는 자못 거창했다. 21세기를 맞아 좀 더 나은 새천년을 준비하자는 것이었다. 참석자들은 인류의 삶을 발전시킬 수 있는 방안에 대해 사흘간 진지하게 논의한 끝에 안보와 군비 감축·비무장, 환경보호, 유엔 역할 등 각종 현안을 망라한 '새천년선언문The Millennium Declaration'을 채택했다.

이 선언문은 많은 영역을 다루고 있지만 가장 크게 주목받은 분야는 단연 '빈곤 퇴치와 경제개발'이었다. 특히 새천년선언문은 선언적 의미에서 끝나던 기존 문서와 달리 특정 시점까지 달성해야 할 구체적 목표치를 제시했다는 점에서 더욱 의미가 있었다. 이 선언문을 토대로 만든 것이 바로 '새천년개발목표MDG'이다. 2015년까지 달성해야 할 MDG의 목표는 다음 여덟 가지이다.

① 하루 소득 1달러 미만의 절대 빈곤 인구를 절반으로 축소

② 보편적 초등교육을 인류 모두에게 제공

③ 양성 평등 차원에서 모든 교육의 남녀 차별 철폐

④ 5세 이하 유아 사망률 3분의 2 축소

⑤ 산모 사망률 4분의 3 축소

⑥ AIDS와 말라리아 확산 저지

⑦ 깨끗한 물과 환경을 누릴 수 없는 인구를 절반으로 축소

⑧ MDG 달성을 위한 글로벌 파트너십 구축

유엔이 출범한 이후 반 총장을 제외한 사무총장은 지금까지 모두 7명. 이들은 출신 배경과 성격 그리고 개인적 신념에 따라 역점 사

업 분야가 달랐다. 비행기 추락 사고로 숨진 스웨덴 출신의 제2대 다그 함마르셀드 총장은 수에즈 운하 분쟁과 헝가리 혁명 수습에 큰 공을 세우는 등 평화 문제에 힘을 쏟았다.

이집트 출신으로 유일하게 연임에 실패한 제6대 부트로스 부트로스갈리 총장은 미국과의 수많은 충돌을 감수하면서도 공정하고 정의로운 세계 질서를 위해 노력했다. 제7대 코피 아난 총장은 아프리카의 빈국 가나 출신답게 빈곤 타파와 후진국 경제개발 문제에 각별한 관심을 쏟았다. 아난 총장이 후진국 개발에 초점을 둔 MDG를 만든 것은 어쩌면 당연한 결과였다.

15년의 장기 계획인 MDG는 아난 총장의 작품이긴 했지만, 이 목표를 실제로 이뤄내는 것은 사실상 반 총장의 역할이었다. 2007년 취임해 2011년 재선에 성공한 반 총장의 임기는 2016년 말까지. 좋든 싫든 MDG의 성적표는 결국 반 총장의 업적 또는 실패로 기록될 운명이었다.

또 하나, 반 총장이 이 사업에 특별한 관심을 쏟아야 하는 이유가 있었다. MDG를 창안한 사람은 아프리카 출신이고, 이를 실행해야 할 후임자는 아시아인. 이것이 반 총장에게는 적지 않은 부담이었다. 반 총장의 실적이 코피 아난보다 뒤지거나 추진력이 부족해 보이면 아시아인이라 열성이 떨어진다는 비판이 쏟아질 게 분명했다.

그러나 모든 일에는 빛과 그림자가 있는 법. 비록 아프리카 출신은 아니지만 반 총장에게는 어떤 진임지보다 빈곤 문제를 잘 풀어나갈 수 있는 장점이 있었다. 우선 한국 출신 총장이란 점이 후진국의 경제개발 문제를 다룰 때 큰 밑천이 되었다. 한국은 높은 교육열을 바탕으로 한 세대 동안 최빈국에서 선진국 문턱까지 도약한, 세계사에서 전무후무한 나라이다. 일본과 싱가포르 등 아시아에서도 열강들과 어깨를 나란히 하며 선진국에 진입한 나라가 있지만, 이들은 근 100년간의 오랜 세월에 걸쳐 발전한 케이스이다. 하지만 한국은 반세기도 안 되는 짧은 시간에 급격한 경제 발전을 이룩했다.

어린 시절 지독한 가난을 겪은 세대가 자신이 살아 있는 동안 선진국으로 진입하는 과정을 목격하는 놀라운 일이 가능했던 것도 기적처럼 이뤄낸 압축 성장 덕분이었다. 이는 가히 '한강의 기적'이라고 부를 만한 세계적 사건이었다. 게다가 한국은 아프리카와 동남아 일대에서 크게 주목받는 새마을운동의 탄생지이기도도 했다. 이런저런 이유로 경제개발을 꿈꾸는 후진국 사이에서 한국은 단연 목표로 삼고 배워야 할 모범 국가로 인정받고 있다.

그러니 한국에서 배출한 반 총장이 빈곤 극복의 중요성과 그 방법을 역설할 때면 후진국 지도자들이 귀를 쫑긋하고 듣는 것이 당연했다. 보통 아프리카와 아시아를 식민지로 삼고 수탈을 일삼은 서구 선진국 출신 인사들이 환경보호나 경제 발전을 이야기할 때면 후진국 사람들로부터 빈축을 사기 마련이다. "자기들은 산업혁명 때부터 지금까지 실컷 자연을 망가뜨리고, 온갖 수탈을 통해 이익을 축적하더니 후진국들이 이제야 개발에 나서려고 하니 환경을 보호하라고 한다"는 식이다. 또 못사는 나라 출신의 유엔 총장이 경제 발전을 강조하면 "너희 나라나 잘해라"는 비아냥이 날아오기도 한다. 충분히 이해할 수 있는 반응이다.

그러나 기적 같은 경제성장을 이뤄낸 한국 출신인 반 총장이 입을 열면 무게가 실렸다. 선진국처럼 다른 나라를 수탈한 역사도 없고, 자원도 없이 사람의 힘만으로 급속한 발전을 이뤄낸 한국에 대해서는 저절로 신뢰를 보냈다. 반 총장 자신이 가난을 딛고 일어선 입지전적 인물이라는 사실 역시 빈곤 극복을 위한 유엔의 노력에 큰 보탬이 되고 있다.

공직자로 살면서 평생 실천해온 따뜻한 마음과 긍휼심은 개발 문제와 새천년개발목표를 달성하고자 하는 열정의 토대가 되었다. 빈자들을 위해 유엔이 그리고 사무총장이 신명을 바쳐 일해야 한다는 사명감이 저절로 샘솟았다. 스스로 "무방비 상태에 있는 이들의 보호자, 목소리 없는 사람들의 목소리defender of defenseless, voice of voiceless가 되겠다"고 여러 번 강조한 것도 그의 천성에서 비롯된 게 틀림없다. 그는 기회가 있을 때마다 힘들었던 본인의 삶과 역경을 딛고 일어난 성공담을 어려운 이들에게 들려주려 한다. 자신의 경험을 통해 절망에 빠진 이들에게 끊임없이 희망을 선사한다.

폭탄이 떨어져 무고한 인명이 희생당하는 분쟁 이슈에는 순식간에 전 세계의 이목이 집중된다. 그러나 상대적으로 후진국의 빈곤 문제는 관심을 얻기가 어렵다. 쉽게 해결할 수 없는 만성적 현상으로 보는 시선이 일반적이기 때문이다. 또 실상 너무 오래전부터 이어진 상황이라 갑작스러운 변화가 생기지도 않고, 생기기도 어렵다.

근본 해결이 어려운 고질병이라는 인식도 강하다. 여러 이유로 언론의 특별한 관심을 받기도 어렵고 자연히 선진국의 대폭적 지원을 얻기도 힘든 것이 바로 빈곤 문제이다. 그러나 반 총장은 이런 고질적 문제일수록 유엔이 장기적 목표와 관심을 가져야 한다고 믿는다.

그가 아프리카·동남아시아 등 저개발 국가가 몰려 있는 지역으로 순방에 나설 때마다 잊지 않고 들르는 곳이 있다. 빈곤 타파 노력이 진행 중인 프로젝트 현장이나 자구 노력이 한창인 대규모 빈민가 등이다. 실제로 반 총장은 2007년 첫 아프리카 순방 때 케냐 나이로비에 위치한 세계 3대 슬럼가 중 하나인 키베라 방문을 시작으로 2007년엔 아이티의 시테솔레일에 위치한 거대한 빈민촌, 2010년엔 브라질 리우데자네이루의 대규모 슬럼가 바빌로니아Babilonia 등 가난한 이들의 터전을 찾았다.

그곳에서 현지 주민들과 이야기를 나누며 그들의 요구 사항을 성실하게 듣는다. 대개 "물이 잘 안 나오니 수도를 고쳐달라"든지, 아니면 "병원을 지어달라"는 것 같은 생활 밀착형 주문이 대부분이다. 반 총장은 이들의 의견을 듣고 어떻게 개선해나갈지 상의한다. 그러고는 이렇게 강조한다.

"당신들도 충분히 할 수 있습니다. 여기 있는 유엔이 적극 지원할 것입니다. 여러분의 가난을 자식 세대엔 물려주지 맙시다."

유엔 사무총장이 열악한 삶의 현장을 직접 찾아가 자신들의 이야기에 귀 기울여주는 것만큼 슬럼가 주민에게 고무적인 일은 없다. 그들은 반 총장의 한마디에 삶의 희망을 다시 지핀다

반 총장이 어릴 적 직접 경험한 새마을운동에 대한 기억도 그에겐 더할 수 없이 고귀한 자산이 되었다. 아프리카를 방문할 때면 새마을 운동에 깊은 관심을 가진 국가 지도자를 적잖이 만난다. 그럴 때면 반 총장은 새마을운동을 상세히 소개하며 배워보라고 권하곤 한다. 그의 새마을운동 홍보는 취임 초기부터 시작한 일이었다.

2007년 1월 첫 아프리카 순방 때였다. 반 총장은 케냐 나이로비에 위치한 유엔 아프리카 지역 본부에 들러 유엔 산하 기관장들과의 조찬 모임 자리에서 새마을운동 이야기를 꺼냈다.

"해외가 지원하는 데에도 아프리카의 발전이 더딘 것은 자조와 협동 정신이 부족하기 때문입니다. 빠른 경제 발전을 이룬 한국의 경우, 서로 협동하고 스스로를 도와 놀라운 업적을 이룰 수 있었습니다. 그러니 한국식 새마을운동을 전개해보는 게 어떻겠습니까?"

이후에도 기회가 있을 때마다 새마을운동의 장점과 구체적 내용을 소개하곤 했다. 1년 후, 2008년 3월에는 유엔 본부에서 열린 새 천년개발목표 아프리카 주도 그룹 회의 후, 기자들이 한국에서 배울 점이 무엇이냐는 질문을 던졌다.

“한국의 성공에는 많은 이유가 있습니다. 새마을운동도 그중 하나입니다. 빈곤을 퇴치하기 위해서는 한국의 새마을운동을 도입할 필요가 있습니다.”

이런 열띤 홍보 덕분인지 아프리카 지도자 중엔 새마을운동에 비상한 관심을 가진 인물이 많다. 가장 열심인 사람은 르완다의 폴 카가메Paul Kagame 대통령. 그는 2011년 한국의 기적을 직접 보고 배우기 위해 10여 명의 경제 관료를 대동하고 방한했다.

새마을운동을 도입한 르완다는 크게 달라졌다. 매주 토요일 아침은 전국 청소의 날. 대통령이 직접 빗자루를 들고 길을 쓸기도 한다. 이 덕분에 르완다는 아프리카에서 가장 깨끗한 나라로 꼽힌다. 새마을운동의 성과에 큰 인상을 받았는지 카가메 대통령은 가장 본받을 만한 나라로 서슴없이 한국과 싱가포르를 꼽는다. “한국은 과거 르완다와 비슷한 수준이었지만, 한국인의 성실함 덕분에 이젠 가장 앞서가는 나라가 됐다”는 게 그의 설명이다.

콩고민주공화국도 르완다 못지않게 새마을운동에 큰 관심을 갖고 있다. 콩고에서 새마을운동이 꽃핀 데에는 은쿠무 프레이 룽굴라N'kumu Frey Lungula라는 인물의 덕이 컸다. 그는 1995년 한국에 유학 왔다가 새마을운동을 알게 되었고, 콩고가 가난에서 벗어나기 위해서는 이런 사회 변혁 운동이 절실하다고 생각했다. 귀국 후 그는 2004년 콩고 새마을회를 창설한 뒤 자신이 회장으로 취임했다. 여기에 2005년 조제프 카빌라 대통령이 방한해 콩고 재건 사업에 한국

가난과 재해, 분쟁의 땅에 희망을 전하기에 반 총장은 가장 적합한 인물이었다.
그에게는 피부색과 국적을 초월해 심금을 울리는 힘이 있었다.

이 적극 참여해달라고 요청하면서 새마을운동이 본격적으로 불붙기 시작했다. 이후 새마을운동 열풍이 분 콩고에서는 소득 증대 사업 등 한국 농촌에서 일어난 여러 운동이 활발하게 이뤄지고 있다.

유엔에서도 아프리카와 아시아 저개발 국가의 빈곤 극복 방안으로 새마을운동이 큰 효력을 발휘한다는 점에 착안해 탄자니아, 우간다 등에 한국식 농촌을 모델로 한 '밀레니엄 빌리지'를 만들어 운영하고 있다. 밀레니엄 빌리지는 원래 미국의 경제학자 제프리 색스 Jeffrey Sachs 주도로 추진한 사업이었다. 반기문 총장의 새천년개발목표 관련 특별자문관으로 일한 색스는 아프리카 각지의 절대 빈곤을 퇴치하기 위해 마을 단위로 수도 등 인프라를 구축·개선하고, 농업 증산과 교육 기회 부여 등의 종합적인 접근을 하자는 구상을 내놨다. 그러고는 이 사업을 채택해 추진하는 마을을 유엔 밀레니엄 빌리지라고 이름 붙였다. 현재 밀레니엄 빌리지는 아프리카 10여 개국의 100여 개 마을에서 운영 중이다.

이 사업은 한국이 1970년대에 펼친 새마을운동과 여러모로 비슷한 개념이다. 마을을 중심으로 잘살아보자는 구호를 외치며 식량 증산과 생활 여건 개선을 목표로 한다는 점에서 차이가 없다.

여기에 한국 KOICA, 주 유엔 한국 대표부 그리고 새마을운동의 본산인 경상북도까지 합세해 아프리카 각지의 밀레니엄 빌리지 프로젝트에 재정은 물론 기술적으로도 지원 노력을 아끼지 않고 있다.

소외된 모든 이들을
향하여

2000년 유엔이 설정한 MDG, 곧 새천년개발목표의 지향점은 빈곤 해결만이 아니다. 모자 보건 향상, 깨끗한 물 확보, 남녀 차별 철폐 등 다양한 분야에서 인간답게 살 수 있는 환경을 만드는 것을 목표로 삼는다. 반 총장이 빈민가는 물론 후진국 내 산모와 신생아를 돌보는 병원, 교육받을 기회를 주기 위해 설립한 학교 등을 끊임없이 찾아가 격려하는 것도 이런 이유에서이다.

그가 아프리카와 인디아·방글라데시 등 서남아 지역을 찾을 때면 방문국 정부와 항상 진지하게 의논하는 주제도 바로 인구와 보건 문제이다. 대개 유엔이 지원하는 프로젝트를 진행하는 이들 지역에서 반 총장은 사업 현장을 직접 찾아 다독인다. 직원들에게는 유엔 사무총장이 직접 현장을 찾아왔다는 사실이 무엇보다 힘이 되며 사기를 북돋아준다. 이 사업에 유엔이 비상한 관심을 갖고 있으며 앞으로도 지원해줄 거라는 믿음을 주는 까닭이다. 특히 반 총장이 방문 현장에서 자신의 삶과 마음에서 우러나온 체험담을 들려주면 격무에 지친 현장 요원들은 새롭게 힘을 얻는다.

2011년 5월, 반 총장이 '모든 산모와 유아를 위하여EWEC, Every Woman Every Child' 캠페인을 홍보하기 위해 나이지리아를 처음으로 방문했을 때도 그랬다. 반 총장은 2010년 유엔 총회 기간에 맞춰 열린 MDG 특별 정상회의 직후, '유아와 산모 보건을 위한 글로벌 전략'◆이라는 종합 계획을 제시한 바 있다. 산모와 유아의 보건 향상을 위한 출장인지라 나이지리아에 도착한 반 총장은 곧바로 수도 아부자Abuja에 있는 마이타마 병원을 찾았다. 그리고 그곳에 모인 사람들에게 자신의 체험담을 들려주었다.

"나 자신도 병원이 아닌 한국의 시골집에서 태어났습니다. 나에게는 출산과 관련해 특별한 기억이 있습니다. 어릴 적 한번은 어머니에게 물은 적이 있습니다. '왜 여자들이 아이를 낳을 때면 문밖에 벗어놓은 고무신을 한참 쳐다보고 들어가요?' 그랬더니 어머니는 '내가 과연 해산을 한 후에도 살아남아서 저 신발을 다시 신고 나갈 수 있을

◆　각국 정부와 민간 기업과 비정부단체NGO가 하나 되어 정책을 공동 개발하고 재원을 마련하자는 아이디어. 이를 통해 각 지역별로 보건 시설을 개선하고 산모와 유아의 건강 상태를 지속적으로 점검하는 종합 시스템을 수립하기 위한 방안이었다.

까’ 생각하기 때문이라고 설명해주셨습니다. 이처럼 그 시절 한국에서 아이를 낳는 일은 위험하기 짝이 없었습니다. 한때 한국에서도 아이를 낳다 숨을 거두는 산모가 많았지요. 세계적으로 매일 800여 명의 산모가 출산 과정에서 목숨을 잃습니다. 그러나 이러한 산모들의 희생은 기본 보건 시설만 마련해도 쉽게 피할 수 있는 문제입니다. 아프리카에서 더 이상 이런 비극이 있어서는 절대 안 됩니다.”

당시의 마음 아프던 기억 때문인지 감정에 겨운 목소리로 이야기를 이어가자, 연설을 듣고 있던 나이지리아 주민들의 눈가가 금세 붉어졌다. 진정으로 삶의 어려움을 겪어보지 못한 사람이라면 절대로 표현할 수 없는 감정이었다. 가난에 대한 기억이 아직 생생한 반총장이 빈곤과 보건 문제 등을 이야기할 때면 국적과 피부색을 초월해 상대방의 심금을 울리는 힘이 있다.

처음에 이 이야기를 듣고 깊은 인상을 받은 측근들은 “흥미롭고 감동적인 내용이니 연설에 쓰자”고 제안했다. 그러나 반 총장은 부끄러운 이야기라며 주저했다.

“정말 마음에 다가오는 이야기입니다. 꼭 하셔야 합니다.”

참모들이 거듭 반 총장을 설득했다. 결국 참모들의 의견에 동감해 그의 어린 시절 일화는 세상에 알려지게 되었다. 이 한국의 부끄럽고도 슬픈 옛 모습을 털어놓음으로써 세상을 좀 더 좋게 바꿀 수 있다고 마음먹은 것이다. 그리고 이런 이야기의 힘을 체험한 반 총장은 각 나라의 사정을 고려해 자신의 경험을 들려주고 있다. 아울러 그 이야기들은 많은 이에게 영감과 신념 그리고 용기를 불어넣는 힘을 발휘하고 있다.

남녀 차별 철폐도 반 총장이 역점을 두는 분야 중 하나이다. 그는 특히 교육 분야에서 남녀 차별을 없애는 데 지대한 관심을 가지고 있다. 교육이야말로 한 사람의 미래를 결정하는 중요한 요소인데, 여자라는 이유만으로 학교에 보내지 않는 것은 동등해질 기회를 영원히 빼앗는 셈이다. 하지만 여전히 많은 나라에서 이러한 차별이 공공연하게 벌어지고 있다.

어느 날, 반 총장의 이런 신념을 상징적으로 보여준 인물이 혜성처럼 나타나 유엔의 목소리에 힘을 실어주었다. 바로 교육에 대한 여성의 권리를 주장하다가 이슬람 과격 단체 탈레반의 총에 맞은 파키스탄 소녀 말랄라 유사프자이Malala Yousafzai이다. 말랄라는 11세이던 2009년, 영국 BBC 웹사이트에 용감하게 이슬람 소녀들도 학교에 갈 권리가 있다는 글을 실어 비상한 주목을 받았다. 그로 인해 파키스탄 정부로부터 평화상을 받은 말랄라는 그 후에도 여성 교육권 확보를 위해 활발하게 활동했다. 그러나 여성의 사회 침여의 교육을 금지하는 탈레반의 눈에 말랄라는 눈엣가시 같은 존재였다. 결국 탈레반은 2012년 스쿨버스를 타고 집으로 돌아가는 말랄라에게 총격을 가했다. 머리와 목에 두 발을 맞은 말랄라는 중태에 빠졌다. 그리고 기적적으로 회복했다.

반 총장은 2013년, 말랄라의 생일인 7월 12일을 '말랄라의 날'로 선포하고 유엔 총회장에서 연설할 기회를 주기로 했다. 드디어 7월 12일, 분홍색 전통 의상을 입은 말랄라가 연단에 올라 자신의 체험을 공개했다.

"탈레반은 총탄으로 저의 목표를 바꾸고 원대한 계획을 멈출 수 있을 거라고 생각했겠지만, 제 삶에서 변한 것은 아무것도 없습니다. 유일하게 달라진 것이 있다면 나약함과 공포, 절망이 사라진 대신 힘과 용기, 열정을 새로 갖게 됐다는 것입니다. '말랄라의 날'은 저만의 날이 아닙니다. 오늘은 자신의 정당한 권리를 요구하는 모든 여성, 모든 소년 소녀들의 날입니다. 가장 강력한 무기인 책과 연필을 치켜들어야 합니다. 선생님 한 명, 학생 한 명, 책 한 권, 연필 한 자루는 세상을 바꿀 수 있으며, 교육만이 유일한 해답입니다."

애된 표정과 목소리였지만 절대 잊지 못할 감동적인 연설이었다. 말랄라는 테러리스트도 여성의 교육받을 권리는 빼앗을 수 없다는 메시지를 전파했다. 반 총장이 진정 바라던 바였다.

반 총장이 본래부터 열성적인 남녀 차별 철폐주의자인 것은 아니다. 보수적인 한국 사회에서 봉건적인 사고 속에 성장한 반 총장이었다. 한번은 이런 일도 있었다.

1992년 반 총장이 미국 워싱턴 주미 대사관에서 공사로 일할 때였다. 반 공사는 대사관 4층에서 일했는데, 여기엔 대사를 비롯해 공사 4명의 사무실이 모두 모여 있었다. 그러다 보니 남자 직원 수에 비해 여자 직원 수가 매우 적었다. 당시 대사관 건물이 낡아 보수 공사를 했는데, 4층 설계도에는 화장실이 두 개 그려져 있었다. 그걸 본 반 공사가 농담처럼 이렇게 이야기했다고 한다.

"4층엔 여자 직원도 별로 없는데 다 남자용 화장실로 만들면 어떨까?"

물론 남녀 화장실을 하나씩 만들긴 했지만 이 정도로 여성에 대한 배려에는 관심이 없는 풍토에서 지내온 반 총장이었다.

그러나 유엔에 입성하면서 반 총장의 태도는 사뭇 달라졌다. 사실 반 총장은 여성이라는 이유만으로 불이익을 당하는 것에 상당한 반감을 가지고 있었다. 도서관 사서로 일하던 부인 유순택 여사가 결혼을 이유로 사직당한 뒤 눈물을 펑펑 쏟던 장면을 아직도 생생히 기억하고 있다. 그래서인지 유엔 사무총장에 입후보할 때부터 여성의 지위 향상을 강조해왔다.

"이제 유엔에서도 여성 사무총장이 나올 때가 되었다"고도 입버릇처럼 말한다. 사무총장으로 취임한 이래 양성 평등과 관련한 여러 정보와 이론을 접하며 이런 신념은 더욱더 상해졌다. 여성 인력이 과감한 기용이 인권 윤리라는 정의를 구현할 뿐 아니라 실제로 발전에도 도움을 준다는 사실을 확신한 것이다. 그리하여 취임 초기부터 여성 인재를 대폭 발탁하겠다는 약속을 집요하게 실행에 옮겼다. 지

금도 유엔 간부를 임명할 때면 최종 압축한 3명의 후보에 반드시 여
성을 포함하도록 지시한다. 때로는 추천 순위 세 번째인 여성 후보
를 임명하는 경우도 있다. 이 같은 파격으로 유엔 내에서 우려의 목
소리가 나온 적도 있었다.

"그렇게 하면 형평에 맞지 않는 여성 편애로 비칠 수 있습니다. 자칫
하면 제 실력으로 선발된 유엔의 여성 간부조차 여성이라는 이유만
으로 뽑힌 것처럼 오해받지 않을까요?"

나름대로 일리 있는 지적이었다. 그러나 반 총장도 여성 인재의
등용에 대한 나름의 논리를 내세우며 소신을 굽히지 않았다.

"그간의 불평등이 너무나 심했습니다. 간부 후보로 올라올 중견급 여
성이 그렇게 적은 것도 그 때문입니다. 이렇게 확실한 의지를 갖고
밀어붙이지 않으면 그동안 쌓인 고질적인 남녀 불평등을 영원히 해
소할 수 없을 것입니다."

어쨌거나 이렇게 애쓴 덕택에 여성의 유엔 고위직 진출은 괄목할
만큼 늘어났다. 반 총장 취임 전과 비교해볼 때 사무차장급 여성 비
율은 60%, 사무차장보급은 40%가 늘어난 것으로 조사되었다.

여성의 권익 신장을 위한 노력은 이뿐만이 아니었다. 여러 곳으로
분산돼 있던 여성 권익 관련 부서를 통·폐합해 2010년 '유엔 우먼UN

© UN Photo/Rick Bajornas

◆

'말랄라의 날' 선포는 여성 교육과 인권에 대한 반 총장의 강한 의지를 보여주었다.

WOMEN'이란 독립 기구를 창설하고, 남성 중심 조직의 우려와 반대에도 불구하고 초대 사무총장에 전 칠레 대통령 미첼 바첼레트Michelle Bachelet를 임명했다. 바첼레트 총장은 겸허하고 부지런한 자세로 반 총장의 양성 평등 노력을 도왔다. 유엔 우먼 총장으로서 바첼레트의 문제라면 퇴임 후에도 칠레에서 인기가 너무 높았다는 점이다. 칠레 대선이 다가오자 다시 대선 후보로 나서 또 한 번 대통령으로 당선되었다. 바첼레트의 후임으로는 남아공 부통령 출신인 품질레 음람보응쿠카Phumzile Mlambo-Ngcuka가 임명되어 지금까지 일하고 있다.

반 총장은 해외 순방에서도 여성 정치인과 고위 공무원이 적거나 아예 없는 나라에 가면 어김없이 이런 얘기를 꺼내곤 한다.

"왜 이 나라 의회엔 여성 비중이 이렇게 낮습니까?", "왜 여성 각료가 보이지 않습니까?"하면서 "여성이야말로 제대로 활용하지 않고 있는 자원이니 대폭 발탁해야 나라가 발전한다"고 조언한다. 또 집요한 면이 있어서 해당 국가를 다시 방문하면 그동안의 변화를 꼭 챙긴다. 그 결과 여성 관리의 수가 늘어난 것을 확인하면 "높은 점수를 줄 수밖에 없다"고 농담을 건네면서 또 한 번 양성 평등에 대한 중요성을 강조한다.

차별받고 소외된 계층에 대한 반 총장의 관심과 배려는 여성에 그치지 않는다. 취임 후 HIV 바이러스 보균자에 대해서도 따뜻한 시선을 보내고 있다. 그가 후천성면역결핍증AIDS을 일으키는 HIV 바이러스 보균자 차별에 남다른 관심을 갖게 된 동기는 사소했다. 본인이 직접 이들과 만나 가슴 아픈 사연을 들었기 때문이다.

취임 후 서너 달쯤 지났을 무렵, 유엔 사무국 내 HIV 보균자들이 반 총장과의 면담을 신청했다. 모임 이름은 '유엔 플러스'. 후일담이지만 반 총장은 말로만 듣던 에이즈 보균자들과의 면담을 앞두고 과연 그들이 어떻게 생겼는지, 악수를 해도 감염되지는 않는지, 어떤 이야기를 나눠야 할지 등 걱정이 태산이었다고 한다. 그러나 생각지 않게 멀쩡한 모습으로 나타난 이들을 보는 순간 내심 놀라 스스로 편견을 깨뜨렸다. 이어 진보적 집단을 자처하는 유엔 사무국 내에서 조차 얼마나 눈에 보이지 않는 차별이 존재하는지 전해 듣고는 무척 가슴 아파했다.

총장과의 면담 행사는 기념사진을 찍어 유엔 웹사이트에 게재하는 게 관례였지만, 이들은 사진 촬영을 정중히 사양했다. 보균자라는 사실이 공개되면 또 다른 차별과 혐오 대상이 된다는 이유였다. 충분히 납득할 만한 이유였기에 반 총장은 대신 이렇게 제안했다.

"오늘은 여러분과 만난 기쁜 날인데, 기념으로 한 명씩 사진을 찍어 각자의 추억으로 보관하면 어떻겠습니까?"

물론 대환영이었다. 반 총장은 한 명씩 기념사신을 촬영히고 일일이 포옹하며 이들을 위로해주었다. 이때의 강렬한 인상 때문인지 이후 누구보다 에이즈 퇴치는 물론, 보균자에 대한 차별 철폐 운동에 앞장서고 있다.

여담이지만 당시 한국은 에이즈 보균자를 차별하는 소수 국가 중 하나였다. 한국에서는 에이즈에 대한 공포감과 차별이 유난히 심했다. 국제적으로 HIV 바이러스 보균자라는 이유만으로 입국을 불허하는 나라는 몇 되지 않았는데 한국이 그중 하나였다. 반 총장은 차별을 철폐해야 하는 유엔 수장으로서 이런 사실이 무척 곤혹스러웠다. 에이즈 문제에 관한 한 조국이 인권 후진국이라는 불명예를 쓰게 된 탓이었다. 이 때문에 반 총장은 한국 정부에 시정을 요청하기도 했다. 그러나 외국인 어학 강사들이 대거 입국하는데, 보균자 입국을 허가할 경우 자녀들이 에이즈에 걸릴지 모른다고 우려한 학부모들의 압력으로 쉽게 고쳐지지 않았다.

하지만 결국 거듭된 시정 요청으로 한국 정부도 2013년 마침내 이들에 대한 입국 금지 조치를 철폐했다. 어쨌거나 한국은 지구 상에서 HIV 보균자에 대한 입국 조치를 거의 마지막까지 고수한 나라로 기록됐다.

반 총장이 유엔 직원 간의 동성 결혼을 인정한다는 뉴스가 한국 언론에서 화제가 된 적이 있다. 반 총장이 이런 결정을 하기 전까지 유엔 내에서 이른바 LGBT◆로 알려진 성적 소수자의 동성 간 결합은 자신들의 출신 국가 법률에 따라 좌우되었다. 예를 들어 동성 결

◆　레즈비언lesbian과 게이gay, 양성애자bisexual, 트랜스젠더transgender의 앞 글자를 따서 만든 약자로, 성적 소수자를 의미한다.

혼을 허용하는 북유럽 출신끼리 한다면 합법이고, 동성 간 결합을 엄격히 불허하는 이슬람 국가 출신의 경우는 불법으로 간주했다. 그러나 반 총장이 동성 간 결혼을 인정함으로써 유엔 내에서는 동성 커플도 정상 부부와 똑같은 대우를 받게 되었다.

돌이켜보면 대사관 건물 4층의 여성 화장실을 없애자는 농담을 할 정도의 반 총장이었다. 그런 그가 HIV 바이러스 보균자는 물론 성적 소수자의 인권을 위해 노력하는 열린 자세로 변화한 것이다. 참으로 먼 길을 놀라운 속도로 달려온 셈이다.

미래를 생각하는 성장
SDGs

◆

금, 은, 다이아몬드, 텅스텐, 구리, 그리고 석유. 정상적인 나라에게 풍요로운 지하자원이란 더 없는 축복이다. 하지만 때로는 풍요로운 자원이 저주가 되기도 한다. 엄청난 부를 가져다줄 자원을 둘러싸고 죽고 죽이는 살육전이 끊임없이 이어지는 까닭이다. 한반도의 10배나 되는 광활한 영토에 적도가 나라의 허리를 가로지르는 깊디깊은 밀림의 나라 콩고민주공화국, 일명 킨샤사 콩고가 바로 '자원의 저주'를 받는 대표적인 나라이다.

2013년 5월 22일. 이 나라의 수도 킨샤사 중심부에 위치한 대통령궁 로비에 보기 드문 동양인 신사 2명이 나타났다. 단정한 짙은 남색 양복 차림의 두 사람은 모두 한국이 배출한 유엔과 세계은행의 수장, 반기문 사무총장과 김용 총재였다. 이들이 한자리에 모인 것

은 물론 우연이 아니었다. "아프리카에 함께 가자"는 반 총장의 제
안을 김 총재가 수락함으로써 이뤄진 역사상 최초의 유엔 총장과 세
계은행 총재의 합동 방문이었다. 이들은 이날 조세프 카빌라_{Joseph}
_{Kabila} 대통령과의 회견을 끝낸 뒤, 붉은 카펫이 깔린 계단에 나란히
서서 기자 회견을 했다. 먼저 마이크를 잡은 건 김 총재였다. 그는
콩고와 주변 지역 개발을 위해 10억 달러의 자금을 지원하겠다고
발표하면서 "이 나라의 사회안전망, 국경무역, 그리고 에너지 시설
등의 발전을 돕겠다"고 약속했다.

자고로 말로만 되는 일은 없다. 바라는 성과를 내기 위해서는 구
체적 노력, 특히 물질적 지원이 따라야 한다. 그렇기에 세계은행의
지원 약속을 얻어낸 반 총장은 희망의 메시지를 콩고에 전할 수 있
었다.

"김 총재와 저는 콩고와 주변 지역의 평화와 안보, 그리고 협력의 체
제를 이룩하기 위해 유례없는 합동 방문길에 올랐습니다. 이 체제는
몇 년 만에 평화에 대한 희망을 가져다줄 것입니다. 우리는 너무도
오랫동안 고통 받아온 이들에게 투자해야 합니다. 김 총재의 헌신과
세계은행의 선언을 크게 환영하는 까닭입니다."

이 약속을 들은 현지 콩고 정치인과 언론들은 전례 없던 희망의
메시지에 기쁨을 감추지 못했다. 유엔과 세계은행 간 협력의 시작
은 오랜 시간을 거슬러 올라간다. 두 기관이 창설된 지 1~2년 뒤인

© UN Photo/Eskinder Debebe

유엔과 세계 은행의 파트너십으로 콩고에는 경제·정치·안보를 망라한 종합적 지원이 이루어졌다.
그리고 그 중심에는 두 한국인 반기문 총장과 김용 총재가 있었다.

1947년, 양측 간에 맺어진 협약에 따라 세계은행은 유엔 산하 특별기관으로 작동하게 된다. 그러다 2008년이 되자 유엔과 세계은행은 후진국 개발을 위해서는 단순한 경제적 지원뿐 아니라 정치·안보 등을 망라한 종합적 대응이 필요하다는 사실을 절감하고 '유엔-세계은행 파트너십' 협약을 체결해 공동사업을 벌이기 시작했다. 그리고 이 사업의 일환으로 반기문 총장과 김용 총재의 콩고 합동 방문이 실현된 것이었다.

1996년 이래 계속된 내전과 무장단체의 공격으로 지칠 대로 지친 콩고인들은 이들의 방문을 열렬히 환영했다. 살육과 가난에 찌든 땅을 풍요와 행복이 넘치는 낙원으로 탈바꿈시켜주겠다는 데 누군들 환영하지 않을까. 심지어 다음날인 23일 두 사람이 찾아간 콩고 동쪽 국경도시 고마Goma 일대의 반군 테러단체 'M23'은 반 총장 일행의 방문 시기 동안에는 일체의 공격을 중단하겠다고 휴전을 선언하기도 했다. 당시 고마에서는 M23과 정부군 간의 전투가 벌어져 20여 명이 숨진 상황이었다. "반 총장이 약속대로 고마 일대를 방문할 수 있도록 우리 단체는 휴전키로 결정했다"는 게 M23 대변인의 설명이었다.

콩고 동쪽에 위치한 국경도시 고마는 오랜 살육의 땅이었다. 이곳에서 테러가 끊이지 않는 건 바로 옆의 작은 나라 르완다 때문. 르완다에서는 후투족과 투치족 간의 갈등 끝에 1994년, 불과 100일 만에 이 나라 인구의 20%에 달하는 80만 명이 무참히 살해되는 인종학살이 자행되었다. 이때 후투족의 공격을 피해 고마로 도망쳐온 투치족과 이들을 없애버리려는 후투족 간 혈투가 아직도 이 도시에서 이어지고 있었다. 살육의 땅에서는 힘없는 자, 특히 여성들이 가장 큰 피해를 입기 마련이다. 고마도 예외는 아니어서 폭도들에 의해 강간을 당한 여성 피해자들이 치료를 받는 힐아프리카Heal Africa 병원이 자리 잡고 있다. 반 총장과 김 총재가 흰색으로 칠해진 아담한 힐아프리카 병원에 들어서자 기다리고 있던 수백 명의 콩고인들은 큰 소리로 환호하며 이들을 환영했다. 두 사람은 성폭력 피해자들로부터 당시의 참상을 직접 듣기도 했다.

언제 공격 받을지 모르는 고마에 신변의 위험을 무릅쓰고 반 총장과 김 총재가 찾아간 것은 절망 속에 살고 있는 이 곳 주민들에게 희망의 메시지를 전하기 위해서였다. 병원 방문을 마친 이들은 현장에서 기자회견을 열어 안전한 치안과 경제 발전을 위한 투자의 중요성을 역설했다. 반 총장은 "치안이 확보되지 않는 한 경제 발전은 불가능하다"는 메시지를 던졌고, 김 총재는 "평화와 안전, 그리고 경제 발전 외에 이들 피해 여성들에 있어서 진정한 정의가 무엇인지도 생각해봐야 한다"고 제안했다.

고마 방문 외에도 반 총장은 김 총재와 함께 르완다, 우간다 등 온갖 풍토병과 독충이 들끓는 아프리카의 오지를 직접 찾아가 가난에서 벗어나지 못하는 현지 주민들을 위해 정열을 쏟아부었다. 이 활동은 넓게는 유엔 본연의 임무 중 하나인 빈곤 퇴치, 좁게는 MDG를 실현하기 위한 노력의 일환이었다. 반 총장은 임기 후반에 접어들면서 코피 아난 전 총장으로부터 넘겨받은 과제인 MDG 8개 목표를 최대한 달성하기 위해 혼신의 힘을 다했다. 그는 각 목표들의 진행 상태를 확인하고 미진한 영역은 성과가 제대로 나오도록 강력하게 독려했다. 반 총장은 실제로 유엔 산하 기관장들의 모임인 '유엔 최고집행위원회UNCEB로 하여금 연간 두 번씩 MDG 진행 상태를 점검한 뒤 보고서를 내도록 했다. 모든 분야, 모든 기관을 망라한 총체적 접근이 가능하도록 하기 위해서였다. 이 덕분에 특정 목표를 위한 기관 간 공동 사업이 실현되기도 했다. 콩고에서 진행된 유엔-세계은행 간 파트너십 사업이 전형적인 사례였다.

MDG 종료를 1,000일 앞둔 2013년에는 유엔과 회원국 정부가 '행동 요청Call to Action'이란 이름 아래 1,000분 작전에 돌입한다. 유엔 산하 80여 개 기구가 참여한 이 운동을 통해 1,000분, 즉 16시간 40분 동안 절대 빈곤, 영아 사망, AIDS 등의 분야에서 유엔이 이룩한 성과를 4만 개 이상의 트위터 계정에 뿌리는 대대적인 홍보를 벌였다. 뿐만 아니라 반 총장은 MDG 목표 달성 차원에서 유엔 산하 기구가 회원국의 요구를 최대한 수용하라고 지시하기도 했다. 한마디로 MDG 완수를 위한 총력전을 펼친 것이다. 이러한 노력 덕에 MDG는 분야별로 일부 차이가 있긴 하지만 비교적 만족할 만한 성과를 낸 것으로 평가 받는다.

MDG 8개 분야 가운데 2개는 일찌감치 목표를 달성했으며, 4개는 부분적으로 원하던 바를 이뤘다. 반면 2개 분야에서는 기대에 훨씬 못 미쳤다. 실제로 MDG의 목표 중 절대 빈곤 규모 축소, 교육수준 제고 등은 예정보다 빨리 달성됐다. 절대 빈곤을 절반 이상으로 줄인다는 목표의 성과는 눈부신 경제성장을 이룩한 중국 덕분이라 해도 과언이 아니었다. 중국 정부는 4억5천여 만 명이었던 빈곤 인구를 2010년 말 현재, 2억7천여 만 명으로 줄이는 데 성공했다. 전 세계 빈곤 해소에 엄청난 공을 세운 셈이다. 그러나 '검은 아프리카'로 불리는 사하라 사막 이남 아프리카에서는 아직 갈 길이 멀다.

그렇다면 구체적으로 MDG는 어떤 성과를 거두었을까. 2015년 7월에 발표된 MDG 보고서에 의하면, 8개의 목표 가운데 우선 절대 빈곤 계층하루 1달러 25센트 미만으로 생활하는 최빈곤층의 인구를 반으로 줄이는 목표MDG1, 깨끗한 식수를 마시지 못하는 인구를 반으로 줄이는 목표MDG7는 2010년에 진작 달성됐다. 남녀 아동들에게 똑같은 초등교육 기회를 부여하자는 남녀 간 평등 관련 목표MDG3, 그리고 5세 이하 유아 사망률을 반으로 줄이자는 목표MDG4도 2012년에 이뤄졌다.

그러나 모든 산모 사망률을 25% 이하로 감축하겠다는 목표MDG5는 2015년까지 47% 정도만 줄어든 것으로 조사됐다. AIDS, 말라리아의 확산을 막고 발생률을 줄여나간다는 목표MDG6는 부분적으로 달성됐다. 말라리아, 결핵 등은 눈에 띄게 줄어든 반면 사하라 사막 이남에서는 에이즈가 여전히 창궐하고 있기 때문이다. 모든 아동들에게 초등교육을 제공한다는 목표MDG2는 아시아와 아프리카 지역에서의 취학률이 급격히 늘었지만 교원 및 교실 수가 이를 따라가지 못해 목표를 완전히 달성했다고 말하기 어려운 지점이다. 끝으로 개발을 위한 글로벌 파트너십 구축 목표MDG8는 계량화하기 어려운 부분이 있지만 후진국에서의 스마트폰 보급이 예상보다 빠르게 진행돼 정보통신 기술 확산은 대체로 좋은 편이다. 그럼에도 선·후진국간의 경제수준 격차를 획기적으로 줄이기 위해서는 더 많은 노력이 필요한 것으로 지적된다.

어쨌거나 2000년 이래 15년에 걸친 MDG는 2015년을 끝으로 막을 내렸다. 그렇다면 이 이후 유엔은 어떤 커다란 목표를 지향할 것인가. 지금처럼 절대 빈곤 해소와 교육수준 제고, 그리고 모자 보건 향상 등에 초점을 맞출 것인가. 아니면 환경과 노동문제 등을 중시해 지속 가능한 성장을 고려한 새로운 경제발전 패러다임을 추구할 것인가.

이 새로운 지향점을 찾는 것이 반 총장으로서는 중차대한 과제였다. MDG 종료 이후는 전 세계가 반 총장 주도로 유엔이 새롭게 그려낸 청사진에 따라 나아갈 것이다. 그러기에 이 계획은 인류를 바른 길로 인도할 지도이자 바이블이 될 것이다. 어떤 목표를 향해 어떻게 나아갈지에 따라 인류의 운명이 바뀔 수도 있는 너무나 중요한 사안이었다.

유엔은 일찌감치 MDG 이후의 성장 전략, 즉 인류의 역사에 커다란 의미를 지닌 'POST MDG' 플랜 마련을 위해 고위급 회의를 구성하는 등 다방면으로 만반의 준비를 해왔다. 2016년 말이면 임기를 마치는 반 총장으로서도 자신의 퇴임 뒤에도 힘찬 생명력을 지니고 나아갈 새로운 비전을 제시하는 일이 무엇보다 중요했다.

MDG 이후의 개발 전략과 관련해 반 총장에게는 오래 전부터 역설해온 궁극적인 목표가 있었다. 바로 전 세계가 '지속 가능한 성장sustainable growth'을 이루는 것이었다. 지속 가능한 성장이란 무엇을 의미하는가.

한 국가가 성장만을 추구할 경우 숙명적으로 발전의 잠재력까지 잃게 된다. 건강한 발전을 뒷받침하는 자연 환경 및 사회적 자산까지 망가뜨리는 까닭이다. 그렇다면 장기적이고 궁극적으로 볼 때 그 나라의 진정한 발전을 이룰 수 없다는 의미이다. 예를 들어 생각해보자. 경제 성장률을 올린답시고 공장의 매연에 눈감아버리면 곧 치명적인 환경 문제가 닥치게 된다. 노동자를 포함한 국민 건강에 막대한 이상이 생겨 순조로운 국가 발전은 불가능해진다. 노동 문제도 마찬가지이다. 상품의 경쟁력을 높인다고 저임금 구조만을 강요한다고 치자. 도저히 격렬한 노동운동을 피할 수 없다. 필연적인 사회 불안정이 발생하고 더 이상의 발전도 사라진다. 이런 폐단을 막기 위해서는 깨끗한 환경과 정상적인 노사관계와 같은 기본적인 틀을 망가뜨리지 않아야 한다. 건강한 발전을 이뤄내야 한다는 뜻이다. 그래야 성장은 계속될 수 있다. 이것이 바로 반 총장이 강조한 지속 가능한 성장이다.

지속 가능한 성장이란 개념이 이상적이라는 데엔 누구도 이의를 달지 않는다. 그러나 개발도상국들은 이 개념에 대해 심각한 공격을 하기도 한다. 당장 굶어 죽을지도 모르는 가난한 나라 입장에서는 환경 보존이니, 최저임금 보장이니 하는 것들은 모두 한가한 소리로 들리기 때문이다. 전 세계적 문제로 지적되는 환경 문제에 대해서는 그간 무분별하게 온실가스를 내뿜어온 선진국들의 책임을 개발도상국이 함께 질 수 없다는 지적도 충분한 설득력을 갖는다. 이런 개발도상국의 반발 탓에 지속 가능한 성장의 시급함을 인식시키고, 이들의 협조를 끌어내기란 여간 힘든 일이 아니다.

아마존 밀림을 태우고 그 땅에 농사를 짓는 브라질의 화전민식 농경, 매연방지장치도 없이 시커먼 연기를 뿜어대는 중국의 공장 등 지속 가능한 성장을 저해하는 사례는 무수히 많다. 그러나 이런 일이 벌어지고 있다고 브라질과 중국 정부에게 "당장 그만두게 하라"고 강요하는 것도 사실상 불가능하다. 당사자들로서는 먹고 살기 위한 최선의 방법일 것이 자명하기 때문이다. 환경 파괴를 어떻게든 막으려는 선진국, 그리고 빈민 극복과 경제개발의 명분 아래 이를 받아들이지 않으려는 개발도상국. 이들 사이에 서서 양쪽을 중재하고 모두 수긍할 수 있는 방안을 도출해내기란 말 그대로 불가능에 가깝다. 그러나 이런 험난한 일을 해내야 하는 것이 바로 유엔 사무총장의 숙명이다. 이 자리가 '불가능한 일을 해내는 직업'이라고 불리는 이유이기도 하다.

이런 상황 속에서 반 총장은 빈곤 극복을 위한 경제개발이라는 거대한 목표에, 지속 가능한 성장이란 새로운 패러다임을 결합시키기 위해 전력투구했다. 그는 리우 환경회의 개최 20년만인 2012년,

같은 장소인 리우데자네이루에서 개최된 '리우+20 정상회의'에서 새로운 '지속 가능한 개발 목표SDGs' 선정 작업을 시작했다. 이에 따라 회의 참석국 대표들은 지속 가능한 개발 목표를 다듬기 위한 정부간 실무그룹과 2015년 이후 개발 어젠다를 위한 고위급 패널을 구성하기로 합의한다. 2013년부터 본격적으로 시작된 작업은 무엇보다 SDGs의 목표를 골라내는 일이었다. MDG가 임무를 끝내고 역사의 뒤안길로 저물어간 뒤에 인류는 어떤 꿈과 목표를 가지고 나아가야 할 것인가.

반 총장이 목표 선정을 위해 선택한 방법은 '아래로부터의 목소리'를 수렴하는 것이었다. 그는 '나의 세계My World'란 이름으로 1000만 명 이상의 194개국 국민을 대상으로 한 여론조사를 실시해 인류가 해결해야 할 과제가 무엇인지를 파악했다. 여론 조사는 대부분 인터넷과 핸드폰으로 수행됐다. 이를 토대로 2013년 9월 유엔은 '1000만 명의 목소리: 우리가 원하는 세계, 모두가 존중 받고 지속 가능한 미래'라는 보고서를 발표한다. 이를 바탕으로 유엔과 회원국은 물론 기업과 시민단체까지 참여한 활발한 토론 끝에 2014년 7월 최종적으로 다듬어져 나온 것이 17개 목표 및 169개 세부목표로 구성된 '지속 가능한 발전 목표SDGs'였다. 이들 목표는 MDG에서 완수하지 못한 과제를 포함하는 한편 경제·사회·환경 분야의 현안을 균형 있게 반영하되 그간 상대적으로 소홀하게 다뤄왔던 불평등 해소 문제와 평화롭고 포용적인 사회 및 제도의 건설 등도 담겨 있다.

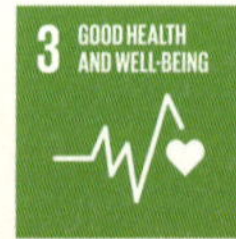

참고로 17개의 지속 가능 발전목표는 다음과 같다.

① 빈곤 퇴치

② 기아 해소와 식량안보 달성 및 지속 가능 농업 발전

③ 보건 증진

④ 교육 보장과 평생 학습 향상

⑤ 양성평등 달성과 여성 역량 강화

⑥ 물과 위생 제공과 관리 강화

⑦ 에너지 보급

⑧ 경제성장과 일자리 증진

⑨ 인프라 구축과 산업화 확대

⑩ 불평등 해소

⑪ 지속 가능 도시 구축

⑫ 지속 가능 소비생산 증진

⑬ 기후변화 대응

⑭ 해양과 해양자원의 보존과 지속 가능 이용

⑮ 육상 생태계 등의 보호와 지속 가능 이용

⑯ 평화로운 사회 증진과 제도 구축

⑰ 이행수단과 글로벌 파트너십 강화

반 총장이 그랬듯 전임자가 임기 후반에 마련한 이 17개의 SDGs를 성공적으로 이룩해야 하는 막중한 과제는 2017년부터 임기를 시작한 안토니우 구테흐스Antonio Guterres 신임 유엔 사무총장에게 주어지게 됐다.

불의에 맞서는
용기

◆

엠파이어 스테이트, 록펠러 센터 등 하늘을 찌를 듯한 마천루와 탐욕스런 거대 금융회사들이 운집한 월스트리트, 그리고 화려한 네온사인 아래 발 디딜 틈 없이 북적대는 뮤지컬의 중심지 42번가. 이 화려한 타이틀 덕분에 뉴욕은 누구도 넘볼 수 없는 세계 경제 및 문화의 수도로 군림해왔다. 하지만 뉴욕을 경제·문화의 메카로만 여기면 큰 오산이다.

뉴욕 맨해튼 섬 동쪽을 휘감은 채 도도히 흐르는 이스트리버 강변을 따라 달리다 보면 노을이 비추어 찬란하게 반짝이는 거대한 유리 건물을 만나게 된다. 바로 뉴욕을 국제 외교의 최고 무대로 거듭나게 한 유엔 본부이다.

공히 20세기 최고의 건축가로 꼽히는 브라질 출신 오스카 니마이어Oscar Niemeyer와 스위스 출신의 르 코르브쥐에가 완성한 유서 깊은 유엔 본부. 총회동, 사무동, 함마르셸드 도서관과 함께 유엔 본부를 이루고 있는 회의동Conference Building 2층에는 역사의 산실 안전보장이사회 회의실이 자리 잡고 있다. 바로 여기에서 숱한 역사적 결정이 이루어졌다. 급박한 국제 정세에 맞춰 돌아가는 안보리이기에 때로 신속한 회의 결과 발표를 위해 회의장 앞 로비는 기자회견장으로도 애용된다.

2016년 6월 9일, 문제의 반기문 사무총장의 기자회견이 이뤄진 곳도 바로 안보리 회의장 앞 로비였다. 이날 회의를 마치고 나타난 반 총장은 전에 없이 굳은 표정으로 연단에 섰다. 그리곤 품 안에서 원고를 꺼내 들었다. 연설의 앞부분은 개발계획 및 기후변화 방지의 필요성과 시리아 사태 해결의 시급함을 지적하는 등 그리 특별한 내용은 아니었다. 그러나 연설 시작 후 5~6분이 지나 기자들은 귀를 의심할 폭탄선언을 마주했다.

"아동과 분쟁지역에 대한 최근의 유엔 보고서는 예멘 어린이들의 참혹한 상황을 기록했습니다. 이 보고서 부록의 가해자 명단에서 사우디아라비아가 이끄는 연합군을 잠정적으로 제외시키기로 한 본인의 결정에 대해 격한 반응이 있었습니다. 이는 제가 가장 고통스럽고 힘들게 내린 결정 중 하나입니다. 이 보고서는 어떤 어린이도 겪지 말아야 할 무서운 일을 기록하고 있습니다. 동시에 저는 전해들은 대로 여기에 지목된 아동인권 침해 관련국들이 유엔 프로그램의 재정 지원을 끊을 경우, 수백만 명의 어린이들이 또 다른 고통을 받아야 한다는 지극히 현실적인 측면도 고려해야 했습니다. 팔레스타인, 남수단, 시리아, 예멘, 그리고 수많은 곳에서 이미 위험에 처해 있는 아이들이 더욱 더 절망에 빠지게 될 수도 있습니다. 회원국들이 부당한 압력을 행사하는 것은 용인될 수 없습니다. 철저한 조사는 유엔의 당연하고 필요한 업무의 일환입니다."

사우디가 유엔에 부당한 압력을 넣었다는 사실을 반 총장 스스로 폭로한 것이었다. 협박한 나라가 어디인지 구체적으로 적시하지는 않았지만 이 연설을 들은 사람이라면 누구나 아동인권 침해 국가로 지목된 사우디가 유엔 보고서 블랙리스트에서 자신을 빼달라고 협박했다는 것을 알 수 있었다.

이 사태의 시작은 2015년 1월 아라비아반도 남단의 최빈국 예멘에서 발생한 쿠데타였다. 당시 예멘은 '아랍의 봄'이라고 불리는 중동 민주화 바람으로 2012년 평화적 정권교체를 통해 집권한 압드라부 만수르 하디Abdrabuh Mansur Hadi 대통령이 다스리고 있었다. 하지만 하디 정권은 빈곤 및 실업 문제 해결 등 국정 개혁에 실패해 예멘은 불안한 정국의 연속이었다. 특히 오랫동안 지속된 고질적인 수니파와 시아파 간 종교 갈등은 수그러들 줄 몰랐다. 시아파가 압도적인 북부에서는 시아파 무장단체 '후티'가, 수니파 세가 강한 남부에서는 수니파 테러단체 '아라비아반도 알카에다AQAP' 세력이 날로 커져 매일같이 싸우며 예멘의 치안은 최악의 상태였다. 이런 상황에서 친미 성향의 하디 정권이 연방제를 포함한 신헌법을 제안하자 후티는 "새로운 헌법이 지역갈등의 새로운 불씨가 될 것"이라는 명분으로 2015년 1월 전격적인 쿠데타를 감행해 수니파 하디 정권을 전복시키는 데 성공했다. 시아파 무장단체인 후티가 예멘의 정권을 장악하자 가장 민감한 반응을 보인 나라는 미국과 사우디였다. 시아파 종주국을 자처하는 이란이 같은 시아파 무장단체인 후티를 배후에서 조종했기 때문이었다. 특히 수니파 국가들의 맏형 격인 사우디로서는 이란의 입김이 예멘까지 미치는 상황을 용납할 수 없었다. 결국 사우디는 2015년 중동 10개국으로 이뤄진 연합군을 결성, 후티 반군이 일으킨 내전 진압에 나선다.

우려했던 대로 중동 연합군의 예멘 개입은 비참한 결과를 낳았다. 연합군과 후티 반군의 치열한 전투로 무고한 6,000명 이상의 예멘 민간인들이 살해되었고, 연합군의 무차별 공습에 학교가 무너지면서 어린이들이 희생되자 국제 사회의 현안으로 떠올랐다. 사태가 이렇게 흐르자 유엔은 사우디 주도 연합군에 의한 예멘 아동들의 피해 상황을 낱낱이 밝히는 보고서를 내는 동시에 사우디를 아동인권 침해국 리스트에 올리기에 이르렀다. 2016년 4월에 나온 문제의 보고서는 "2015년 예멘에서 1,953여 명의 어린이가 숨지게 된 데에는 사우디 주도 연합군에게 60% 이상의 책임이 있다"고 지적했다. 그러면서 반정부 및 테러리스트 단체들이 주로 올라 있는 아동인권 침해 리스트 명단에 사우디를 포함시켜 버렸다. 그러자 어린이 학살자라는 불명예를 쓰게 된 사우디가 가만히 있지 않았다. 자신들을 리스트에서 빼지 않으면 유엔에 제공해온 수억 달러에 이르는 지원금을 끊겠다며 엄청난 자금력을 무기로 유엔을 협박했다.

유엔은 그 협박에 손을 들 수밖에 없는 입장이었다. 반 총장이 기자회견에서 밝힌 대로 사우디의 요구를 거절한다면 수많은 중동 아이들이 다시 최대 피해자가 될 것이기 때문이었다. 결국 유엔은 보고서가 나온 지 두 달이 채 안된 6월 6일, "사우디를 리스트에 포함시킬지 다시 검토하겠다"고 발표한다.

자금력을 동원한 정치적 압력으로 사우디가 아동인권 침해 리스트에서 빠져나오자 이번에는 각국 언론과 세계적 인권단체들은 일제히 들고 일어났다. 특히 휴먼 라이츠 워치, 국제 엠네스티, 옥스팜 등 20여 개의 세계적인 인권단체들이 반 총장 앞으로 공동명의의 편지를 보내는 등 격렬히 항의했다. 반 총장의 폭로가 발언이 나온 것이 이즈음이었다.

사우디의 부당한 압력이 반 총장의 폭로로 알려지자 유엔과 국제사회는 발칵 뒤집혔다. 실제로 힘깨나 쓰는 회원국이 유엔에 압력을 넣어 뜻을 관철하는 경우는 적지 않을 것이다. 하지만 이렇게 두꺼운 장막 뒤에서 이뤄지는 일을 압력을 받은 유엔 측에서 자발적으로 공개한 경우는 없었다. 압력을 넣은 당사국의 입장이 곤란해질 것이

반 총장의 폭로로 입장이 난처해진 사우디의 왕자는 유엔 본부를 방문해 예맨 아이들의 피해를 막기 위한 대책을 강구했다.

자명하니까. 또 해당 국가가 다른 사업과 관련된 자금 지원을 거부하거나 유엔 수뇌부를 비난하는 등 압력을 받은 유엔의 입장에서도 엄청난 불이익을 감수해야 한다. 이런 부담을 기꺼이 감수하겠다는 각오와 용기가 없었다는 할 수 없는 폭로였다.

반 총장이 예상했던 상황이었는지는 모르지만 이 폭로로 인해 세계 최고의 언론 〈뉴욕타임즈〉를 비롯해 영국 가디언 등 유수한 세계 언론 모두 사우디의 횡포에 초점을 맞추고 사태를 상세히 보도했다. 특히 〈뉴욕타임즈〉는 사설을 통해 반 총장의 행동을 강력히 옹호한다.

"반기문 유엔 사무총장이 사우디의 압력에 굴복해 어린이들을 살해하고 장애인으로 만들어온 군사 집단 명단에서 사우디 주도 연합군을 삭제한 일은 비록 괴롭기는 하지만 놀랍지는 않다. 놀라운 일은 반 총장이 그 문제를 공개하고, 그가 감내해야 했던 압력을 용납할 수 없는 일이라고 선언했다는 사실이다. 그는 올바른 일을 했다. … 따라서 몇몇 인권단체들처럼 사우디의 위협에 굴복했다고 반 총장을 비난하는 것은 정당하지 않다. … 반 총장이 밝혔듯 팔레스타인, 남수단, 시리아 내에서의 인도주의적 사업에 필요한 사우디의 재정적 지원을 잃게 되면 수백만의 어린이들이 심각한 고통을 받아야 한다."

매사에 비판적 자세를 견지하는 〈뉴욕타임즈〉로서는 극히 이례적인 입장이었다. 반 총장의 기자회견 덕분에 유엔을 거세게 비난했던 여론이 극적으로 반전된 것이었다. 예멘에서는 "돈 때문에 사우디에 굴복하지 말라"며 아이들이 유엔을 위한 모금활동을 벌이기도 했다. 이제 궁지에 몰리게 된 건 사우디였다. 다급해진 주유엔 사우디 대사는 "누가 그런 정보를 흘렸는지 밝혀달라"고 요청했지만 유엔 측으로부터 "정보원을 밝힐 수 없다"는 답변만 들어야 했다. 그러자 유엔에 "아동인권 문제를 논의하기 위해 반 총장을 사우디의 수도 리야드로 모시고 싶다"는 초대장을 보낸다. 이번에는 유엔도 사우디 측 요청을 완전히 거절하진 않았다. 하지만 스테판 두자릭 유엔 대변인은 "우리는 유엔 본부가 위치한 유엔에서 논의하는 것을 더 선호한다"며 조건부의 긍정적 의사를 밝혔다. '이야기를 하고 싶으면 우리 쪽으로 오라'는 메시지였다. 유엔과 사우디 간에 힘겨루기였다. 결국 미국 방문 계획이 있던 사우디의 실세 무하마드 빈 살만 부왕세자가 6월 22일 뉴욕의 유엔 본부로 찾아와 반 총장과 예멘 아이들의 피해를 막기 위한 대책을 논의했다. 반 총장의 이례적인 기자회견이 사우디 변화를 가져온 셈이었다.

한편 사우디는 이런 평화 제스처에도 불구하고 국제 사회의 호된 비판에 시달려야 했다. 특히 국제적 인권단체 휴먼 라이츠 워치와 국제 앰네스티는 같은 달 29일 기자회견을 열어 "사우디를 인권이사회 회원국에서 제명시켜야 하며 이를 위해 유엔을 상대로 로비에 나서겠다"고 밝히기도 했다. 아동인권 침해국이라는 불명예에서 벗어나려던 사우디로서는 예상치 못한 반 총장의 반격으로 더 큰 치욕을 당하게 된 것이다. 고분고분하기만 할 것 같았던 반 총장이 자신의 존재감을 강력하게 드러낸 사례였다.

PART.8

아시아적 가치로 세계를 품다

반 총장은
목소리 없는 자들의 목소리에도 귀 기울일 줄 아는 지도자로,
어느 누구도 유엔 사무총장이란 자리에 대해
반 총장만큼 이해하지 못할 것입니다.

반기문
연임 실패론

전 세계의 평화를 위해 존재하는 유엔, 그 유엔의 사무총장 임기는 얼마나 될까. 유엔헌장을 보면 "사무총장은 안보리의 추천을 받아 총회에서 선출한다"라고 명시되어 있을 뿐 임기가 몇 년인지, 또 몇 번이나 할 수 있는지에 대한 규정은 없다. 이와 관련해 1946년 유엔 총회는 '첫 번째 사무총장은 5년 임기에 한 번 더 연임할 수 있다'는 조항을 추가했다. 그리고 '총회와 안보리는 향후 총장의 임기를 자유롭게 변경할 수 있다'는 단서 조항도 달았다. 마음만 먹으면 얼마든지 총장 임기를 고칠 수 있다는 의미로 해석할 수 있다. 실제로 초대 사무총장이던 트뤼그베 리는 연임에 성공했지만 두 번째 임기는 5년이 아니라 3년으로 줄었다. 또 첫 아시아 출신 총장이던 제3대 우 탄트 사무총장의 경우 첫 번째 임기는 4년이었다. 비극적인 비행기 추락 사고로 숨진 다그 함마르셸드 총장 후임으로 1년간 사무총장직을 대행한 기간이 임기에 포함되었기 때문이다.

유엔의 대표인 사무총장의 임기는 기한뿐 아니라 연임 규정도 총회의 의사에 따라 바꿀 수 있는 사안인지라 3선에 도전한 경우도 있다. 그 주인공은 오스트리아 출신의 제4대 쿠르트 발트하임 총장. 사상 처음 장기 집권을 노려보았지만 중국의 거부권 행사로 꿈을 이루지 못했다.

연임에 실패한 경우도 있다. 제6대 총장이던 부트로스 부트로스갈리는 이집트 출신으로서 노골적으로 반미 성향을 드러낸 인물이었다. 당연히 미국은 그의 연임에 거부권을 행사했고, 유일하게 연임에 실패한 총장으로 기록되었다. 이런저런 전례에 따라 특별한 사정이 없는 한 유엔 사무총장은 5년 임기에 한 번 더 연임하는 것을 관례처럼 따른다. 이 관례에 따라 2007년 초에 취임한 반기문 사무총장도 2011년이면 안보리 상임이사국을 중심으로 회원국들로부터 연임에 대한 동의를 받아야 할 운명이었다. 7명의 전임자 중 6명이 연임에 성공했지만, 그렇다고 연임이 일사천리로 쉽게 결정되는 것은 결코 아니었다. 반 총장 역시 연임에 대해 마음을 놓고 있지만은 않았다.

유엔 사무총장의 임무를 두고 '세계에서 가장 불가능한 일The most impossible job'이라는 표현이 있을 정도로 유엔 사무총장은 무수한 난제를 해결해야 한다. 칭송하는 이도 많지만 그만큼 반대파의 신랄한 비판과 맞닥뜨려야 하는 자리이기도 하다. 반 총장의 경우도 취임 초부터 그를 견제하는 반대 세력의 힘이 만만치 않았다.

특히 첫 임기 중반부, 즉 2년 반이 지날 무렵에는 반 총장의 외유내강外柔內剛 리더십을 놓고 언론들이 점점 비판의 목소리를 높이기 시작했다. 이들 중 상당수는 대놓고 반 총장의 연임을 반대하며 그의 자리를 흔들어댔다. 영국의 〈이코노미스트〉는 2009년 6월 '하프타임에서의 점수The score at half-time'라는 제목으로 2년 반에 걸친 반 총장의 업적을 네 분야로 나눠 상세히 분석하고 점수를 매기는 기사를 실었다. 기사에 따르면 10점 만점으로 '기후변화 방지'와 관련해선 8점, '평화 유지' 분야에선 6점을 기록했다고 평했다. 그러나 독재 정권과의 투쟁에선 3점, 유엔 관리에선 단 2점을 주는 데 그칠 정도로 혹독한 평가를 내렸다. 그리고 점수의 근거로 "독재 정권의 비위를 거슬리려 하지 않으며, 소수의 한국인 직원에 둘러싸여 내부 의견을 제대로 듣지 않는다"라는 설명을 붙였다. 마지막으로 "반 총장이 연임을 바라는 듯하나 그럴 자격이 있는지에 대해 회의적인 이들도 있다"고 날을 세우며 반 총장의 성과를 평가절하했다.

같은 시기, 미국의 외교 전문 잡지 〈포린 폴리시〉도 '노웨어 맨Nowhere Man', 즉 '어디에도 없는 사람'이라는 제목 아래 "세계에서 가장 위험한 한국인"이라고 반 총장을 강도 높게 비난하는 인신공격성 글을 게재했다. 1년 뒤에는 아예 '굿나잇, 반기문'이라는 제목으로 "유엔 사무총장은 반드시 사라져야 한다"는 노골적 기사로 반 총장의 퇴진을 주장하기도 했다.

엎친 데 덮친 격으로 유엔 주재 노르웨이 외교관이 반 총장에 대해 험담한 보고서가 언론에 유출되어 그를 더욱 곤경에 빠뜨렸다. 노르웨이 신문 〈아프텐포스텐Aftenposten〉에 게재된 문제의 보고서는 유엔 주재 노르웨이 대표부의 모나 율 대사가 오슬로의 외무부 본부로 보낸 것이었다. 이 보고서에서 율 대사는 "유엔 회원국들이 갈수록 반 총장에 대해 부정적 의견을 갖고 있으며, 이러다간 단임 사무총장이 될 가능성도 있다"고 기술했다. 그러면서 "헬렌 클라크Helen Clark 전 뉴질랜드 총리가 차기 총장 후보가 될 수 있다"고까지 덧붙였다. 클라크 전 총리는 당시 개발도상국의 경제 발전을 지원하는 유엔개발계획UNDP 총재였다. 그러나 앞에서 언급했듯 며칠 후 율 대사가 당시 유엔 사무국의 고위직에 응모했다가 탈락했음이 밝혀지면서 이 보고서의 신뢰성에 심각한 흠집이 나기도 했다.

이 같은 각종 험담이 불거질수록 힘을 얻는 건 '반 총장의 연임 실패론'이었다. 유엔 안팎으로는 누구 누구가 차기 총장을 노리고 있다는 그럴듯한 소문까지 퍼지고 있었다. 거론된 인물은 대략 3명 정도였다.

가장 자주 이름이 오르내리던 이는 룰라 다시우바Lula da Silva 전 브라질 대통령이었다. 빈농의 여덟째 아들로 태어나 10대 초반에 철강 노동자 생활을 시작해 노조위원장을 거쳐 대통령에까지 오른 룰라는 살아 있는 브라질의 영웅이다. 집권 후에는 일방적 친親노조 정책을 펼칠 거라는 예상과 달리 시장 원리를 중시하는 개혁을 성공적으로 추진하며 세계적 명사 반열에 오르기도 했다. 그는 2011년 1월 1일 8년간의 대통령 임기를 마치고 퇴임할 예정이었다. 게다가 그 자신이 "국제 무대에서 의미 있는 일을 하고 싶다"는 뜻을 피력해 유엔 총장으로 추대될 것이라는 설에 힘이 실리기도 했다. 반 총장의 첫 임기는 같은 해 12월 말까지였다.

그러나 룰라 자신은 "유엔 총장은 정치인이 아닌 관리형 인물이 맡아야 하는 자리"라며 "나는 유엔 총장으로서 자질을 갖추고 있지 않다"고 여러 차례 출마설을 부인했다. 그럼에도 에보 모랄레스Evo Morales 볼리비아 대통령 등 그를 따르는 중남미 정치인들이 계속 출마를 주장해 '룰라 추대설'은 쉽게 사그라지지 않았다. 하지만 룰라에게는 모국어인 포르투갈어 외에 다른 외국어를 구사할 수 없다는 약점이 있었다.

야심만만한 케빈 러드Kevin Rudd 당시 호주 총리도 그럴듯한 차기 유엔 총장감이었다. 유창한 중국어에다 국제 감각이 뛰어나고 오바마 대통령과도 막역한 사이이다 보니 호주 현지 언론에서는 그가 "호주 총리 정도에서 만족하지 않고 더 큰 꿈을 꿀 것"이라는 기사를 내보내고 있었다.

노르웨이 외교관이 지목한 뉴질랜드 총리 출신의 헬렌 클라크 유엔개발계획 총재도 유력한 후보였다. 그의 최대 강점은 당선될 경우 사상 최초의 여자 유엔 사무총장이라는 사실이었다. 전 세계적으로 여성 인재의 발굴과 중용이 중요한 화두인 상황에서 유엔의 수장이 여성이라는 사실은 여러 면에서 고무적 일이 될 터였다. 여성 고위직 인사를 늘리려는 반 총장의 집요한 노력으로 2009년 4월부터 유엔개발계획 총재로 일하기 시작한 그녀는 유엔에 새로운 바람을 불어넣고 있다는 장점이 부각되었다.

그러나 클라크 역시 "나는 반 총장의 요청에 따라 특별한 일을 하기 위해 뉴욕에 왔으며, 이 자리 외엔 아무런 야심이 없다"고 출마설을 부인했다.

결국 유력한 경쟁자로 지목받은 세 사람 모두 유엔 수장 자리를 탐하지 않는다고 선언한 셈이었다. 그럼에도 첫 임기가 절반밖에 안 지난 시점에서 '사퇴론'이 공공연하게 나돌고, 거기에 유력한 경쟁자까지 거명된다는 사실은 반 총장에게 무척 모욕적인 일이었다. 더욱이 반 총장이 유엔 사무총장직 수행보다 한국의 차기 대권에 관심이 있는 것 아니냐는 식의 추측이 나돌면서 마치 그의 연임을 고려할 필요가 없다는 식의 냉소적 주장도 고개를 들었다. 유엔의 정서와 업무를 간과한, 국내 정치 위주의 한국식 억측이 불러온 부작용이었다.

이런 상황에서도 반 총장은 흔들리지 않았다. 그는 서방의 언론들이 비난하는 아시아의 가치, 즉 '인내'를 발휘하며 말이 아닌 성과를 보여주기 위해 노력했다. 그리고 첫 번째 임기가 끝나갈 무렵 구체적 행동과 성과로 자신의 능력과 자질을 입증해 보였다. 그중에서도 가장 눈에 띈 것은 '아랍의 봄' 사태 때 보여준 반 총장의 단호한 리더십이었다.

2010년 말, 아랍에는 민주화 바람이 불붙기 시작해 이른바 아랍

2010년 말, 중동과 북아프리카의 이슬람 국가들에 갑작스러운 민주화 바람이 불기 시작했다.

의 봄이라 일컫는 반정부 시위가 잇달아 발생했다. 이때 전 세계는 반 총장의 새로운 모습에 눈을 떴다.

아랍의 봄은 2010년 말 북아프리카의 튀니지에서 시작해 알제리, 요르단, 레바논, 이집트, 리비아, 예멘 등 17개국에 달하는 중동과 북아프리카의 거의 모든 이슬람 국가에서 일제히 일어난 민주화 운동을 말한다. 오만처럼 집권층이 기득권을 대폭 내려놓아 불과 3개월여 만에 막을 내린 나라도 있지만, 시리아·바레인·쿠웨이트처럼 여전히 반정부 시위가 진행 중인 나라도 있다. 이 중 튀니지, 이집트, 예멘, 리비아 등에서는 시위 탄압 과정에서 수만 명에 이르는 사망자가 발생하기도 했다. 이처럼 시민들이 대규모로 희생되는 현장을 목도하면서 반 총장은 예전과 달리 강력한 규탄의 목소리를 높였다.

2010년 말 북아프리카 튀니지에서 작은 시위가 일어났을 때만 해도 이 불씨가 전 아랍 세계로 옮겨 붙어 지구촌 전체를 뒤흔들 줄은 아무도 예측하지 못했다. 세상을 흔드는 역사적 사건은 대개 사소한 일에서 출발한다. 아랍을 휩쓴 거센 민주화 바람도 마찬가지였다. 앞서 설명했듯이 그 시작은 가난한 노점상의 울분에서 비롯되었다.

2010년 12월 17일 튀니지의 중부 도시 시디부지드Sidi Bou Zid. 무함마드 부아지지라는 26세 청년이 거리에서 채소와 과일을 팔려고 하자 한 경찰관이 나타나 물건과 저울을 몰수했다. 그리고 항의하는 그를 가혹하게 폭행했다. 판매 허가증이 없다는 이유였다. 부아지지는 가난한 가정에서 자라 각고의 노력 끝에 대학에서 컴퓨터를 전공한 인재였지만, 마땅한 일자리가 없어 노점을 해야 했던 성실한 젊은이였다. 부아지지는 빼앗긴 채소와 과일을 돌려달라고 경찰에 사정했지만 전혀 통하지 않았다. 살아갈 방법을 잃고 절망의 나락에 빠진 그가 할 수 있는 일은 자신을 불살라 항의하는 것이었다. 그는 시청 앞 도로에서 온몸에 휘발유를 뿌린 뒤 분신 자살을 감행했디. 온몸에 큰 화상을 입은 부아지지는 병원으로 옮겨졌고, 가족과 지인들이 그를 대신해 항의 시위를 시작했다.

당시 튀니지는 1987년 이래 23년이 넘는 기간 동안 제인 엘아비

디네 벤 알리Zein el-Abidine Ben Ali 대통령의 철권통치에 신음하고 있었다. 정치적 억압은 물론 정부의 잘못된 정책으로 청년 실업률이 30%에 달하는 등 악화 일로의 경제 상황이 이어졌다. 부아지지처럼 열심히 살기 위해 발버둥 치는 젊은이에게도 탈출구가 없는 절망의 땅이었다.

이런 배경 아래 부아지지의 분신으로 불붙은 시위는 순식간에 튀니지 전역으로 번져나갔다. 특히 사건 18일 만에 부아지지가 숨지자 청년들이 주도하던 시위는 전 국민으로 확산되며 정부 내 부패 척결과 민주화를 요구하는 대규모 시위로 격화되었다. 당황한 벤 알리 정권은 부패 혐의를 받던 일부 관리를 바꾸고 대규모 고용 정책을 발표하는 등 서둘러 수습에 나섰지만 이미 늦은 상황이었다. 결국 벤 알리 대통령은 2011년 1월 13일, 다음 대선 출마를 포기하고 임기가 끝나는 즉시 물러나겠다고 발표했다. 하지만 성난 민심을 달래기엔 역부족이었다. 그다음 날, 벤 알리 대통령은 사우디아라비아로 도피하면서 23년간의 독재 정권도 무너지고 말았다. 벤 알리 정권 붕괴 후에도 시민들은 만족할 줄 몰랐다. 과도 정부 내에 옛 알리 정권의 고위 인사들이 여전히 버티고 있었기 때문이다. 과도 정부는 결국 극렬히 저항하는 시위대를 향해 발포를 하기에 이르렀다.

기본적으로 유엔은 인권 유린이나 인종 학살 같은 특별한 경우가 아니면 회원국의 국내 사정과 관련해 말을 아끼는 것이 원칙이다. 자칫하면 유엔과 국제기구의 내정 간섭이라는 반발을 사기 때문이다. 그럼에도 튀니지의 혼란이 계속되자, 반 총장은 전에 없이 큰 목소리로 직설적이고 강경한 발언을 쏟아냈다.

“시민 혁명 이후 폭력 사태가 이어지는 튀니지에서는 법치 질서와 안정을 회복해야 하지만, 국민의 민주화 요구도 억압해서는 안 됩니다.”

2011년 1월 17일, ‘클린 에너지 국제 포럼’ 참석차 아부다비를 방문했을 때 반 총장의 발언이다. 서방 언론은 반 총장이 집권 세력과의 관계 유지를 위해 어느 정도 정부 입장을 두둔하는 발언을 할 것이라 예상했다. 그러나 예상과 달리 그의 반응은 단호했으며 민주 세력의 요구에 정당성을 부여했다.

세상을 더욱 놀라게 한 것은 중동 정치의 최대 거물, 이집트 호스니 무바라크 대통령을 향한 반 총장의 반응이었다. 이집트에서도 타리르Tahrir 광장의 소요가 계속되자 반 총장이 세계 어느 지도자보다도 먼저 “무바라크 대통령은 국민의 목소리에 귀 기울이고 물러나야 한다”라고 단호하게 촉구한 것이었다. 이 발언은 2011년 2월 영국 데이비드 캐머런 총리와의 공동 기자회견에서 나온 것으로, 당시 미국 정부도 아직 무바라크에 대한 대응에 우왕좌왕하던 시점이었다. 그렇기에 지금에 와서는 역사의 흐름을 먼저 읽고 주도적으로 내린 결정이었다고 평가받는다. 사실 그때의 공동 기자회견은 예정에 없이 급조된 행사로, 사전에 원고를 준비한 자리가 아니었다. 반 총장 본인이 느끼는 시대 흐름을 가감 없이 언급한 연설이었기에 더욱 의미심장한 것이었다.

한편 당시 미국 오바마 행정부는 이집트 사태에 어떻게 대처해야 할지 갈피를 잡지 못하고 있었다. 국무부에서 파견한 프랭크 위스너 Frank Wisner 특사가 기자회견에서 "무바라크는 여전히 위대한 지도자 이고 미국은 그를 지지한다"◆고 밝혀 언론이 "그것이 미국 정부의 공식 입장이냐?"고 따지는 등 큰 반발을 초래했다. 이에 당황한 오 바마 대통령과 백악관은 결국 정부의 정책 방향은 그렇지 않다면서 서둘러 진화에 나섰고, 뒤늦게 무바라크의 하야가 불가피하다는 쪽 으로 방향을 틀었다. 반 총장이 앞길을 제시하고, 오바마 행정부가 뒤를 쫓아오는 형국이 된 것이다.

튀니지의 소요 사태는 결국 옛 정권과 관련 있는 모든 정치인이 물러나고 정당 해산 조치를 단행한 이후에야 진정 국면에 접어들었 다. 그러나 튀니지의 국화인 재스민의 이름을 붙여 '재스민 혁명'이 라고도 부르는 이 나라의 민주화 운동은 주변국으로 엄청난 파급 효 과를 발휘했다. 재스민 혁명의 영향을 받은 알제리·리비아 등 이웃 한 북아프리카 국가는 물론 멀리 떨어진 아라비아 반도 내 이슬람 국가에까지 민주화 바람이 불기 시작한 것이다.

17개국에 달하는 이슬람 국가에서 한꺼번에 민주화 시위가 일어

◆　이집트의 무바라크 대통령은 중동의 대표적 친미파로 알려진 인물이다. 특히 잠 시 경색되었던 양국의 관계는 오바마 정부의 출범과 함께 호전되어 반反테러, 군사, 경 제 등의 분야에서 긴밀한 협력 관계를 유지해왔다.

난 것은 이례적이고 놀라운 사건이었다. 하지만 그 뒤에는 그럴 만한 이유가 숨어 있었다. 이들 나라는 공통적으로 세습 왕조 또는 오랜 기간에 걸친 독재 정권의 통치를 받고 있었다. 그리고 대부분의 집권 세력은 모두 언론을 통제하고 국민의 삶을 외면했다. 오직 최고 통치자와 친인척들이 부의 축적에만 골몰했다. 그 때문에 일반 서민은 실업과 가난이라는 이중고에 허덕이고 있었다. 여기에 과학 기술의 발달로 개선된 보건 및 영양 상태가 급격한 인구 증가를 가져왔다. 그 덕분에 전체 인구에서 젊은이가 차지하는 비중은 점점 높아졌다. 하지만 일자리는 늘지 않았고, 일자리가 없어 방황하는 젊은이들의 불만이 계속 쌓이는 상황이었다.

그리고 엄청난 빈부 격차에 따른 상실감이 팽배해 있는 이들 젊은이에게 자유로운 커뮤니케이션 수단이 주어졌다. 이것이 바로 아랍의 봄을 탄생시킨 핵심 배경이다.

과거에는 반정부 시위가 일어나려면 목숨을 아끼지 않는 지도자가 필요했다. 그리고 그를 따르는 소수의 핵심 인원이 조직을 규합해 대규모 가두시위를 준비했다. 그러나 이제는 강력하고 완전히 자유로우면서 빛의 속도로 퍼져나가는 수평적 소통 수단이 지도자를 대신한다. 언제 어디서 모이자는 메시지를 던지고, 공감하는 이들이 메시지를 나르기만 하면 누구든 대규모 시위를 기획할 수 있다. 이 같은 현상이 고스란히 나타난 게 아랍의 봄 사태였다. 이렇게 '대중의 분노'에 의해 촉발된 민주화 투쟁은 문명의 이기를 타고 이슬람권 곳곳으로 들불처럼 번져나갔다.

그 과정에서 불과 10명 내외가 희생된 반정부 시위도 있지만, 격렬한 민주화 투쟁으로 많은 사상자를 낸 나라도 있다. 도화선이 된 튀니지에서는 200여 명이 숨졌고, 이집트에서는 800여 명, 예멘에서는 2,000여 명이 정부의 탄압에 희생당했다.

반기문의
두 가지 전략

튀니지 사태에 대해 강력한 목소리를 낸 반 총장은 수만 명 이상의 무고한 시민이 숨진 리비아와 시리아 사태에 대해서도 더할 수 없이 준엄하고 강력한 비판의 목소리를 높였다.

당시 리비아는 1969년, 27세의 중위이던 무아마르 카다피가 쿠데타로 정권을 잡아 42년간 통치해오던 최장기 독재 국가 중 하나였다. 그는 집권 초기에 유전을 개발하고 대수로 공사를 하는 등 리비아 발전에 이바지하기도 했지만, 정권을 유지하기 위해 인권 탄압과 테러 단체 지원 등 비윤리적 정책을 서슴지 않아 미국의 로널느 레이건Ronald Reagan 대통령으로부터 '중동의 미친개'라는 악평을 듣기도 했다. 그뿐만이 아니었다. 빼어난 미인들로 구성한 경호원들을 대동하고 다니며 중요한 자리에 괴상한 의상을 입고 나오는 등 괴곽

한 행동으로 국제 사회의 빈축을 사기도 했다. 그럼에도 풍족한 석유 자원 덕에 다른 주변 국가와는 비교할 수 없을 만큼 윤택한 생활을 누리고 있었다. 게다가 그 혜택이 일반 국민에게까지 이르고 있어 안정적인 정권이라는 평을 들어왔다.

그러나 영원한 권력은 없는 법. 튀니지에서 시작한 민주화 바람은 리비아에서도 불씨를 피우기 시작했다. 리비아 민주화 운동 역시 그 시작은 미미했다.

2011년 2월 15일, 리비아 제2의 도시 벵가지Bengasi에서 투옥 중인 인권 변호사의 석방을 요구하는 평화 집회가 열렸다. 그러나 이웃 나라 튀니지의 민주화 시위를 의식한 리비아 정부는 평화 집회를 강경하게 진압했다. 그 결과 양측에서 40명 안팎의 부상자가 나왔고, 반정부 분위기는 리비아 전역으로 빠르게 번져나갔다. 카다피 정부도 처음엔 반정부 인사 110명을 석방하는 등 화해 움직임을 보이며 사태를 무마하려 했다. 그럼에도 반정부 운동은 수그러들지 않았고 '분노의 날'로 정해진 17일, 리비아 전역에서 동시다발적으로 대규모 시위가 벌어지기에 이르렀다. 그리고 악화 일로를 걷던 리비아 사태는 결국 시위 시작 6일 만에 국제 사회가 경악할 장면을 연출했다. 21일 카다피 대통령이 시위대를 향해 전투기 공습을 지시한 것이다. 목격자들은 "하늘을 가르는 전투기가 시위대를 향해 기관총을 쏘아댔으며, 폭탄을 투하해 한꺼번에 수백 명의 사상자가 발생했다"고 전했다. 여기에 장갑차와 헬리콥터 심지어 탱크까지 동원해 시위대를 무차별 살해하기 시작했고, 이런 처참한 장면이 CNN 등 서방 미디어를 통해 생생하게 방영되어 전 세계의 경악과 분노를 자아냈다.

　상황이 급박하게 돌아가자 반 총장은 신속하게 움직였다. 사실 카다피가 많은 기행을 하는 사람이지만, 반 총장과는 아프리카 정상회의에서 매번 정상회담을 하고 긴밀한 대화를 나누는 등 각별한 관계를 유지하고 있었다. 특히 반 총장이 미국과 리비아의 관계 개선에 보이지 않는 조력을 한 까닭에 카다피 정부는 반 총장의 말에 귀 기울이는 편이었다. 반 총장은 공습 전날인 20일, 카다피 대통령에게 전화를 걸어 "무력 상황을 끝내고 반대파와도 폭넓은 대화를 하라"며 사태를 진정시킬 것을 촉구했다.
　반 총장의 간곡한 당부에도 불구하고 카다피는 그토록 잔혹한 일을 저질렀다. 온화한 성품의 반 총장도 이때만큼은 분노하지 않을 수 없었다. 리비아 당국이 전투기와 헬리콥터로 시위대를 공격했다는 소식을 접한 그는 격노했다. 곧바로 기자회견을 열어 리비아 사태를 규탄했다.

　"무고한 국민의 피를 뿌리게 한 잔혹 행위 책임자는 반드시 처벌해야 합니다. 나는 리비아의 인명 살상은 국제법 위반이라는 평가를 지지합니다. 나는 큰 목소리로 그리고 아무 조건 없이 그들을 규탄하며, 책임자들은 반드시 국제 법정에서 책임을 져야 할 것입니다."

책임자의 이름만 밝히지 않았을 뿐 카다피 처벌에 앞장서겠다고 선언한 것이나 다름없었다. 반 총장은 이 기자회견에서 약 40분에 걸친 카다피와의 통화 내용도 공개했다.

"강력한 촉구와 호소에도 불구하고 전혀 귀 기울이지 않았습니다. 그런 행동은 결코 용납할 수 없습니다."

반 총장의 발언 이후, 유엔도 빠르게 돌아가기 시작했다. 22일 오전 리비아 사태와 관련한 안보리 긴급 회의를 소집해 대응 방침을 논의했다. 결국 26일, 유엔 안보리는 1단계로 카다피와 그 친인척들의 외국 여행을 금지하고 해외 자산을 동결하는 것을 골자로 한 대 리비아 제재 결의안을 채택했다. 아울러 카다피 처벌을 위해 국제형사재판소ICC에 즉각적인 조사를 요구했다. 카다피를 압박하려는 국제 사회의 제재 조치가 첫 효력을 발휘한 것이다.

유엔이 이 같은 조치를 취하는 동안 리비아 시민군은 수도 벵가지를 장악하는 등 상당한 성과를 과시하고 있었다. 그러자 카다피 친위대는 3월 8일을 기점으로 또다시 시민군이 장악한 지역에 전투기와 무장 헬리콥터를 출동시켜 무자비하게 진압하기 시작했다. 전투기와 헬기로 로켓을 발사하고 중무장한 탱크와 장갑차들이 시민군을 사정없이 짓밟았다. 시민군의 용맹함도 어마어마한 정부군의 화력 앞에서는 속수무책이었다. 이런 카다피가 정권 유지에 성공한다면 시민군을 향한 '피의 보복'은 불을 보듯 뻔한 일이었다. 다급해진 유엔은 미국과 영국 주도 아래 리비아 상공에 비행 금지 구역을 설정하고 카다피 정권을 직접 공격하는 방안을 검토하기 시작했다.

반 총장도 독자적 해결 방안을 모색했다. 압둘 일라 알카티브Abdul Ilah al-Khatib 전 요르단 외무장관을 리비아 특사로 임명해 평화적 해결 방안을 찾도록 지시했다. 그러면서 다시 한 번 카다피를 겨냥한 강력한 메시지를 발표했다.

"매일 사망자 수가 급증하고 리비아 국민의 절망감이 커지고 있습니다. 나의 메시지는 확고하고 일관된 것입니다. 폭력을 즉각 중단해야 하며 필요한 사람들에게 즉시 인도적 지원을 해야 합니다. 시민에 대한 폭력 행위에 책임이 있는 사람은 응분의 책임을 져야 하며, 평화적 해결책을 시급히 마련해야 합니다."

결국 3월 17일, 유엔 안보리는 비행 금지 구역 설정과 유엔의 군사적 개입을 승인하는 결의안을 통과시켰다. 카다피 측 정부군의 최대 강점인 제공권을 빼앗아버린 셈이었다. 리비아에서 첫 시위가 일어난 지 한 달여 만이었다. 이 조치는 카다피 쪽으로 기운 리비아 사태의 무게중심이 반대쪽으로 기우는 결정적 계기가 되었다. 카다피 정권도 이를 모를 리 없었다. 다급해진 리비아 정부는 외무장관 발표를 통해 "민간인을 보호하고 유엔의 결의를 준수하기 위해 정전을 결정했다"고 선언했다.

그러나 이는 새빨간 거짓말이었다. 말로만 정전을 약속한 카다피 친위대는 폭격기까지 동원해 시민군의 거점인 리비아 동부 벵가지 교외 일대를 쑥대밭으로 만들었다. 이제 와서 돌이켜보면 카다피의 이러한 선택은 명백한 자살 행위였다.

분개한 미국·영국·프랑스 등 서방 강대국은 직접적으로 군사 행동에 나서기로 합의했다. 그리하여 19일 오후 역사적인 '오디세이의 새벽' 작전에 돌입했다. 작전이 시작되자 프랑스의 라팔Rafale, 미라주Mirage 전투기들이 날아올랐다. 그리고 벵가지로 몰려오던 정부군 탱크 등을 순식간에 무력화시켰다. 미국과 영국은 미사일로 카다피 친위대를 공격하고, 해군 함정에서 100발 이상의 토마호크Tomahawk 미사일을 발사해 레이더 기지 등 전략적 요충지를 분쇄했다. 세 차례에 걸친 다국적군의 대규모 공습으로 카다피 관저는 처참하게 파괴되고 정부군도 사실상 궤멸 상태에 이르렀다. 시민군과의 전투에서는 월등한 정부군이었지만, 다국적군과는 상대가 안 되는 게임이었다.

반 총장은 다국적군의 리비아 공습에 대한 아랍권의 반대 여론을 무마하는 데 총력을 기울였다. 리비아를 포함해 중동과 북아프리카의 22개 이슬람 국가로 이뤄진 아랍연맹은 절대 무시할 수 없는 존재였다. 아랍연맹은 리비아 공격과 직접적 관계는 없지만 아랍연맹도 이 작전을 지지한다는 입장 표명이 필요했다. 그래야 범세계적 지지 아래 리비아 공습을 단행했다는 명분이 서기 때문이다. 아랍연맹은 리비아 내 민간인 학살을 방지한다는 명목으로 비행 금지구역 설정에 찬성했다. 그러나 다국적군 공격으로 민간인 피해자가 나왔다는 소식이 전해지자 공습 반대 입장으로 돌아설 기미를 보였다. 이런 상황에서 반 총장이 소방관으로 나섰다. 급히 암르 무사Amr Moussa 아랍연맹 사무총장을 만나 "국제 사회는 리비아 사태에 대해 한목소리를 내는 게 중요하다"며 공습의 필요성을 역설했다. 결국 반 총장의 간곡한 설득으로 무사 사무총장은 다음과 같이 최종 입장을 밝혔다.

　　"아랍연맹의 입장은 유엔의 입장과 일치합니다."

　　이와 관련해 로이터 통신은 "아랍권의 지지가 없었다면 다국적군은 바라던 목적 달성을 확신할 수 없었을 것"이라며 반 총장의 활약을 치켜세웠다.

　　이런 평가는 단지 몇 마디 말로 얻어지는 것이 아니었다. 반 총장은 때로 신변의 위협을 감수해야 했다. 실제로 리비아에 대한 공습이 이뤄진 뒤, 이집트 카이로에서 무사 아랍연맹 총장을 만나고 나오는 길에 카다피 추종자들에게 봉변을 당하기도 했다. 21일 아랍연맹 본부를 빠져나온 반 총장을 50여 명의 카다피 추종자가 에워싸고는 "미국 물러가라" 등의 과격한 구호를 외치며 실력 행사를 한 것이다. 경호원과 수행원 등의 보호를 받아 간신히 빠져나오기는 했지만, 일부 흥분한 추종자들은 반 총장의 차에 올라타 그를 협박하기도 했다.

파란 속에 이어진 리비아 사태는 결국 정부군 궤멸 후, 자신의 고향으로 도망친 카다피가 그해 10월 하수도에 숨어 있다 시민군 측에 붙잡혀 살해됨으로써 발생 8개월 만에 대단원의 막을 내렸다.

카다피의 비극적 최후로 막을 내린 리비아 사태는 유엔에 두 가지 특별한 의미를 지니고 있다.

먼저 'R2P'라고 부르는 '보호 책임 원칙responsibility to protect' 조치를 리비아 사태 때 처음으로 적용했다는 사실이다. 이 개념의 기저에는 모든 나라는 자국민을 보호할 의무가 있으며 국가가 이런 보호 의무를 포기할 경우, 국제 사회가 개입해 이들 국민을 보호할 수 있다는 철학이 깔려 있다. 예를 들어 한 국가의 내전 상황으로 대량 학살이 일어나거나, 독재 정권에 의한 인권 유린이 자행되었을 때 다른 국가에서 군사력을 동원해 탄압받는 나라의 국민을 구출할 의무가 있다는 얘기다. R2P가 주목받은 직접적 사건은 최악의 대규모 인종 청소로 꼽히는 1994년 르완다 학살과 1995년 보스니아 스레브레니차Srebrenica 학살◆이었다. 이 사건 이후, 과연 국제 사회가 특정국 국경 내에서 일어나는 만행에 대해 수수방관하는 것이 옳은가 하는 근본적 의문이 대두되었다.

◆　보스니아의 스레브레니차 지역은 세르비아인이 정복한 영토 안에서 유일한 무슬림 거주지였다. 1994년 유엔은 이곳을 안전 지역으로 선포, 네덜란드의 평화유지군이 주둔하고 있었다. 그런데 1995년 세르비아인이 이 도시를 점령해 평화유지군을 인질로 잡고 약 8,000명의 무슬림을 무참히 살해했다.

그러나 R2P 개념은 각 국가의 주권을 침범할 수 있다는 반론으로 한 번도 적용한 적이 없었다. 카다피가 자국민을 상대로 폭탄을 퍼붓는 만행에 공분한 국제 사회가 처음으로 R2P 정신에 입각한 공동 작전을 펼친 것이다. 그리하여 반 총장 자신도 이런 말을 남겼다.

"이번 리비아 사태는 유엔 결의를 통해 R2P 개념이 국제 사회에서 인정받고, 집단 안전 보장 조치를 실질적으로 이행했다는 점에서 그 의미가 아주 큽니다."

이후 유엔은 코트디부아르 내전이 일어나자 또 한 번 R2P를 발동, 사상 유례없던 평화유지군의 정부군 선제공격을 감행하기도 했다.

다음으로 중요한 사실은 리비아 사태 이후 국제 분쟁에 대한 반 총장의 태도가 적극적으로 변했다는 점이다. 이 때문에 그를 평가하는 국제 사회의 시각도 확연히 달라졌다. 과거 조용한 외교를 역설해온 반 총장은 리비아 사태에서만큼은 전혀 침묵하지 않았다. 오히려 강경 발언을 쏟아내며 누구보다 적극적으로 카다피 정권 제재에 앞장섰다. 카다피에게 민간인 학살 중단을 촉구하고, 군사 공격에 대해 논의하는 등 매우 적극적인 조치를 취해나갔다.

반 총장은 어떤 이유로 지금까지와 다른 반응을 보인 것일까?

무엇보다 변화를 기대하며 끈기 있게 설득하던 카다피가 바뀌기는커녕 기본 신뢰마저 저버렸다는 사실에 크게 실망하고 배신감을 느꼈다. 반 총장이 리비아 정부에 대해 가장 격분한 순간은 유엔이 제재 결의안을 채택한 직후였다. 상황이 불리하게 돌아가자 리비아 정부는 공격을 멈추겠다고 발표해 국제 사회를 안심시킨 뒤, 전투기로 무고한 양민을 살해하는 반인륜적 공격을 자행했다. 특히 죄 없는 국민을 무차별적으로 학살한 이유가 자신의 권력 유지 욕심이었다는 사실이 반 총장을 더욱 분노하게 만들었다.

당시 반 총장은 파리에서 만난 기자들에게 이렇게 말하며 사태 해결을 위해서는 적극적인 군사 행동도 마다하지 않을 것임을 밝혔다.

"리비아는 철저히 국제 사회를 배반했습니다. 파리 정상회의에서 이 같은 사실을 공개해 참석자들이 모두 분개했습니다. 카다피는 자기 군대로 국민을 공격해 정통성이 없고, 지도자의 자격도 잃은 사람입니다. 그래서 많은 지도자들이 그가 물러나야 한다고 이야기했습니다. 카다피가 물러나지 않으면 경제 제재나 추가적인 군사 조치에 필요한 또 다른 유엔 결의도 가능합니다."

인내와 중용을 미덕으로 아는 반 총장이지만 자국민 학살은 도저히 묵과할 수 없는, 그야말로 한계를 벗어난 야만적인 폭거였다. 아울러 기다리면 기다릴수록 더 많은 희생자가 발생할 수밖에 없는 긴급 상황이란 사실도 그로 하여금 강경한 자세를 취하도록 만들었다.

어쨌거나 튀니지에 이어 리비아 사태에서 보여준 반 총장의 강력한 리더십은 지금까지 그를 바라보던 전 세계, 특히 서방 세계의 시선을 완전히 바꿔놓았다. 미얀마, 스리랑카, 수단, 콩고, 짐바브웨의 독재자들과 막후에서 대화를 나누는 한편 대외적 비난을 삼가던 '동양의 관료'에서 누구보다 엄중하게 독재자를 비판하고 응징할 줄 아는 '정의의 사도'라는 적극적 이미지로 탈바꿈한 것이다.

반 총장은 자신의 트레이드마크인 '조용한 외교'와 '적극적 개입' 정책에 대해 소신을 밝힌 적이 있다. 2011년 6월 연임이 확정된 후 한국 특파원과의 간담회 자리에서였다.

"어떤 문제를 해결하는 데는 다양한 방법과 수단을 동원할 수 있습니다. 조용한 외교든, 적극적 외교든 이런 것들을 겸해서 사용해야지 하나만으로는 문제 해결에 큰 도움이 안 됩니다. 그동안 나는 인권과 민주주의 등 인류 공통의 가치에 대해 강한 목소리를 내왔고, 민주주의 수호나 인권 보호 등을 위해 많은 노력을 기울여왔습니다. 아랍 민주주의에 대해 강한 목소리를 낸 것도 이런 측면에서 나온 것입니다. 앞으로도 문제의 사안과 배경을 깊이 고민해 그때그때 가장 유효한 방법이 무엇인지 연구해나갈 것입니다."

설득을 통해 상대방의 생각과 행동이 바뀔 여지가 있다면 대화를 중심으로 조용한 외교 전략을 펼 것이고, 민주주의나 생명 보호 등 기본 원칙에 어긋나는 행동, 즉 대량 살상이나 반인륜 범죄에 대해서는 적극적으로 제재를 가하겠다는 의지를 천명한 것이다. 실제로 지금까지 반 총장은 조용한 외교만을 고집하지 않았다. 상황에 따라 최선의 수단을 선택해 사용하는 유연하고 실질적인 리더였다.

장기간의 군사 독재가 이어졌지만 대량 학살 같은 잔혹 행위가 일어나지 않은 미얀마의 경우엔 조용한 외교가 효과적인 해결책이었다. 반면 독재 정권에 의한 무차별적 탄압이 벌어진 튀니지, 리비아 등에는 즉각적 개입이 필요하다고 판단했다. 이러한 반 총장의 원칙에 대해 파르한 하크Farhan Haq 유엔 부대변인은 이렇게 설명했다.

> "조용한 외교와 공적인 압력은 서로 상충하는 개념이 아닙니다. 반 총장은 인권 존중을 위해 가장 효과적인 방법이 무엇인지에 따라 전략적인 선택을 합니다."

2011년 아랍의 봄을 기점으로 반 총장의 리더십에 대해 여기저기에서 긍정적 평가가 나오기 시작했다. 유엔 본부 내에서도 "그전의 반 총장이 맞느냐", "보스가 달라졌다"는 이야기가 흘러나왔다. 반 총장 흠집 내기와 때리기에 익숙하던 서방 언론의 논조도 확연히 달라졌다.

2012년 1월, '아랍의 봄을 유지하기 위해 애쓰는 유엔 수장'이란 제목으로 게재된 AP 통신의 기사엔 이런 평가가 실렸다.

> "반 총장이 튀니지·이집트·리비아·예멘 등에서 일어난 시위를 강력히 지지하고, 이들 나라 독재자들에게 국민의 요구를 따르도록 촉구함으로써 중동과 다른 지역으로부터 찬사를 받았다."

BBC는 이렇게 전했다.

"반 총장이 선거에 패배한 코트디부아르의 그바그보 대통령에 대해 강경한 노선을 취함으로써 그를 권좌에서 쫓아냈다. 이로 인해 전 세계로부터 찬사를 받고 있다."

반 총장에 대한 세계 언론의 논조 변화를 단적으로 보여주는 사례는 오랫동안 유엔을 출입한 중진 기자 이안 윌리엄스Ian Williams의 기사였다. 유엔기자협회UNCA 회장까지 지낸 그는 유수한 영어권 일간지와 잡지에 눈길을 끄는 유엔 관련 기사를 기고하고 있었다. 반 총장이 취임하고 6개월이 지났을 무렵 쓴 그의 기사 제목은 '반기 … 누구?Ban Ki … Whom?'였다. "반 총장은 항상 조용하게 이야기하던 전임자 코피 아난보다 훨씬 목소리가 들리지 않는 존재"라는 식의 모욕적 내용으로 가득 차 있었다. 그랬던 그의 기사가 시간이 흐르면서 크게 바뀌었다. 2010년 9월에는 '세상을 어깨에 짊어진 사나이 The man with the world on his shoulders'라는 기사에서 지금까지와는 정반대의 평가를 내리며 반 총장의 변화에 놀라움을 표시했다.

"지구촌 언론과 이들의 영향을 받은 외교관들은 반 총장을 공격하기 일쑤이다. 그러나 그는 국제적 현안에 대해 당초 예상한 것보다 훨씬 강도 높게 이야기해왔다. 반 총장이 처음 취임할 당시엔 그가 부시 행정부에 의해 임명됐고, 보수파인 존 볼턴 주 유엔 미국 대사의 후계자라고 여겨 진보적인 유엔 지지자들은 거의 기대하지 않았다. 그러나 선거 유세 기간 이래 반 총장은 볼턴 대사가 반대한 국제형사재판소와 R2P에 대해 분명한 지지 의사를 표명하고 있었다.”

아울러 유엔 사무총장 연임 선거가 가까워지면서 그는 기사를 통해 반 총장 연임을 대놓고 지지하기에 이르렀다.

“연임이 확정되면 그의 전력에 비춰 반 총장은 옳은 이야기를 할 뿐 아니라, 그의 참모와 회원국 그리고 지구촌 사람들에게 필요한 일을 하도록 영감을 불어넣을 수 있을 것이다. 그는 지금껏 강한 원칙주의를 우리에게 보여주었다.”

언론뿐만이 아니었다. 국제적 인권 단체들도 그에 대해 긍정적 평가를 내놓기 시작했다. 제네바 소재 인권 단체 ‘유엔 워치UN Watch’의 힐리엘 뉴어Hilliel Neuer 대표는 반 총장에 대해 “세계에서 가장 문제 많은 지역에서 인권을 신장시킨, 원칙 있는 지도자”라고 칭송했다.

가장
완벽한 적임자

◆

2011년 4월 즈음 반 총장 주도 아래 튀니지, 이집트, 리비아에 이어 코트디부아르 사태도 어느 정도 진정되고 있었다. 2011년 말로 끝나는 반 총장의 첫 5년 임기가 7~8개월쯤 남은 시점이었다. 관례대로라면 훨씬 전부터 반 총장은 연임 의사를 밝히고 본격적인 선거운동에 들어가야 했다. 그러나 반 총장은 아랍 세계의 민주화 열풍에다 코트디부아르 사태까지 격화되면서 급한 불을 끌 때까지 연임 의사를 밝히는 것은 적절치 않다고 판단했다.

그리하여 굵직한 사건들이 어느 정도 가닥을 잡은 2011년 6월 6일, 기자회견을 열어 정식으로 재선을 향한 출사표를 던졌다. 처음 사무총장 후보로 나섰을 때처럼 짙은 감색 양복에 푸른색 넥타이를 매고 나온 반 총장은 기자들을 향해 자신의 포부를 꺼내 보였다.

"첫 임기 때는 전례 없는 지구촌 변화의 시기에 조정자로서 역할에 최선을 다했습니다. 기후변화를 각국 정부의 최우선 과제로 만든 것이 첫 임기의 가장 큰 성과 중 하나입니다. 좀 더 나은 세상을 위해 좀 더 강한 유엔을 만들겠다는 계획은 아직도 진행 중입니다. 이를 성공적으로 마치기 위해 5년 더 봉사하기로 했습니다. 유엔 회원국이 지지해준다면 연임의 영광을 맞고 싶습니다."

회원국들로부터 지지를 받고 싶다며 겸손하게 이야기했지만, 당시 유엔 안팎에서는 그의 재임을 기정사실로 받아들이고 있었다. 반 총장의 재임이 확정적인 이유는 여럿이었다. 무엇보다 유엔 총장 선출의 열쇠를 쥔 5개 안보리 상임이사국 모두가 반 총장 연임을 지지했다. 유엔에 가장 많은 분담금을 내고, 그만큼 강력한 발언권을 가진 미국도 전폭적으로 지지를 보냈다. 반 총장은 연임 선언 4개월 전인 2011년 2월 말, 백악관에서 오바마 대통령을 만난 자리에서 이미 지지 의사를 확인했다고 한다.

중국도 그해 1월 초, 외교부 대변인 브리핑을 통해 반 총장에 대한 우호적 입장을 시사했다. 홍레이洪磊 외교부 대변인은 반 총장 연임과 관련해 "우리는 유엔과 사무총장의 업무를 지지하고 협조해왔으며 앞으로도 그렇게 할 것"이라고 발표했다. 사실상 지원의 뜻을 표명한 것이었다. 이 밖에 프랑스의 사르코지 대통령과 러시아의 드미트리 메드베데프 당시 대통령 그리고 영국의 고든 브라운Gordon Brown 총리 역시 지지를 약속했다.

각국의 지도자들도 지난 4년여간 정상회담을 통해 반 총장의 인간적 매력, 원칙에 충실하는 일관된 자세 그리고 근면하고 솔선수범하는 업무 태도에 깊은 인상을 받았다. 상임이사국들은 유엔에 주재하는 자국 대사들의 보고를 통해 일찌감치 반 총장이 계속 유엔을 이끌어야 한다는 판단을 내렸을 가능성이 컸다.

경쟁자가 없다는 점도 반 총장 연임을 확정 짓는 요인이었다. 세계 언론에 반 총장의 경쟁 후보로 오르내리던 룰라 전 브라질 대통령, 러드 전 호주 총리 그리고 클라크 전 뉴질랜드 총리 모두 출마 의사가 없음을 밝힌 바 있다. 물론 3명 모두 유엔 사무총장 자리에 욕심이 없었다고는 장담할 수 없다. 그래서인지 이들 중 반 총장 퇴임 후를 노리는 인물이 있다는 보도가 끊이지 않는다.

마지막으로 2011년에 일어난 아랍의 봄과 그 이후 그가 보여준 결단력은 회원국들의 신뢰를 얻기에 충분했다. 그가 새롭게 보여준 강력한 리더십이 회원국들의 마음을 단단히 사로잡았다.

반 총장의 연임 절차는 일사천리로 진행됐다. 연임에 도전한다는 공식 발표에 앞서, 반 총장은 아시아 지역 대사들과 조찬을 하면서 지지를 호소했다. 한국 출신의 반 총장이 친정 식구에게 도움을 호소하는 자리였다. 그 자리에서 모든 대사가 앞다퉈 지지 연설에 나서는 바람에 당초 1시간으로 예정한 조찬 시간을 30분 더 연장해야 했다. 심지어 유엔과 다소 껄끄러운 관계인 이란과 이라크, 시리아 대사까지 나서 반 총장이 자국에 어떤 친절과 도움을 주었는지, 개인적으로 얼마나 그를 존경하는지 등을 침이 마르게 칭찬하기도 했다. 북한 신선호 대사도 반 총장에게 악수를 청하며 "솔직히 저 앞에 나가서 발언은 못 하지만, 반 총장님의 재선을 전폭적으로 지지한다"고 넌지시 지지 의사를 비쳤다고 한다.

그런데 이 자리에서 예상치 못한 장면이 연출되었다. 시간 관계상 53개국 중 40번째에서 지지 발언을 끊고 반 총장의 답사를 들으려는 순간이었다. 만면에 웃음을 지어도 모자랄 반 총장이 눈물을 흘리며 울먹이는 것이었다. 기대 이상의 폭발적 지지 발언에 고락을 함께해온 아시아 동료들의 우정을 절절히 느낀 듯했다. 그는 눈물이 가득 고인 얼굴에 흐느끼는 목소리로 어린아이처럼 자신의 감정을 고스란히 드러냈다.

"오늘 이 자리에서 보여준 여러분의 우정을 결코 잊지 않겠습니다. 재선이 되면 더 열심히 유엔을 위해 일할 것을 약속합니다."

소박하면서도 순수한 반 총장의 진면목이 단적으로 드러나는 순간이었다.

어쨌거나 아시아 지역 이후 아프리카, 미주 등 다른 그룹도 모임을 갖고 반 총장 연임에 대한 전폭적 지지 의사를 공표했다. 다른 지역 대사들 역시 아시아 그룹 못지않게 반 총장에 대한 찬사와 지지를 보냈다.

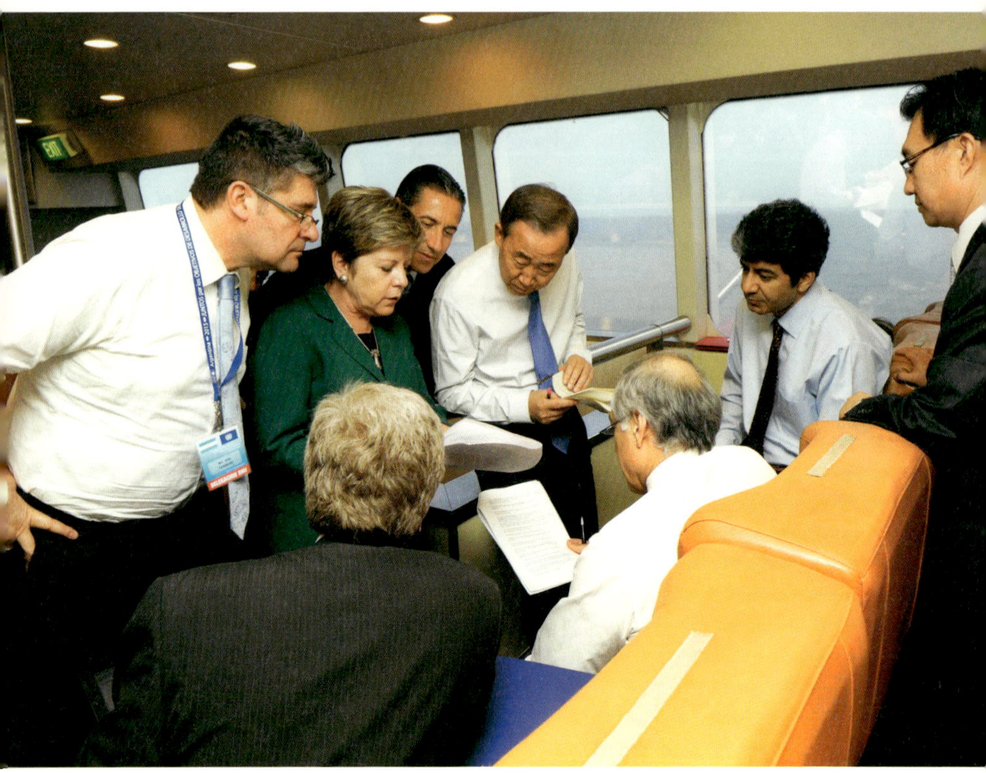

ⓒ UN Photo/Evan Schneider

◆

라플라타 강을 타고 몬테비데오로 이동하는 배 안에서도 회의는 계속되었다. 화산 폭발로 인해 남
미 순방 일정은 건강한 사람도 쓰러질 정도의 강행군이었다.

이렇게 각 지역 대사들의 지지를 확보한 반 총장은 6월 10일 홀연히 뉴욕을 떠났다. 오래전부터 잡혀 있던 남미 순방 일정 때문이었다. 첫 방문국으로 콜롬비아를 찾은 반 총장은 후안 마누엘 산토스Juan Manuel Santos 대통령과 정상회의를 가진 뒤 12일, 다음 목적지인 아르헨티나를 향해 출발했다. 그런데 칠레의 푸예우에Puyehue 화산이 폭발하면서 생겨난 화산재 때문에 비행기가 착륙하지 못하는 사태가 벌어졌다. 다음 날 새벽, 반 총장 일행은 서쪽으로 700킬로미터 떨어진 지방 도시 코르도바Córdoba에 불시착했다. 다시 일행은 아르헨티나 정부가 보내준 고속버스를 타고 장장 10시간에 걸쳐 부에노스아이레스Buenos Aires로 달려가야 했다.

한편 이날은 마침 반 총장의 67번째 생일이었다. 어쩔 수 없이 반 총장은 부인 유순택 여사와 고속도로 휴게소 테이블에서 파이 한 조각을 놓고 생일을 자축하기도 했다.

천신만고 끝에 아르헨티나 방문 일정을 마쳤더니, 이번엔 화산재 때문에 우루과이로 가는 비행기가 뜨지 못한다는 소식이 전해졌다. 고심 끝에 이번엔 배로 움직이자는 아이디어가 나왔다. 그리하여 반 총장은 페리를 타고 라플라타La Plata 강을 따라 200킬로미터를 이동해 우루과이 수도 몬테비데오Montevideo로 이동했다.

탈이 나지 않으면 오히려 이상할 정도로 혹독한 일정이었다. 결국 힘든 여정으로 탈진한 반 총장은 우루과이 의회 연설을 앞두고 복통을 일으키며 쓰러졌다. 절대 안정이 필요하다는 의사에 보좌진은 의회 연설을 포기하기를 강권했지만 책임을 저버릴 그가 아니었다. "나를 기다리는 의원들을 그냥 보낼 수 없다"며 결국 의회 연설을 강행했다. 연단에 오른 반 총장은 좋지 않은 컨디션을 감추고 유머로 연설을 시작했다.

> "제가 어릴 적, 한국에서 지구 중심을 향해 계속 파고 들어가면 반대편에 우루과이가 나온다고 배웠습니다. 여러분, 제가 오늘 바로 그렇게 지구 반대편 친구의 나라 우루과이를 찾아왔습니다."

이렇게 입을 뗀 반 총장은 진보적인 호세 무히카José Mujica 대통령이 이끄는 우루과이가 국제 사회에 큰 기여를 하고 있다고 평가하며 유엔과의 협력 관계를 잘 유지하자고 역설했다. 그의 연설이 끝나자 의원 전원이 기립 박수로 경의를 표했다.

우루과이 일정이 마무리되는 가운데 다행히 화산재는 사라져 반 총장 일행은 브라질 정부가 내준 특별기로 다음 행선지인 브라질리아Brasilia로 이동할 수 있었다.

반 총장이 이렇게 사무총장 직무에 충실하고 있는 동안에도 연임 절차는 진행되고 있었다. 지역 대표들의 동의를 얻은 뒤의 절차는 안보리 추천이었다. 17일 열린 안보리 전체 회의에서도 반 총장 연임 결의안은 상정과 동시에 15개 이사국 대표 전원의 박수로 통과되었다. 반 총장의 연임이 사실상 확정된 순간이었다. 마지막 남은 절차는 유엔 총회에서의 인준뿐이었다. 브라질리아에서 이 소식을 접한 반 총장은 현지에서 "연임을 지지해준 안보리 회원국들에 감사하며 앞으로도 유엔 강화를 위해 노력하겠다”는 메시지를 담은 영상을 만들어 보내기도 했다.

2011년 6월 21일, 드디어 그의 연임이 공식적으로 확정되는 날이 밝았다. 오후 3시, 전 세계 192개국 대표의 열렬한 박수 속에 반 총장이 뉴욕 유엔 본부 총회장에 입장했다. 곧이어 의장이 “반 총장의 추천 결의안을 상정하겠다”고 선언하자 전 회원국은 우레와 같은 박수를 보냈고, 반 총장의 연임은 만장일치로 통과되었다. 여기에 걸린 시간은 단 3초에 불과했다.

의장은 반 총장의 취임 선서를 위해 각 지역 그룹 대표와 유엔 간부들의 이름을 호명해 연단 앞으로 불러냈다. 반 총장은 이들 30여 명이 지켜보는 앞에서 유엔헌장에 손을 얹고 다시 한 번 경건하게 취임 선서를 했다.

“나 반기문은 충심을 다해 유엔 사무총장으로서 부여받은 임무를 다할 것을 엄숙히 선서합니다.”

이날의 취임 선서에는 특별한 점이 있었다. 1945년 유엔 창립 당시 샌프란시스코에서 50개 유엔 창립 회원국 대표들이 서명한 원본 유엔헌장이 현장에 있었기 때문이다. 바로 반 총장이 손을 얹고 선서한 그 헌장이었다. 반 총장의 취임을 축하하는 의미로, 미국 정부가 특별히 워싱턴 국립문서기록원에 보관하고 있던 원본을 유엔 측

모든 회원국의 우레와 같은 박수 속에서 반기문 사무총장의 연임이 결정되었다.

© UN Photo/Eskinder Debebe

에 대여해준 것이었다.

이날 행사의 백미는 총회 개최국 대표 자격으로 이뤄진 수전 라이스Susan Rice 유엔 주재 미국 대사의 연설이었다.

"반 총장은 목소리 없는 자들의 목소리에도 귀 기울일 줄 아는 지도자로, 어떤 누구도 유엔 사무총장이란 자리에 대해 반 총장만큼 이해하지 못할 것입니다. 미국 정부는 반 총장에게 감사하고 있습니다. 특히 코트디부아르와 리비아 사태에서 보여준 그의 모습은 단연 평화와 안보의 챔피언입니다."

극찬에 가까운 연설이었다. 쏟아지는 찬사 속에 반 총장은 다음과 같은 수락 연설로 열렬한 지지에 화답했다.

"미래를 바라보면서 단호하고 조화로운 행동을 위한 책무를 느낍니다. 경제적으로 어려운 시기에 우리는 더욱 적은 재원을 사용해 더 좋은 결과를 내야 합니다. 이 모든 문제의 궁극적 파워는 협력입니다. 나는 여러분의 견해와 아이디어를 받아 9월 정기총회에서 광범위한 장기 비전을 제시하겠습니다. 사무총장으로서 유엔 회원국 사이, 또 유엔과 다양한 국제 파트너 사이에 조화를 이루는 사람, 가교를 만드는 사람으로 일하겠습니다."

우레와 같은 박수 속에서 반 총장의 연임 수락 연설은 끝났다. 국제 사회가 비로소 '조용한 외교'와 '적극적 개입'이라는 두 가지 전략을 적재적소에 맞추어 슬기롭게 구사하는 반기문식 리더십을 이해하고 공식적으로 인준하는 역사적 현장이었다.

지속 가능한 성장, 그리고 미래

"세계 인구 70억 명이 우리를 보고 있습니다.
그들은 해결책을 원하고 있습니다. 리더십을 원하고 있습니다.
그리고 우리가 행동하기를 원하고 있습니다."

더 나은
세상을 위하여

◆

반기문 총장의 연임이 확정되고 3개월이 흐른 2011년 9월 21일 뉴욕 유엔 본부 본회의장.

121개국 정상을 포함해 193개 유엔 회원국이 참석한 가운데 제66차 유엔 총회가 열렸다. 버락 오바마 미국 대통령, 원자바오 중국 총리, 니콜라 사르코지 프랑스 대통령 등 세계를 움직이는 거물들이 한자리에 모였다. 미국 외교가의 여장부들인 힐러리 클린턴 국무장관과 수전 라이스 유엔 대사 등도 앞자리에 앉아 정상들의 열띤 연설을 경청해 눈길을 끌었다. 특히 9·11 테러 10주년을 맞아 열린 이번 회의에서는 지구촌의 평화 정착과 폭력 방지에 대한 진지한 논의가 이뤄질 예정이었다.

하지만 이 회의에서는 전 세계 언론의 이목을 끄는 또 하나의 사안이 있었다. 앞으로 5년 동안 다시 유엔을 짊어지게 된 반 총장이 이 중차대한 국제기구를 어떻게 끌고 갈 것인지 포부를 펼쳐 보이는 자리였기 때문이다.

총회 개막에 이어 곧바로 반 총장이 연설을 하기 위해 연단에 올랐다. 밝은 노란색 넥타이를 맨 그는 세계 지도자를 향해 인류가 나아갈 방향을 역설했다. 그의 연설은 한 아이에 대한 이야기로 시작했다.

"신사 숙녀 여러분, 다음 달 말에 한 아이가 태어날 겁니다. 우리 지구 상의 70억 번째 아이입니다. 이 아이를 여자아이라고 합시다. 이 여자아이는 가난하게 살 가능성이 아주 높습니다. 어쩜 건강하고 씩씩하게 자랄 수도 있고, 그렇지 않을 수도 있습니다. 운이 아주 좋으면 교육을 제대로 받고, 세상에 나갈 희망과 꿈에 부풀겠지요. 그럼에도 한 가지 확실한 게 있습니다. 이 아이는 엄청난 규모의, 예측할 수 없는 변화의 세계에 들어설 것이라는 사실입니다. 변화는 환경·경제·지역 정치·기술 그리고 인구 등 많은 면에서 일어날 것이 분명합니다."

인류의 불확실한 미래에 대해 경종을 울리는 호소력 있는 연설이었다.

그렇다면 우리는 이토록 불확실한 미래를 맞아 무엇을, 어떻게 준비해야 할 것인가. 반 총장은 여기에 대한 답으로 자신에게 주어진 새로운 임기 동안 다섯 가지 분야에 온 힘을 쏟을 것을 다짐했다.

"첫 번째이자 가장 중요한 것은 지속 가능한 발전입니다. 우리의 지구를 살리고, 인류를 가난에서 구하고 경제를 발전시키는 것. 이 모든 것은 같은 일이며 하나의 싸움입니다.

두 번째는 예방입니다. 우리는 갈등이 폭발하기 전, 이를 사전에 막을 경우 얼마나 많은 것을 아낄 수 있는지 잘 알고 있습니다.

세 번째는 유엔의 가장 기본 의무로, 더욱 안전하고 안정된 세상을 만드는 것입니다. 중동, 수단 등 많은 지역에서 유엔은 이런 문제에 가장 먼저 대응해왔습니다.

네 번째는 개혁의 길을 걷고 있는 국가를 지원하는 것입니다. 올해 북아프리카와 중동에서 발생한 일들은 우리에게 많은 영감을 줍니다. 아랍의 봄을 모든 이를 위한 전정한 희망의 계절로 만듭시다.

마지막으로 모든 분야에서 여성 및 청소년과 함께 그리고 이들을 위해서 일해야 합니다. 여성은 이 세상의 절반이며 청소년은 우리의 미래입니다."

연설이 끝나자 우레와 같은 박수가 터져나왔다. 연임에 임하는 반 총장의 의지는 굳건했지만 그의 앞날은 결코 순탄하지 않다.

우선 2010년 튀니지에서 시작한 아랍 세계의 민주화 바람으로 튀니지, 이집트, 리비아 등에서는 독재 권력이 무너졌다. 그리고 시리아 등에서는 그 여파가 격심한 내전 상황으로 번지며, 10만여 명이 숨지는 참극이 발생하기도 했다. 또 이집트 등에서 독재자는 사라졌지만 이슬람 원리주의자와 세속주의자들 간의 피비린내 나는 갈등

반 총장은 인류의 불확실한 미래에 대해 한발 앞서 고민하고 있다.

이 불거지며 극도의 혼란 상황이 이어지고 있다. 미국의 점령 이후 누리 알말리키Nouri al-Maliki 총리 지휘 아래 시아파 위주의 정책을 계속 펴오던 이라크의 정세 역시 불만을 품은 수니파◆ 급진 세력의 반발로 악화 일로를 걷고 있다.

유엔에 입성한 반 총장은 지난 임기 동안 이러한 분쟁을 중단시키기 위해 생명의 위협도 무릅쓰며 각고의 노력을 기울여왔다. 그럼에도 불구하고 지구촌은 여전히 곳곳에 폭탄이 도사린 것처럼 위험하고 불안하기만 하다.

당장 한반도부터 고질적인 긴장 상황에서 한 발짝도 나아가지 못하고 있다. 북한은 여전히 핵무기를 보유한 채 걸핏하면 주변국을 위협한다. 그런 북한을 어쩌지 못하는 상황에서 한반도 비핵화 노력은 지루하게 계속되고 있으며, 반 총장은 취임 이래 공개적으로 방북 의사를 밝혀왔지만 이루어지지 못했다. 실제로 한두 번은 성사 직전에 무산된 것으로 알려져 있다.

나아가야 할 목표는 당장의 평화와 안전 문제뿐만 아니다. 좀 더 근본적이고 장기적인 빈곤 극복과 환경 문제에서도 역시 반 총장이

◆　　수니파는 이슬람의 여러 교파 중 가장 큰 세력을 차지한다. 스스로 정통파라고 주장하지만 관용적이고 융통성 있는 교리로 교세를 확장했다. 카자흐스탄, 파키스탄, 중동, 알제리, 이집트 등 이슬람을 수용하는 대부분의 지역에서 수니파가 주류를 이루고 있다. 이에 반해 시아파는 이슬람의 세속화에 반대하는 독실한 교리를 따르며 주로 이란, 이라크, 시리아 등의 지역에서 주류를 이룬다.

헤쳐나가야 할 난제는 산처럼 쌓여 있다. 2000년에 시작한 MDG는 2015년을 기준년으로 삼고 있다.

MDG는 전임자인 코피 아난의 작품이지만, 이를 얼마나 달성했는지는 반 총장의 업적으로 기록될 수밖에 없다.

문제는 이들 목표 대부분이 선진국의 전폭적인 경제적 지원 없이는 달성하기 어렵다는 점이다. 지금도 세계 경제는 2009년 불어닥친 금융 위기의 여파에서 완전히 회복하지 않았다. 게다가 많은 유럽 국가가 재정 위기로 침체를 거듭하고 있다. 이런 경기 불황 속에서 선진국들을 설득해 충분한 지원을 이끌어내는 것은 반 총장으로서도 가장 고민스러운 부분이다.

무엇보다 중요한 과제는 2015년 MDG가 종료된 이후, 어떤 청사진을 가지고 후진국의 경제와 사회 개발 문제에 접근할 것인가이다. '포스트 2015'라 일컫는 이 어젠더는 어떤 문제를 핵심 현안으로 삼을 것이며, 어떤 목표를 설정할지에 관한 논의이다. 요컨대 수많은 이슈 중에서 지금의 인류를 위해 가장 중요한 사안을 결정하고, 유엔이 나아갈 목표를 결정하는 것이다.

마치 영화 속 주인공에게 주어지는 미션처럼 인류의 미래를 고민하는 일, 결코 쉽지 않은 이 일을 주도해야 할 주인공이 바로 반 총장이다.

환경 문제에서도 그의 어깨에는 엄청난 짐이 지워져 있다. 이산화탄소 감축을 위해 1997년 체결한 교토의정서 체제는 2020년이면 그 협약이 끝난다. 따라서 2020년 이후에 적용할 새로운 온실가스 감축 체제를 마련해야 하는 과제도 안고 있다.

현재 세계 각국은 포스트 교토의정서 체제를 2015년 파리에서 열리는 유엔기후변화협약 당사국총회에서 마무리 짓기로 합의한 상태이다. 온실가스 배출 문제는 전 세계 각국에 극히 민감한 문제이다. 생산 공장을 가동하다 보면 이산화탄소를 뿜어내지 않을 수 없는 것이 현실. 그러다 보니 이 문제는 한 나라의 산업 발전과 직결되어 있다. 각국은 일단 2015년까지 자신들의 방안을 제출한 뒤 이를 놓고 절충안을 찾기로 했다. 이런 측면에서 2015년은 지구온난화 방지 측면에서도 매우 중차대한 해가 아닐 수 없다. 물론 각국의 첨예한 이해관계를 조율해 타협안을 끌어내는 최종 과제는 유엔의 몫이자 반 총장의 책임이다.

그렇다면 2016년 말까지 이어지는 두 번째 임기 동안 산적한 과제와 함께 유엔을 이끌어나가야 하는 반 총장의 의지는 어떠할까? 연임 확정 후, 유엔의 리더로서 그의 의지를 짐작케 하는 발언이 몇 차례 있었다. 첫 번째는 2011년 6월 초 연임 도전 의사를 밝히면서 던진 출사표이다. 이 연설에서 반 총장은 자신이 구상하는 유엔 모습에 대해 이렇게 선언했다.

"좀 더 나은 세상을 위해 좀 더 강한 유엔을 만들겠습니다."

이 무렵 반 총장이 한 각종 연설과 인터뷰 등에서는 이와 비슷한 내용이 자주 나온다. 취임 초기에는 조용하면서도 효율적인 외교를 주장하면서 이런 전략의 정당성을 역설하던 반 총장이었다. 이와 함께 최대한 몸을 낮추기 위해 노력했다. 심지어 임기 첫해인 2007년 5월엔 한 기고문에서 이렇게 쓰기도 했다.

"농담이지만 나도 나 자신이 '장군general'보다는 '비서secretary'에 더 가깝다는 생각을 하곤 한다. 왜냐하면 사무총장도 단결된 안전보장이사회 앞에서는 힘을 쓰지 못하기 때문이다."

사무총장의 영문 표기 'Secretary-General'이 묘하게도 '비서secretary'와 '장군general'이 결합된 단어라는 점을 이용해 앞으로 어떻게 처신할 것인지를 드러낸 표현이었다.

그러나 첫 번째 임기 후반에 접어들면서는 포악한 독재자들을 누구보다도 강력히 규탄하는 정의의 투사로 변신했다. 결코 비서가 아닌 용맹한 장군의 모습이었다. 결국 임기 후반에 보여준 모습과 그간의 발언을 종합해보면 그의 메시지는 분명하다.

"과거에는 조용한 외교에 치중했다면 앞으로는 좀 더 적극적인 외교를 통해 강한 유엔을 만들겠다."

그의 이러한 변화에 대해서는 유엔에 퍼져 있는 전통적인 해석도

반 총장은 스스로에게 그리고 세계의 지도자들에게 행동하는 리더십을 외쳤다.

있고, 반 총장 자신이 직접 설명한 적도 있다.

먼저 전통적인 해석에 따르면 본래 유엔 사무총장이란 자리가 본질적으로 첫 번째 임기 때는 회원국, 특히 거부권이 있는 5개 안보리 상임이사국의 눈치를 볼 수밖에 없다. 그러다 연임에 성공하면 그때부터 자신의 소신대로 밀어붙이는 힘을 얻게 되어 좀 더 강력하게 업무를 추진한다는 설명이다. 그 이유는 물론 연임을 의식할 필요가 없기 때문이다. 그래서 국제 무대에는 이런 말이 있다.

> "유엔 사무총장Secretary-General은 비서secretary처럼 왔다가 장군general처럼 간다."

실제로 반 총장의 전임자인 코피 아난도 취임 초기엔 물러터졌다는 호된 비판에 시달렸지만 임기 후반으로 갈수록 강대국, 특히 미국을 날카롭게 비판해 장군의 풍모를 지닌 사무총장이란 호평을 얻었다. 그는 특히 미국의 이라크 침공을 강력하게 비난했는데, 2006년 12월 공식 이임 연설에서까지 "부시 정권이 테러와의 전쟁이란 이름으로 막대한 인권 유린을 자행했다"고 공격하기도 했다.

예외적인 케이스라면 이집트 출신의 6대 사무총장 부트로스 부트로스갈리 정도이다. 부트로스갈리는 유엔을 미국의 영향에서 탈피해 좀 더 독립적인 기구로 만들려는 과정에서 미국의 미움을 사 연임에 실패했다는 평을 받았다. 어쨌거나 일반적으로 사무총장이란 자리에 대해서는 '후반으로 갈수록 강해진다'는 통념이 존재한다.

하지만 반 총장의 변신에는 또 다른 이유가 있었다. 이에 대해서는 반 총장 자신이 미국 언론인 톰 플레이트Tom Plate와의 인터뷰에서 설명한 적이 있다.

"두 번째 임기 때는 좀 더 강하게 밀어붙이려 합니다. 그동안 독재자들을 상대하면서 많이 실망했기 때문입니다. 나는 그간 진심을 담아 아주 겸손하게 그들에게 호소했습니다. 하지만 그들은 자신이 한 말을 지키지 않는 때가 많았습니다."

직접 만나 대화하고 설득한 독재자 중 상당수가 민주화나 탄압 중단 같은 약속을 하고서도 실제로는 전혀 지키지 않은 쓰라린 경험을 기억하고 있었다. 이 때문에 상황에 따라, 또는 상대의 됨됨이에 따라 조용한 외교 전략과 함께 거센 비판과 압력 등 적극적 방법을 동원하겠다고 마음먹은 것이 분명했다.

이렇게 결심한 시점에 공교롭게도 두 번째 임기가 시작되었다. 연임에 대한 부담에서 벗어나 자신의 의지와 소신을 강하게 밀어붙일 수 있는 조건이 만들어진 것이다. 그런 의미에서 두 번째 임기는 자신의 족적을 남기기에 더없이 좋은 기회가 될 것이다.

지금 반 총장은 원대한 꿈을 꾸고 있다. 자신의 열정과 노력 그리고 솔선수범하며 스스로를 낮추는 아시아적 리더십을 통해 좀 더 나은 세상을 실현하는 꿈이다. 그 꿈을 향해 오늘도 격려와 설득 그리고 행동을 멈추지 않는다. 그는 두 번째 임기의 목표를 소개한 2011년 9월 유엔 총회 연설에서 그 자리에 참석한 세계 지도자를 향해 이렇게 외쳤다.

"세계 인구 70억 명이 세계를 이끄는 지도자인 우리를 쳐다보고 있습니다. 그들은 해결책을 원하고 있습니다. 리더십을 원하고 있습니다. 그리고 우리가 행동하기를 원하고 있습니다. 우리가 열정과 용기와 확신을 가지고 행동하기를, 우리가 유엔이라는 이름에 걸맞게 단합하여 일치된 행동을 하기를 말입니다. 지도자 여러분, 이 길을 함께 갑시다!"

가장 아픈 손가락

어니스트 헤밍웨이가 그토록 사랑했던 카리브해 한 귀퉁이에 떠 있는 세계 최빈국 아이티. 2010년 1월 12일 오후 4시 53분, 이 조그만 섬나라에서 돌연 지축을 흔드는 강진이 발생한다. 수도 포르토프랭스Port au Prince 남서쪽으로 15km 떨어진 지하 8km에서 북아메리카 지각판과 카리브 지각판이 충돌해 리히터 규모 7.0의 강력한 지진이 일어난 것이다. 지구상에서는 규모 8.0은 물론 규모 9.0도를 넘는 엄청난 위력의 지진도 심심치 않게 발생한다. 그러니 아이티의 지진이 일본처럼 준비가 잘 된 선진국에서 일어났다면 별 피해 없이 넘어갈 수 있었을 것이다. 하지만 이곳은 세계 최빈국 아이티였다. 대부분의 건축물은 소금기 배인 모래로 만들어졌고 철근도 제대로 사용되지 않았다. 수도 포르토프랭스조차 도시 전체가 날림공사 판이었다.

규모 7.0도의 지진에 땅이 흔들리자 주택, 빌딩 할 것 없이 종이 박스마냥 힘없이 부서진 것은 물론 의사당 건물과 대통령궁 지붕까지 폭삭 내려앉았다. 삽시간에 거리 곳곳은 건물 잔해에 덮인 시체로 뒤덮였다. 무너져 내린 건물에 깔린 부상자들의 "살려 달라"는 고함 소리가 천지에 진동했다. 평온하기만 했던 섬나라의 수도가 불과 몇 분 만에 생지옥으로 돌변한 것이다. 숨진 희생자만 30만 명, 전체 인구의 30%가량인 300만 명이 삶의 터전을 잃었다. 퇴임 때까지 반기문 총장을 내내 힘들게 했던 아이티 사태는 이렇게 시작됐다.

악연일지언정 반 총장과 아이티는 이런저런 이유로 인연이 많았다. 10년 재임 기간 중 6번이나 아이티를 찾았다는 사실이 이를 반증한다. 이는 카리브해에 위치한 다른 섬나라와는 비교도 할 수 없을 정도로 잦은 방문이었다. 반 총장은 바하마에는 한 번도 간 적이 없으며 자메이카와 도미니카공화국에는 딱 한 번, 파나마에는 두 번 방문한 게 전부. 카리브해의 실력자라는 쿠바에도 세 번밖에 가지 않았다. 또 반 총장의 첫 임기 3년 동안 대변인으로 일했던 미쉘 몽타스가 아이티 출신이었다. 저명한 여성 언론인으로 활약했던 몽타스는 같은 기자 출신인 남편이 독재 권력을 비판하다 암살되었고, 자신 역시 보디가드가 총을 맞고 숨질 정도로 여러 차례의 암살 위기를 넘긴 끝에 미국으로 망명해온 인물이었다.

2010년 최악의 지진이 닥치기 전에도 아이티는 온갖 시련을 겪어야 했던 불운의 나라였다. 그러기에 유엔으로부터 많은 도움을 받기도 했다. 지금은 900만 인구의 80%가 하루 2달러 미만으로 사는 최빈국으로 추락했지만 아이티의 출발은 의욕적이었다. 옛 흑인 식민지로서는 유례가 없게 19세기 초반인 1804년, 흑인 노예의 후예들이 당시 이곳을 지배했던 프랑스와 맞서 싸워 독립을 쟁취해냈다. 북아메리카에서는 미국 다음으로 독립한 게 바로 아이티였다. 하지만 주변 어느 나라보다 빠른 독립은 아이티에게 축복 아닌 저주가 됐다. 언제 쳐들어올지 모르는 영국·프랑스·미국 등 백인 국가들로부터 자신들을 지켜내기 위해 나라 규모에 맞지 않는 강력한 군대를 유지해야 했고, 이로 인해 군부세력이 막강할 수밖에 없었다. 제3세계에서 늘 목격되듯, 총·칼을 쥔 강력한 군부는 정치의 유혹에 빠지기 마련이다. 아이티 군부 역시 국내 정치가 혼돈에 빠지면 쿠데타를 일으켜 정권을 잡고, 이 군부 세력이 제대로 국정을 운영하지 못하면 다시 쿠데타가 발생하는 악순환이 반복되고 있었다. 1904년 독립 이래 200여 년간 쿠데타만 30번 이상이었다.

결국 1957년, 쿠데타로 탄생한 군사 정권 하에서 선거가 실시되고, 의사 출신의 프랑수아 뒤발리에François Duvalier가 대통령으로 취임한다. 하지만 민간인 출신으로 새로운 민주주의를 열어줄 거라는 기대와는 달리 뒤발리에는 곧바로 군경을 장악한 뒤 최악의 독재자로 돌변했다. 그리고 대를 이은 독재가 시작되었다. '파파 독Papa Doc'으로 불렸던 뒤발리에가 71년 사망하자 그의 아들 장 클로드 뒤발리에 Jean-Claude Duvalier가 또다시 정권을 장악, 1986년 또 다른 쿠데타로 쫓겨나기까지 무려 31년에 걸친 뒤발리에 부자의 독재 정권이 아이티를 지배했다. 이후에도 아이티에는 평화와 안정이 찾아오지 않았다. 계속되는 정치적 혼란, 2004년 허리케인과 홍수까지 겹치고, 반군세력까지 나타나자 결국 아이티 정부는 유엔에 도움을 요청한다. 그렇게 유엔 안보리 결정에 따라 2004년 4월, '아이티안정화지원단 MINUSTAH'이 만들어졌다.

반 총장은 취임 첫해인 2007년 8월, MINUSTAH를 시찰하기 위해 처음으로 아이티를 찾았다. 그는 도착 즉시 공항 인근에 위치한 MINUSTAH 본부를 찾아가 9,000여 명의 유엔 평화유지군 소속 장병들을 위문했다. 그리곤 르네 프레발 Rene Preval 대통령과 의회 지도자 등을 차례로 만나 아이티의 안정화 및 마약 범죄 퇴치 방안 등을 논의한 뒤 다음 목적지인 바베이도스로 떠났다. 비교적 특별할 것 없는 순탄한 방문이었다.

하지만 2009년 3월에 이뤄진 두 번째 방문 때는 상황이 완전히 달랐다. 한해 전인 2008년, 4개의 대형 허리케인이 아이티에 들이닥쳐 800여 명이 숨지고 10억 달러의 재산피해가 났기 때문이다. 도로 등 사회간접시설도 결정적인 타격을 입고 경작지의 70%가 망가졌다. 이로 인해 식료품 값은 천정부지로 치솟았다. 때마침 불어닥친 국제 곡물 가격 인상은 아이티의 식품난을 부채질했다. 결국 1년 동안 식료품값이 평균 50%나 뛰어오르자 2008년 4월, 수도 포르토

프랑스에서는 폭동이 일어났다. 분노한 시민들은 상점들을 약탈했으며 심지어 정부 기관의 창고까지 무차별적으로 습격해 결국 최소 7명이 숨지는 유혈사태가 발생하기도 했다. 게다가 같은 해 10월 설상가상으로 허리케인이 연달아 들이닥치자 아이티에서는 돈이 있어도 식량을 못 구하는 최악의 상황이 빚어졌다. 얼마나 식량난이 심각했는지 '진흙 쿠키'까지 등장해 국제 사회를 아연케했다. 진흙 쿠키는 말 그대로 채에 곱게 거른 진흙에 물과 소금, 그리고 마가린을 넣고 구워 만든 것이다. 영양분 있을 턱이 없는, 그저 잠시 공복감을 잊게 해주는 가짜 음식이었다. 하지만 먹을 게 없는 아이티 주민들은 진흙 쿠키로라도 배를 채우지 않으면 견딜 수 없었다.

최악의 기아와 혼돈에 빠진 아이티의 상황이 나아질 기미가 보이지 않자 반기문 총장은 전 세계 미디어의 관심을 환기시키는 동시에 해결책을 마련하기 위해 2009년 3월 이틀 일정으로 현장을 직접 방문한다. 특히 이때는 빌 클린턴 전 미국 대통령도 반 총장과 함께 아이티로 날아가 세계 언론의 특별한 주목을 받았다. 클린턴 전 대통령이 재임 시절, 아이티에 특별한 관심을 쏟았었다는 사실을 안 반 총장이 그에게 동행을 요청해 두 사람의 아이티행이 이뤄졌던 것이었다. 반 총장과 클린턴은 공항에서 내리자마자 관례적인 환영 행사도 생략한 채 아이티 최대 빈민촌인 시테솔레일로 직행, 현지 상황을 점검했다. 그리고는 르네 프레발 대통령을 만나 "아이티 재건을 위해 국제 사회가 나서도록 독려하겠다"고 약속한다. 실제로 반 총장은

© UN Photo/Eskinder Debebe

계속되는 아이티 재앙의 해결을 위해 2009년 3월 반 총장은 현장을 찾았다. 이때는 아이티에 특별한 관심을 가졌던 클린턴 전 대통령이 함께 했다.

두 달 후 클린턴을 특사로 임명해 아이티 재건에 박차를 가했다.

하지만 반년 후, 과거와는 비교도 할 수 없을 정도로 엄청난 재앙이 다시 아이티에 밀려왔다. 어쨌거나 이 카리브해 최빈국에 최악의 지진이 덮친 것은 2010년 1월. 지진 피해는 물론 이후 벌어진 혼란은 이루 말할 수 없을 정도로 심각했다. 도로·항만 등 기반시설이 파괴되는 바람에 구호품 공급이 늦어지자 굶주린 주민들의 상당수가 폭도로 돌변했다. 이들은 건물 잔해 속의 물건을 훔치거나 상점에 침입, 약탈하기 일쑤였다. 최악의 사태가 재연되자 반기문 총장은 가장 먼저 각국에 대한 지원 호소에 나섰다. 그는 맨해튼 관저에서 밤늦도록 각국 지도자에게 전화를 돌리며 최대한의 자금을 내달라고 부탁했다. 고향인 한국 정부에도 SOS를 친 것은 물론이었다. 한국에 기대보다 적은 액수가 배당됐다는 이야기를 듣고 난 뒤 반 총장은 좀더 강력한 지원을 부탁하기 위해 이명박 대통령에게 전화를 걸었다. 반 총장은 먼저 "도와줘서 고맙다"고 정중히 감사 인사를 한 뒤 지나가는 말처럼 슬쩍 귀띔을 했다,
"그런데 일본은 500만 달러를 내기로 했다고 합니다."

웬만하면 일본에 질 수는 없다고 생각하는 한국인의 성향을 떠올렸나 보다. 이 이야기가 이명박 대통령의 자존심이 건드린 것인지 이 대통령은 그 다음 날 다시 반 총장과 통화하며 이렇게 얘기했다. "그럼 우리는 400만 달러를 더 내겠습니다." 그러자 반 총장은 일본

총리에 전화를 걸어 아이티 문제를 논의하며 한마디를 보탰다. "한국 정부가 500만 달러 기부를 약속했습니다."라고. 경제 규모로 보나 인구로 보나 한국과 같은 수준의 지원금은 일본으로서는 자존심이 상하는 일이었다. 자연히 이번에는 일본 총리가 액수를 올렸다. "1000만 달러를 내겠습니다."

결국 양국 간의 자존심 대결 끝에 한국은 1000만 달러의 지원금과 함께 119구조대와 구조견, 그리고 아이티 지원을 위해 결성된 단비 부대를 현지에 급파한다. 일본은 7000만 달러를 냈다. 반 총장이 의도적으로 한·일 간 경쟁 심리를 부추겨 최대한의 지원을 끌어내는 데 성공한 것이다. 어쨌거나 이처럼 가능한 한 많은 지원을 확보해놓은 뒤 반 총장은 다시 지진으로 폐허가 된 아이티로 급히 날아갔다. 클린턴 전 대통령의 야심찬 프로젝트를 시작한지 딱 10개월만이었다. 반기문 총장이 폐허가 된 아이티의 수도 포르토프랭스에 도착한 건 지진 발생 5일째였던 1월 17일 오전. 그를 처음 맞은 것은 에드몬트 물레 MINUSTAH 임시 단장이었다. 단아한 선비풍 외모의 과테말라 출신 외교관인 물레는 MUNUSTAH의 직전 단장으로 당시 유엔 본부의 평화유지군 담당 유엔 사무차장보로 일했다. 그런 그가 임시 단장을 맡게 된 것은 헤디 아나비 MINUSTAH 단장이 아이티 지진으로 숨졌기 때문이었다. 물레 임시 단장으로부터 상황 설명을 들은 반 총장은 이어 르네 프레발 아이티 대통령과 만나 피해 복구와 희생자 구호를 위한 유엔과 아이티 간 협력 방안을 논의했다.

그런 뒤 반 총장이 가장 먼저 찾은 곳은 MINUSTAH 본부로 사용되다가 지진으로 완전히 무너져 내린 크리스토퍼 호텔이었다. 2004년 MINUSTAH가 창설된 뒤 줄곧 본부 건물로 사용됐던 이 크리스토퍼 호텔은 지진으로 완전히 무너져 내려 아나비 단장을 포함, 100여 명의 유엔 직원이 숨지는 참변을 낳았다. 유엔 창설 사상 최악의 인적 피해였다. 반 총장은 'UN'이란 글자가 선명한 흰색 SUV를 타고 건물이 완전히 부서져 내린 현장에 도착했다. 그는 앙상한 철근과 콘크리트 더미만 남은 처참한 광경에 목이 멘 듯 침통한 표정으로 현장을 바라보기만 했다. 산처럼 쌓인 콘크리트 더미 곳곳에서는 행여 생존자가 있을까 수색하는 구조대원들의 손길이 바삐 움직였다. 살아남은 한 유엔 직원이 "잔해 속에서 찾아냈다"며 먼지로 범벅이 된 푸른 색 유엔기를 접어 반 총장에게 건넸다. 유엔기를 정중히 받아든 반 총장은 이를 뉴욕에 가져와 아이티 지진의 처참함과 유엔 직원들의 숭고한 희생을 기리는 데 사용했다.

반 총장은 이어 흰 천에 덮인 시체가 즐비한 도시 곳곳을 돌아다니며 피해 상황을 직접 파악하는 한편 거리에서 만난 아이티 주민들의 이야기를 들었다. 이들이 가장 필요한 것을 확실히 알기 위해서였다. 차마 눈 뜨고는 볼 수 없는 처참함이 온 나라에 가득했다. 구호품이 제대로 전달되지 않자 분노한 주민들은 도로 곳곳에 시체로 바리케이드를 치고 차량 통행을 방해하기도 했다. 뒤늦게나마 구호품이 도착하면 아사 직전의 주민들이 차량으로 몰려들어 악에 바친

아이티 지진의 잔해 속에서 찾아낸 유엔기는 반 총장에게 전해졌다. 이후 유엔 본부에 설치되어 직원들의 숭고한 희생을 기렸다.

몸싸움을 벌였다. 이중에는 칼과 같은 흉기를 휘두르는 사람도 있었다. 생지옥이 따로 없었다.

아이티 전격 방문을 마무리하기 전, 반 총장이 마지막으로 만난 건 유엔 직원들이었다. 그는 이들을 모아 놓고 격려했다.

"이곳에서는 굳이 영웅을 찾을 필요가 없습니다. 그저 주위를 둘러보기만 해도 됩니다. 바로 여기에 영웅들이 있습니다. 여러분들과 함께 일하는 것이 참으로 자랑스럽습니다."

지속 가능한 성장, 그리고 미래

451

　　그런 뒤 반 총장은 숨진 아나비 단장의 시신을 자신의 전세기에 싣고 뉴욕으로 돌아와 유족에게 유엔기와 함께 전달했다. 뉴욕으로 돌아온 반 총장이 제일 먼저 한 일은 아이티를 위한 국제 사회의 지원을 최대한 끌어모으는 작업이었다. 그는 바로 유엔 안보리 소집을 요청해 MINUSTAH에 추가 병력 파견을 호소했다. 안보리 이사국들도 사태의 심각성에 공감해 19일 즉시 2,000여 명의 평화유지군 및 1,500명의 경찰 병력 등 모두 3,500명을 추가로 아이티에 보내는 파병 결의안을 만장일치로 통과시켰다.

　　반 총장은 아이티 복구를 위한 경제적 지원의 필요성을 누구보다 잘 알고 있었다. 이에 그는 3월 31일 뉴욕 유엔 본부에서 열리는 '아이티 원조공여국회의'에서 최대한의 기금이 마련될 수 있도록 사방팔방으로 뛰어다녔다. 이 회의가 성공적으로 치러질수 있도록 3월 15~17일 도미니카공화국 산토도밍고에서 열린 사전모임 '고위급 준비회의'에도 각별한 신경을 썼다. 3월 14일에는 아예 피해 복구 상황을 체크하기 위해 이른 아침 다시 아이티로 날아가 당일 저녁에 뉴욕으로 돌아오는 강행군을 펴기도 했다. 지진 발생 직후 방문했던 피해 현장을 두 달 만에 다시 찾아간 셈이다. 반 총장의 살인적인 일정을 감안하면 매우 이례적인 일이었다. 반 총장은 이번 방문에서도 프레발 대통령을 만나 피해 복구 상황에 대해 세심하게 점검했다. 아이티의 비참한 상황을 국제 사회에 생생하고 구체적으로 전달함으로써 하나라도 더 많은 지원을 얻어내기 위한 노력이었다.

결국 아이티 복구를 위한 반 총장의 노력은 뚜렷한 결실을 맺는다. 120여 개국 및 각종 국제기구 대표가 참가한 가운데 뉴욕 유엔 본부에서 열린 공여국회의에서 아이티 재건을 위해 향후 2년간 이뤄질 53억 달러를 포함, 모두 99억 달러를 제공하기로 결정된 것이다. 아이티 정부가 당초 요청했던 38억 달러를 훌쩍 넘어서는 액수였다. 지원금 마련을 위해 혼신의 힘을 쏟았던 반 총장은 기쁨을 감추지 못했다. 그는 회의 후 기자 회견에서 자신의 감회를 털어놨다.

"프레발 아이티 대통령이 호소했던 '역사와의 만남'이 이뤄졌습니다. 오늘의 결정으로 아이티의 친구들은 기대를 훨씬 뛰어넘는 행동을 취했습니다. 여러분에게 아주 좋은 소식을 전하겠습니다. … 아이티를 위해 유엔이 하나가 된 것입니다."

갑자기 덮친 강진은 누구도 어쩔 수 없는 천재지변이었다. 아이티는 불운을 딛고 일어설 수밖에 없는 운명이었지만 다행히 기대를 넘은 국제 사회의 도움이 결정되면서 순조롭게 복귀의 길로 들어서는 듯 했다.

하지만 아이티는 이후 지진으로 인해 유엔이 사상 최악의 희생자를 낸 것보다 더 큰 비극을 맞게 된다. 누구도 상상하지 못한 재앙. 유엔을, 그리고 반기문 총장을 최악의 곤경에 빠뜨린 건 바로 후진국성 전염병 '콜레라'였다.

아이티에서 발견된 적이 없던 콜레라가 발생했다는 소식이 날아든 건 재건 사업이 한창이던 2010년 10월 12일. 나흘 전인 8일 네팔 출신의 평화유지군 400여 명이 포르토프랭스 북동쪽으로 약 100km 떨어진 메이유Meille라는 지역에 캠프를 쳤다. 이런 상황에서 이곳에서 2km 남짓한, 아르티보니테 강Artibonite River으로 연결된 미레발레Mirebalais란 작은 마을에서 첫 콜레라 환자가 나타난 것이다.

네팔 유엔 평화유지군이 의심 받을 수밖에 없던 이유는 확실했다. 우선 한 해 전인 2009년 네팔에서 콜레라가 심하게 유행했었으며 게다가 그 전까지는 아이티에서는 한 번도 이 역병이 번진 적이 없었다. 따라서 아이티 주민들은 강에 버린 네팔군의 폐기물 속에 묻어있던 콜레라균에 강물이 오염되었고, 그 물을 마신 사람들이 병에 걸렸다고 주장하고 나섰다. 하지만 네팔군은 이를 전적으로 부인했다. "유엔의 기준에 맞게 하수처리 시설을 완비했기에 설사 네팔군 폐기물에 콜레라균이 섞여 있더라도 강물을 오염시켰을 리 없다"는 설명이었다. 어쨌거나 아이티 역사상 처음으로 발생한 콜레라는 삽시간에 전국으로 번져나갔다. 상하수도 시설이 제대로 갖춰져 있지 않았던 터라 중부 지역의 젓줄과 같은 아르티보니테 강을 따라 콜레라 환자가 순식간에 번져나갔다. 그나마 있던 상하수도 시설들조차 최악의 지진에 파괴돼 위생 상태는 더욱 나빠져 있었다. 수인성 전염병이 번지기 좋은 열악한 조건으로 콜레라 환자 수는 기하급수적으로 늘어났다. 환자 수는 첫 환자 발생 열흘 만에 1,500여 명이 되더니 또다시 열흘이 지나자 5,000명을 돌파했다. 결국 한달 만에

1만 2000명 이상의 환자와 800명에 가까운 사망자가 발생했다.

　비상이 걸린 아이티 당국과 국제기구가 황급히 방역에 나섰지만 이미 번질 대로 번진 콜레라를 잡기에는 역부족이었다. 결국 아이티는 전체 900만 명의 인구 중 70만 명이 콜레라에 감염돼 9,000여 명이 숨지는, 금세기 최악의 전염병 피해를 겪어야 했다. 사상 유례가 없던 콜레라가 발생하자 유엔은 정확한 원인을 밝히기 위해 특별위원회를 구성, 조사에 착수했다. 특별위원회가 2011년 5월에 발표한 결과는 예상대로였다. "아이티에서 발생한 콜레라균의 유전인자가 남아시아에서 유행했던 콜레라 균와 정확히 일치한다"는 것이었다. 그리고 덧붙여 콜레라의 확산에 대해 "아이티의 수질 오염 등 여러 원인이 종합적으로 작용했다"고 결론을 내린다.
　아이티 콜레라 발병의 원인이 유엔 MINUSTAH 소속 네팔군에 있음을 인정한 셈이었다.

　공식적인 조사 결과가 나오자 아이티에서는 "유엔에 책임을 물어야 한다"는 여론이 들끓기 시작했다. 콜레라로 목숨을 잃은 희생자들은 물론 치명적인 전염병으로 고통을 받아야 했던 감염자들에 대해서도 응분의 보상을 해야 한다는 게 아이티인들의 생각이었다. 이런 목소리가 갈수록 커지는데도 유엔은 묵묵부답이었다. 결국 콜레라 발생 1년 뒤인 2011년 11월 아이티의 한 인권변호사가 피해자 5,000명을 대신해 "유엔이 책임지고 콜레라 발병에 대한 보상을 하라"는 청원서를 유엔으로 보낸다. 하지만 유엔은 청원을 받아들이지 않았다. 무려 1년 3개월이 지난 2013년 2월에서야 "'유엔면책특권협약Convention on the privileges and Immunities of the United Nations'의 정신에 따라 책임을 질 수 없다"는 답변을 내놓았다.

1946년 유엔 총회에서 통과된 이 협약은 유엔 본부 및 산하 기구 등을 유치한 국가가 부당하게 탄압하는 것을 막기 위해 맺어진 조약이다. 이 협약은 어떤 경우도 유엔 관련 인사와 시설을 사법 처리하거나 압수수색할 수 없도록 이들에 대해 면책특권을 부여하고 있다. 유엔의 답변은 이를 토대로 이뤄진 것이었다.

그러자 아이티인들은 유엔에 대한 집단소송을 정식으로 미국 법원에 제기한다. 아이티 콜레라 희생자들을 대표하는 '아이티 정의·민주주의협회IJDH'가 2013년 10월 뉴욕 맨해튼 법원에 손해배상 소송을 낸 것이다. 정식재판에 들어간다고 해서 유엔의 면책특권이 사라지는 건 아니었다. 1년 3개월에 걸친 재판 끝에 결국 2015년 1월 맨해튼 법원 역시 유엔의 면책특권을 인정해 아이티 희생자들의 요구를 기각한다. 2심 역시 2016년 6월 받아들여지지 않았다.

재판에서 유엔의 면책특권이 확인되었지만 반 총장은 아이티의 사정을 그냥 지켜볼 수만은 없었다. 비록 희생자들의 직접적인 보상에 응할 순 없었지만 유엔 차원의 대책을 제시하고 설득활동을 전개했다.

반 총장이 아이티 콜레라 사태를 해결하기 위해 지원금을 내놓겠다고 밝힌 건 2012년 12월. 그는 유엔 본부에서 기자회견을 열어 "아이티 내 콜레라를 퇴치하기 위한 수질 정화 시설 건설 등을 위해 2억3000여 만 달러를 내겠다"고 밝힌다. 2014년 7월에는 콜레라 확산 상황을 직접 살펴보기 위해 1박2일에 걸쳐 아이티를 직접 찾아간다. 아이티 도착 후 콜레라에 가장 극심한 타격을 입은 로스팔마스 마을을 방문해 피해 가족을 만나 이렇게 약속했다.

> "유엔을 포함한 국제 사회가 여러분들이 콜레라로부터 벗어날 수 있
> 도록 해야 할 도덕적 책임이 있습니다. … 유엔을 믿어주십시오. 제가
> 직접 여기 온 이유입니다. 전 인류가 여러분 곁에 있습니다."

그럼에도 아이티 주민들의 분노는 수그러들 줄 몰랐다. 2015년 말에는 포르토프랭스에 위치한 유엔 건물 앞에서 대책과 보상이 미흡하다는 항의 시위가 벌어졌는데 이 자리에는 반 총장이 보라는 듯 "우리 인권 보호해주세요"라는 플래카드가 등장해 눈길을 끌었다. 시간이 지나도 아이티인들의 항의가 계속되자 서방 언론들이 유엔 비판에 가세하기 시작했다. "아이티 콜레라 구호 사업이 약속과는 달리 지지부진하다"고 꼬집고 나선 것이다. 결국 유엔은 2016년 6월 MINUSTAH 소속 네팔군에 대한 면책특권을 재확인한 2심 판결이 내려진 뒤 그 해 8월, 사실상 책임을 인정하는 서명을 발표한다.

반기문 총장이 성명을 내 "아이티인들이 콜레라로 인해 겪었던 끔찍한 고통에 대해 유엔은 도덕적 책임이 있다"며 "피해자들을 물

적으로 돕는 계획을 마련하고 있다”고 밝힌 것이다. 사과 성명이 나왔지만 언론의 반응은 결코 호의적이지 않았다. 〈뉴욕타임즈〉는 '유엔의 책임 회피'라는 제목의 사설을 통해 "유엔의 책임 인정에 5년이나 걸릴 필요가 없었다”며 "반 총장은 공식 사과와 희생자에 대한 배상과 함께 왜 이토록 오래 걸렸는지 해명해야 한다”고 촉구했다.

그렇다면 왜 유엔과 반 총장은 그토록 오랫동안 책임 인정을 주저했을까. 이 문제를 두고 반 총장의 한 측근은 유엔의 속성상 어쩔 수 없는 조치였다고 설명한다.

"콜레라 발병에 대한 책임을 네팔군에 있다고 유엔이 인정해보라. 네팔에 대해 배상하라는 요구가 쏟아질 게 뻔하다. 그렇게 되면 어느 나라가 다음에 유엔 평화유지군에 자국 군대를 보내려 하겠는가. 이 때문에 2심 판결이 나기 전까지는 도의적 책임에 대해서도 이야기를 하지 않는 게 좋겠다고 변호사들이 조언했을 가능성이 크다. 반 총장으로서도 어쩔 수 없는 상황이었을 것이다.”

어쨌거나 아이티 콜레라 문제와 관련, 유엔은 면책특권에 따라 법률적 배상의무에서는 벗어났지만 "도덕적 책임은 지겠다”고 공언하면서 유엔이 할 수 있는 최대한의 범위에서 아이티를 지원하기로 결정했다.

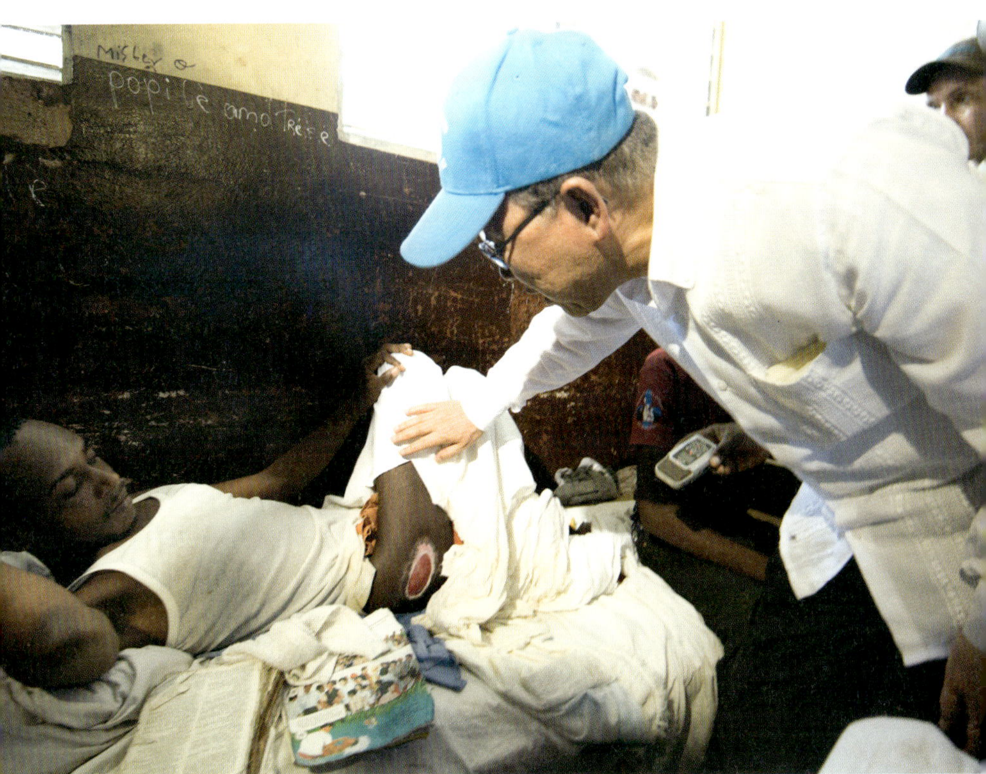

© UN Photo/Eskinder Debebe

반 총장은 재임 기간 중 여섯 번의 방문을 통해 아이티에 대한 각별한 관심과 애정을 드러냈다. 유엔의 수장으로서 어쩔 수 없는 결정에 대한 안타까움이 임기 내내 그를 괴롭혔다.

누구보다 대내외적인 상황을 잘 알고 있는 반 총장이기에 그는 퇴임을 앞둔 2016년 10월 아이티가 다시 허리케인의 피해를 입자 곧바로 재임 중 마지막이자 여섯 번째로 아이티를 방문해 이재민과 콜레라 환자들을 위로했다. 최악의 시기에 비해 발병자 수가 급격히 줄긴 했지만 아직도 콜레라가 완전히 퇴치된 건 아니었다. 이처럼 아이티 콜레라 사태가 완전히 끝나지 않는 채 임기를 마친다는 사실이 반 총장에게는 엄청난 마음의 짐이 되었다.

반 총장은 2016년 9월 20일에 있었던 그의 마지막 유엔 총회 기조연설에서 그의 재임 중 가장 아쉬운 점 가운데 하나로 아이티 사건을 들었다. 짙은 쥐색 양복에 연한 주황색 넥타이를 매고 나온 반 총장은 유엔 본회의장 연단에 서서 지난 10년을 정리하는 연설을 했다. 감회에 젖은 표정으로 지속 가능한 성장, 파리기후변화협약, 팔레스타인·우크라이나 사태 등 임기 중에 일어났던 굵직굵직한 일들을 소개하던 그가 가장 아쉬웠던 두 가지를 언급했다.

"이 자리를 빌어 유엔의 명성에 흠집을 내고 현지 주민들을 병들게 했던 두 상황에 대해 유감을 표시하고 싶습니다. 하나는 유엔 평화유지군에 의해 저질러졌던 성폭력 사건입니다. 두 번째는 아이티 지진 후에 발생한 콜레라 사건입니다. 우리는 감염 환자들을 직접적으로 지원하는 여러 방안을 개발하면서 장기적으로 콜레라에게 가장 효과적으로 대응할 수 있는 급수, 위생 및 보건 시설을 확충하기 위한 노력을 배가하고 있습니다. … 아이티인들에 대한 우리의 의무를 다할 수 있도록 함께 노력합시다."

이처럼 자신의 마지막 고별 연설에서 토로할 정도로 반 총장에게 아이티 사태는 잊을 수 없는 아픈 손가락이다. 하지만 콜레라의 발발이나 공식적 책임에 대한 뒤늦은 인정 모두 유엔의 전후사정을 책임지고 있는 그로서는 어쩔 수 없는 선택이었다는 것이 자명한 사실이었다.

마침내 약속된
인류의 미래

◆

2015년 12월 12일 오후 7시. 프랑스 파리에서 동북쪽으로 10km 쯤 떨어진 외곽 '르 부르제Le Bourget'. 이곳 중심부에 위치한 '르 부르제 컨퍼런스센터'에서는 지구의 앞날을 가를 중대한 국제회의가 열리고 있었다. 새롭게 맺는 국제 협약을 통해 각국의 온실가스 배출량을 획기적으로 감축하려는 '제21차 유엔기후변화협약 당사국총회COP21'였다.

195개 참가국 대표단을 포함, 환경보호 운동가 및 학자 등 회의장을 꽉 채운 2,000여 명은 발표 예정시간인 5시 30분에서 1시간 반을 넘기고도 아무런 소식이 없자 술렁이기 시작했다. '나라간 첨예한 대립으로 최종 타협에 실패한 것 아니냐'는 비관론이 빠르게 번

저나갔다. 오후 7시 17분, 갑자기 회의장 출입문이 열리고 경호원들의 삼엄한 보호 속에 이번 회의의 의장을 맡은 로랑 파비우스Laurant Fabius 프랑스 외교장관, 반기문 유엔 사무총장, 프랑수아 올랑드 프랑스 대통령 등 수십여 명이 한꺼번에 회의장으로 몰려들어왔다. 연단으로 올라가 의장석에 앉은 파비우스 장관은 옅은 미소와 함께 입을 열었다.

"저는 (협약 내용에 대해) 아무런 반대 의견도 듣지 못했습니다. 파리기후변화협약이 통과됐음을 선언합니다. … 역사가 파리에 찾아왔고 우리는 이를 만들었습니다."

그리고는 초록색의 작은 의사봉을 한 번 두드렸다. 즉시 함성과 함께 2,000여 명의 참석자들 모두 자리에서 일어나 옆 사람을 부둥켜안고 터져 나오는 환희를 만끽했다. 장내 곳곳에서 큰 박수와 휘파람 소리가 공기를 갈랐다. 연단 밑 좌석에 앉아 초조하게 발표를 기다리던 세계적인 환경운동가이자 전 미국 부통령 앨 고어도 두 손을 번쩍 들며 기쁨을 감추지 못했다. 20년이나 끌어왔던 새로운 기후변화 체제가 탄생하는 역사적 순간이었다.

곧이어 파리기후변화협약의 내용에 대해 설명하는 순서. 이번에는 이번 협약의 일등공신인 반 총장이 연단 위에 앉아 마이크를 잡았다. 그는 오랫동안 추구해온 목표가 이뤄졌기 때문인지 조금은 상기된 표정으로 자신의 소감을 밝혔다.

"이번 협약은 인류와 지구를 위해 우리 모두가 거둔 기념비적인 승리입니다. 지난 9년 동안 저는 거의 모든 세계 지도자들에게 이 문제를 이야기했고 북극에서 남극까지, 그리고 아마존에서 아프리카 사헬과 아랄해에 이르기까지 기후변화의 최전선을 방문했습니다. 이제 훗날 역사가들이 되돌아보면 기후변화로부터 우리의 미래를 안전하게 보호하기 위한 세계적인 협력이 이곳 파리에서 극적인 전기를 맞았었다고 할 것입니다. 그리고 오늘에야 비로소 우리는 우리의 자녀와 손자들의 눈을 맞추고 쳐다볼 수 있게 됐습니다."

고단하고 기나긴 노력 끝에 결국 이뤄냈다는 안도감 등 만감이 교차하는 듯했다. 특히 이날 파리에서 기후변화협약이 체결된 데까지는 생각하지도 못한 곡절이 많았다. 그렇기에 반 총장으로서는 더욱 감회가 깊은 모양이었다.

협약을 위협했던 이유 중 하나는 회의 개최 17일 전인 11월 13일, IS가 파리에서 자행한 끔찍한 테러였다. 이 테러로 130여 명이나 되는 시민들이 죽거나 다쳤다. 이런 와중에 기후변화협약에 참석하거나 이를 지지하기 위해 파리를 방문할 것으로 예상되는 인원은 4~5만 명. 파리 테러로 국가비상사태가 선포된 상황에서 이들이 평화시위를 한다 해도 프랑스 정부 입장에서는 가만 놔둘 수 없는 처

© UN Photo/Mark Garten

파리기후변화협약이 체결되기까지 누구보다 공들여온 반 총장. 그는 협약의 성공을 위해 각국의 이해관계 속에 고민과 설득을 반복했다.

지였다. 이로 인해 프랑스 정부 내에서도 이 회의를 연기해야 한다는 의견이 제기되었지만 올랑드 대통령이 결단을 내리며 결국 예정대로 회의가 개최되었다. 대신 이번 기후변화회의에 참여하기 위해 파리로 날아온 각국 수뇌부들을 보호하기 위해 철통 같은 경호작전이 펼쳐졌다. 모든 집회는 전면 금지되어, 기후변화협약 체결을 요구하는 평화시위마저 허용되지 않았다. 이에 파리 시민들과 환경운동가 4,000여 명은 협약 체결을 촉구하며 시내에서 3km의 인간 띠를 만들다 경찰에 연행되기도 했다. 결국 이들은 파리 중심부 레퓌블리크 광장에 무게 4톤에 달하는 신발 1만 켤레를 가지런히 늘어놓는 퍼포먼스로 자신들의 뜻을 전했다. 반 총장과 교황도 협약 체결 요구에 동조한다는 의미에서 자신들의 신발을 기증했다.

온실가스 감축이라는 명분에는 동조하지만 온도 상승폭을 얼마까지 허용할 것인지, 그리고 이번 협약에 어느 정도 구속력을 부여할 것인지를 둘러싼 각국 간의 입장 차이도 심각한 걸림돌로 작용했다. 온도 상승폭 논란의 경우, 지구온난화로 해수면이 올라가면 나라 전체, 또는 많은 부분이 바닷물에 잠기게 되는 섬나라들은 최대 상승 한도를 섭씨 1.5도로 묶어놔야 한다고 주장했다. 반면 사우디아라비아와 베네수엘라 등 산유국들은 엄격한 규제로 인한 석유 소비 감소를 우려하여 반대 입장을 보였다.

협약에 담긴 약속의 법적 구속력 부여 문제도 심각했다. 각 나라가 제출한 온실가스 감축목표가 국제법적 구속력을 가질 것인지의 문제였다. 구속력이 있는 것으로 인정하면 국제 사회가 이를 지키지 않는 나라에 대해 책임을 물을 법적 토대가 마련되는 것이다. 어느 나라보다 지구온난화에 민감한 섬나라들은 물론, 환경보호의 의지가 강한 유럽 국가들도 기후변화협약에 법적 구속력을 부여해야 한다고 주장했다. 하지만 이제 막 산업발전에 박차를 가해야 할 개발도상국, 특히 중국과 전통적으로 에너지 소비가 많은 미국은 이를 받아들이려 하지 않았다. 이런 탓에 존 케리 미 국무부 장관은 영국 파이낸셜타임즈와의 인터뷰에서 "이번 기후변화회의에서 법적 구속력을 지닌 합의는 이뤄지지 않을 것"이라고 공언하기도 했다.

한편 반기문 총장은 이후 파리에서의 합의 내용이 제대로 이뤄질 수 있도록 별도의 점검 장치를 마련하자고 제안했다. 그러자 또 이를 둘러싼 찬반 논란도 생겨났다. 그가 내놓은 안은 2020년 이전 각 나라가 온실가스를 얼마나 줄이겠다고 약속한 내용과 실질적인 성과를 비교 검토하여 장기적인 목표를 제대로 이뤄내자는 것이었다. 즉 성적 미달인 국가에 대해서는 더 분발하도록 촉구하자는 것이다. 물론 이 같은 반 총장의 제안에 대해서도 "그렇게까지 할 필요가 있느냐"는 반대의 목소리가 터져 나왔다.

어쨌거나 이처럼 각국의 이해관계가 날카롭게 부딪치는 터라 온실가스 규제 방식에 대한 합의가 순탄하게 이뤄질리 만무했다.

2015년 11월 30일 개막된 회의는 12월 12일에 끝나기로 예정돼 있었으나 막판까지도 최종 타결을 낙관하기가 어려웠다. 결국 12월 10일에는 협상 대표들이 완전히 밤을 새며 논의를 계속하는 등 강행군을 이어가야 했다.

이런 여러 가지 난관 속에서 파리기후변화협약이 극적으로 타결된 데에는 회의를 주도했던 프랑스 외교관들의 세련된 협상 기술이 큰 몫을 했다. 회의 의장을 맡았던 파비우스 외무장관은 물론이고 올랑드 대통령까지 나서서 이해당사국들을 설득하고 또 설득했다. 올랑드 대통령은 특히 미국이 협약에 대한 법적 구속력 부여에 반대하자 "구속력 있는 합의가 아니라면 이는 합의가 아니다"라며 케리 장관을 압박해 결국 항복을 받아내기도 했다. 하지만 파리기후변화협약 체결에 큰 공을 세운 것은 누가 뭐라 해도 단연 반기문 총장이었다.

반 총장이 기후변화 문제에 본격적인 관심을 가지기 시작한 것은 2006년 유엔 총장에 취임한 직후부터였다. 그는 취임 첫해부터 아프리카 등을 돌아다니며 기후변화의 심각성을 알리는 데 온 힘을 쏟았다. 덕분에 2015년 새천년개발목표가 막을 내린 뒤 유엔이 새로운 목표로 삼은 SDGs 역시 기후변화 문제와 밀접하게 연결돼 있다. 기후변화를 막지 못한다면 지속 가능한 성장은 있을 수 없기 때문이다. 이런 배경을 갖고 있는 반 총장이기에 이미 오래 전부터 교토의정서 종료 이후, 온실가스를 적절히 규제할 수 있는 새로운 국제적 협약 체결을 가장 중요한 과제로 삼아왔다.

실제로 그는 강력한 '포스트 교토의정서Post Kyoto Protocol 체제'를 만들어야 한다는 국제 사회의 공감대를 끌어내기 위해 임기 초기부터 여러 지도자들을 설득해 왔다. 특히 새로운 온실가스 방지 시스템이 제대로 작동하려면 교토의정서 가입을 거부했던 미국을 끌어들여야 한다는 믿음으로 오바마 대통령 공략에 공을 들었다. 다행히 오바마는 전임자인 공화당 출신의 부시 대통령보다 훨씬 기후변화 문제에 공감하는 지도자였다. 그래서 반 총장은 파리회의 3개월 전인 8월 초, 백악관을 찾아가 오바마 대통령과 양자회담을 가졌다. 이 자리에서 오바마 대통령에게 파리회의의 성공을 위해 노력해줄 것을 당부하고, 이에 오바마는 "파리회의는 반드시 성공해야 하기에 우리는 아직까지 과감한 계획을 내놓지 않은 국가들을 함께 압박하기로 약속했다"고 화답하기도 했다.

세계 최대의 온실가스 배출국인 중국에 대해서는 우회적인 전략을 사용했다. 반 총장은 파리 회의 직전, 중국 신화 통신과의 인터뷰를 자청했다. 그리고는 "중국이 기후변화협상이 구속력 있는 협약으로 발전하는 데 적극적인 역할을 했다"며 "앞으로 협약이 실현되는 과정에서 중국이 이런 역할을 계속해줄 것으로 믿는다"고 밝히며 중국을 향해 칭찬과 당부의 말을 보냈다.

이에 앞서 반 총장은 각국 정상들이 집결하는 유엔 총회 자리도 파리 회의의 성공을 위해 활용했다. 반 총장이 임기 마지막으로 주

2015년 체결된 파리기후변화협약으로 인류는 기후변화 문제에 더욱 적극적으로 대처하게 되었다.
여기에 가장 큰 공로자로 인정받은 반 총장은 전 세계로부터 커다란 찬사를 받았다.

재했던 2016년도 유엔 총회에서는 그가 다듬어낸 SDGs가 최종적으로 채택됐다. 반 총장은 이 역사적 현장에서 "우리는 가난을 끝내는 첫 세대, 그리고 기후온난화를 막는 마지막 세대가 되자"고 역설한다. 뿐만 아니라 그는 각종 국제회의에서 각국 정상들과 만나는 기회마다 온실가스 배출을 줄이기 위해 노력해줄 것을 당부하기도 했다. 막후에서의 그칠 줄 모르는 반 총장의 진정성 있는 설득은 파리회의가 비교적 순조롭게 마무리되는 밑거름이 되었다. 이 덕분에 유엔 안팎에서는 파리기후변화협약의 성공이 반 총장의 최고 업적이라는 평가가 나왔다. 실제로 미국의 〈워싱턴포스트〉는 2016년 5월 "근 10년에 걸친 반기문 총장의 집념이 없었다면 이 협약은 이뤄지지 않았거나 결실을 맺지 못했을 것"이라고 기사를 올렸다.

미국의 외교전문 잡지 〈포린폴리시〉는 이보다 훨씬 긍정적인 평가를 실었다. 이 잡지는 반 총장의 임기 종료 직전인 2016년 12월, '남한의 대통령을 노리면서 반기문이 유엔에서의 유산을 빛내려 한다With an eye on South Korea's Presidency, Ban Ki-moon seeks to burnish his U.N. legacy'는 제목의 글에서 이렇게 묘사했다.

"반 총장은 임기 첫날부터 온실가스를 제한하기 위한 전 세계적 행동을 실현시키기 위해 열렬히 노력해왔으며 파리협약이 지난 11월부터 신속하게 실시되도록 만드는 데 기여했다는 점에서 인정받을 자격이 있다. … 기후변화 문제는 반 총장의 업적 가운데 왕관에 박힌 보석과 같은 것이다. … 첫 번째 임기에는 보여줄 게 거의 없었기에 C학점짜리 총장이었지만 이제는 B학점짜리 총장으로 기억될 것이다.”

이 같은 국제 사회에서의 긍정적인 평가로 반 총장은 노벨평화상 후보로 추천되기도 했다. ‘충분한 자격이 있다’는 의견이 많았지만 기후온난화의 심각성을 알린 공로로 지난 2007년 유엔 산하 ‘지구변화에 관한 정부간 패널IPCC이 앨 고어 전 미국 부통령과 함께 노벨평화상을 이미 수상한 전력이 있어서인지 수상은 이루어지지 않았다.

대신 반 총장은 프랑스 최고훈장인 레지옹 도뇌르Legion d'Honneur◆를 받았다. 그는 2016년 11월 파리 엘리제궁에서 프랑수아 올랑드 대통령으로부터 직접 훈장을 받았다. 올랑드 대통령은 이 자리에서 반 총장을 이렇게 칭송했다.

“파리기후변화협약이 체결된 것은 무엇보다 당신의 기여 덕분이며 , 오래 전 당신이 이 문제를 어떤 사안보다 최우선으로 두기 시작했기 때문입니다.”

기후변화 문제와 관련해 세계가 반 총장을 어떻게 평가하는지 단적으로 보여주는 장면이었다.

◆　프랑스 최고 권위의 훈장. 1802년 나폴레옹 1세가 만든 것으로, 영예로운 삶을 살거나 뚜렷한 업적을 이룬 정치, 경제, 문화, 종교, 학술, 체육 등 각 분야의 인물에게 수여된다.

새로운 리더, 반기문을 경험하다

수년 전 이 책을 쓰기로 결심한 것은 깊은 안타까움 때문이었다.

유엔 사무총장 반기문. 그는 세계뿐 아니라 한국 역사에서도 중요한 인물로 자리매김했다. 그가 유엔의 수장으로 당선됐다는 소식이 전해지자 온 나라가 열광했다. 한국전쟁 당시 유엔군에 힘입어 북한의 침략을 몰아낸 우리에게 유엔은 곧 구원자이자 은인이었다. 이런 세계 최고의 조직에서 한국인이 리더 자리에 오를 거라고는 아무도 생각하지 못했다.

이런 상황에서 반 총장이 당당히, 그것도 압도적 우세로 유엔 수장에 당선됐으니 온 나라가 흥분한 것도 전혀 이상할 게 없었다. 특히 명문세도가 출신도 아닌 그가 각고의 노력 끝에 명문대에 진학하고 외교관, 외교부 장관으로 승승장구하다 마침내 유엔 사무총장까지 이르게 된 성공 스토리는 가히 '코리안 드림'의 결정판이라 해도 지나치지 않다. 한국의 모든 부모들이 자녀가 그의 열정과 노력을 한 조각이나마 닮기를 바란 것은 당연하다. 공부벌레 같던 어린 시절과 학창 생활, 그리고 시련을 이겨내고 장관이 되기까지 외교관 시절의 이야기는 자라나는 청소년에게 귀감이 되고도 남는다. 그랬기에 이런 성공담을 담은 그의 위인전은 날개 돋친 듯 팔려나갔다.

그러나 유감스럽게도 반기문 총장에 대한 우리의 관심은 딱 거기까지였다. 정작 그가 유엔 사무총장으로 등극한 뒤 온 세상을 누비고 다녀도 도통 무관심했다. 얼마나 불철주야 일을 하는지, 취임 초 서방 언론으로부터 얼마나 냉대를 받았는지 나 몰라라 했다.

언론의 책임도 컸다. 반 총장 당선 때 누구보다 흥분해서 기사를 쏟아내던 언론은 수개월도 지나지 않아 시큰둥해졌다. 뉴스 과다인 우리나라의 어쩔 수 없는 특징이기도 했다. 아울러 세계 11위의 경제 대국임에도 자신의 이익과 직결되지 않는다는 이유로 기아와 기후변화 등 세계적 현안에 무관심한 우리의 좁은 시야 탓도 있었다.

또 하나, 필자를 포함해 반기문 총장이 본격적으로 활동할 당시 뉴욕에서 일하던 한국 특파원들도 비난을 면하기 어렵다. 고백하건

대 취임 초, 반 총장에 대한 부정적 기사를 쓰지 않은 것은 물론이고, 해외 언론이 그에 대해 인신공격에 가까운 비판을 할 때도 이 사실을 본국에 알리는 데 주저했다. 옳고 그름을 떠나 이유는 단순했다. "한국 언론까지 반 총장 흠집 내기에 가세한다면 해외에서 이를 어떻게 보겠느냐"는 무언의 공감대가 형성됐던 것이다. 좋든 나쁘든 독자들의 관심을 끌 만한 이야깃거리가 있어야 이를 보도하는 게 언론의 속성이다. 그랬기에 한국의 독자들은 반 총장이 별 탈 없이 무난히 일을 하고 있을 거라는 착각에 빠질 수밖에 없었다.

이렇게 한국에서 반기문이라는 존재는 점점 희미해져 갔다. 결과적으로 안전보장이사회 진출을 노리며 유엔에 지대한 관심을 갖고 있는 일본에서 반 총장의 소식을 훨씬 더 많이 다루는 슬픈 상황이 벌어졌다.

자고로 미움보다 나쁜 게 무관심이다. 반 총장, 나아가 유엔에 대한 한국인의 무관심은 부작용으로 작용했다. 기아와 분쟁과 같은 국제 문제에 대응하는 한국 사회의 자세를 소극적으로 만들고 결과적으로 반 총장의 발목을 잡는 셈이 됐다. 반 총장이 직무를 훌륭히 수행하기 위해서는 국제 사회 내 한국의 역할이 무척 중요했다. 그럼에도 친정인 한국 정부는 유엔 평화유지군 참여와 후진국 지원 등 국제 현안에 미온적으로 대응했던 게 사실이다. 그러니 반 총장이 어떻게 다른 나라의 적극적인 동참을 요구할 수 있었겠는가.

세상 어느 자리보다 중요한 위치에 있었던 반기문 총장의 이미지는 그간에 그랬듯이 앞으로도 한국인에 대한 세계인의 보편적 인식에 투영될 것이다. 그럼에도 한국인들은 반 총장이 무슨 일을 어떻게 성취했는지 거의 모르고 있다. 그저 몇몇 외국 언론에 비판적인 기사가 실렸다는 것만 알고는 성급하게 반 총장을 비난하기 일쑤다. 비뚤어진 시각으로 반 총장을 비판하는 외국인들을 만났을 때 정확한 정보를 알려주며 바로잡아도 시원치 않는 판에 우리부터 백지 상태이니 참으로 안타까운 일이 아닐 수 없다.

이 모든 상황을 곁에서 지켜본 필자로서는 지금까지 어떤 사무총장보다 고군분투했던 반기문 총장의 활약이 제대로 알려지지 않았다는 게 너무도 가슴 아팠다. 여기에 한 자락 덧붙이자면 반 총장의 이야기를 기왕이면 한국인이 먼저 제대로 쓰고 싶은 마음도 없지 않았다. 앞으로 반 총장의 이이야기는 자서전 형태이든, 아니면 전문 작가의 전기로든 정리될 것이다. 그럼에도 필자는 반 총장과 비슷한 사고방식을 가진 한국인의 시각에서 먼저 그의 진심과 행동을 분석하고 설명하는 것에 충분한 의미 있다고 생각했다.

재주가 모자란 탓에 예상보다 훨씬 많은 시간이 걸렸다. 하지만 그 덕에 얻은 것도 많았다. 무엇보다 삶에 대한 반 총장의 진지한 자세와 심오한 철학을 배울 수 있었다. 특히 반 총장이 유엔 수장으로서 보여준 리더십은 여러 측면에서 되새겨볼 만했다. 반 총장의 리더십은 근검절약, 근면성실, 솔선수범, 청렴결백 등 전형적인 아시아적 가치에 토대를 두고 있다. 부하 직원에겐 따뜻하고 다정한 인간적 리더이기도 하다. 그는 우리가 학교에서 배운 지극히 바람직한 공직자의 덕목을 고스란히 갖추고 있다.

이런 삶과 공직에 대한 태도를 그는 '조용한 외교silent diplomacy'를 통해 구현해 왔다. 비록 서양인들 눈에는 소극적으로 비쳐졌을지 모르지만, 인간적 신뢰를 바탕으로 서서히 변화를 이끌어냈다. 상대의 입장을 이해하고 대안을 찾는 중용의 자세도 선악의 이분법적 세계관에 젖은 서양인으로서는 쉽게 얻을 수 없는 장점이다.

"최고의 선은 물과 같다"는 뜻의 '상선약수上善若水'. 노자의 도덕경에 나오는 이 말이야말로 반 총장이 유엔의 최고 리더로서 추구했던 덕목이었다. 그 자신이 설명했듯 "물은 지혜와 유연함, 부드러운 힘의 상징"이다. 이런 물과 같은 마음으로 유엔을 이끌었던 반 총장의 조용한 외교는 시간이 갈수록 진가를 발휘해 절대 풀릴 것 같지 않던 국제 사회의 많은 난제들이 해결된 게 사실이었다.

하지만 필자는 여기에 중요한 사실을 하나 더 보태고 싶다. 바로 부드러움 뒤에 가려진 반 총장의 결단력이다. 아랍의 봄 사태 때 보여준 원칙과 단호함, 코트디부아르 사태 당시 유엔 평화유지군의 선제공격이라는 전대미문의 적극적 전략은 국제 사회의 커다란 반향을 불러일으켰다. 곁에서 지켜본 반기문 총장은 이처럼 아시아적 가치에 토대를 둔, 온유하지만 원칙에서 물러서지 않는 지도자였다.

반기문 총장에 대한 책을 쓰는 것은 의미 있고 보람된 일이 분명했다. 그러나 막상 집필에 들어가자 펜이 쉽게 나가지 않았다. 4년간의 뉴욕 특파원 시절, 곁에서 그의 활동을 지켜봤다고 생각했지만 그 속에 담긴 뜻과 배경을 이해하기에는 필자의 역량과 소양이 너무나 부족했기 때문이다. 이때 홀연히 나타나 길을 밝혀주고 모자란 지식을 메워준 분이 있었으니, 바로 윤여철 사무총장 특별보좌관이었다. 반 총장의 최측근 참모로서 그를 아주 잘 아는 윤 보좌관의 도움이 없었다면 이 책은 나오지 못했을 것이다.

양서를 만들기 위해 함께 고민하고 눈이 시리도록 원고를 검토해준 김영사 고세규 이사, 박주란 팀장, 김지용 씨도 이 책의 또 다른 산파임에 분명하다.

더불어 국제 문제를 접할 수 있도록 많은 기회를 주고 격려를 아끼지 않으신 홍석현 중앙일보 회장님, 그리고 누구보다 성실한 탐구와 지식욕으로 언론인의 표상을 보여주시는 김영희 대기자님의 도움도 형언할 수 없이 크고 깊었다.

이들의 지원과 격려가 막대했음에도 이 책에 부족함이 있다면 그것은 전적으로 필자의 아둔함 때문이다.

비록 반기문 총장의 세계를 제대로 전하는 데 분명 부족함이 있

겠지만, 그럼에도 이 책을 평생의 스승이자 올바른 삶의 길을 보여
주신 부모님 남시욱·김은산, 사랑하는 아내 김선혜, 그리고 윤성과
윤지에게 바친다.

2017년 남정호

반기문 총장이 걸어온 길

반기문 제8대 유엔 사무총장은 1944년 6월 13일 충청북도 음성군 원남면 상당리, 광주 반씨 집성촌 행치마을에서 아버지 반명환潘明煥, 작고 씨와 어머니 신현순辛鉉順 씨의 4남 2녀 중 장남으로 태어났다. 위로 형과 누나가 있었으나 어릴 적에 숨져 반 총장이 장남으로 컸다.

일제 강점기에 충주농고를 나온 아버지 명환 씨는 졸업 후 물류 업체인 충북산업의 소장을 지냈으며, 어진 인품으로 존경받았다. 회사 봉급이 적지 않아 반 총장이 어릴 적에는 비교적 넉넉하게 살았지만 명환 씨가 친구의 보증을 잘못 서는 바람에 가세가 기울었다고 한다. 어려운 형편에도 반 총장은 초등학교 시절부터 착실하고 열심히 공부하는 학생이었다. 당시 충주 일대의 수재들이 모인다는 교현 초등학교에서부터 두각을 나타냈던 반 총장은 지역 명문인 충주중을 거쳐 충주고에 진학한다. 당시는 중고교 모두 입학시험에 합격해야 진학하던 시절이었다. 반 총장은 모든 과목에 우수한 성적을 거뒀지만 그 중에서도 특히 영어에 소질을 보였다. 그리고 뛰어난 영어실력이 반 총장의 삶에 커다란 영향을, 특히 고교 시절에 그의 운명을 결정짓게 만드는 역할을 하게 되었다.

고교 2학년 때 적십자사 주최의 영어시험에서 전국 1등을 차지하면서 반 총장은 1개월 동안 미국 연수의 기회를 얻게 되었다. 그리고 고교 3학년이 되는 1962년에야 떠날 수 있었던 미국 연수 덕에 반 총장은 영원한 반려자인 유순택 여사를 만나게 된다. 당시 반 총장이 살던 충주에서는 미국을 간다는 것이 보통 특별한 일이 아니었다. 성인도 아니고, 고교생이 태평양을 건너는 것은 상상조차 할 수 없던 사건이었다. 그러니 충주 전체가 반 총장의 미국 연수 준비에 나선 것처럼 분주했다. 주변 사람들이 돕던 일 중 하나가 반 총장이 가져갈 선물 준비였는데, 넉넉하지 못한 형편에 타국의 은인들에게 줄 선물이 마땅치 않자 반 총장을 위해 충주여고 학생들이 나서서 복주머니를 만들었다. 이때 반 총장에게 복주머니를 대표로 전달했던 것이 당시 충주여고 학생회장이었던 유 여사였다. 이때의 인연이 이어져 반 총장과 유 여사는 1971년 조촐하게 결혼식을 올린다.

미국 연수 때 백악관을 방문했던 반 총장은 영원히 잊히지 않는 추억을 만들게 된다. 반 총장은 당시 대통령이었던 존 F. 케네디와의 만남이 그가 외교관의 길을 걷게 되는 결정적인 계기가 되었다고 회상한다.

그때나 지금이나 중차대한 고교 3학년 때 미국 연구로 수개월을 보내고 돌아왔지만, 이를 악물고 공부한 결과 1963년, 서울대 외교학과에 응시해 무난히 합격했다. 그리고는 대학 2년을 마친 뒤 육군에 입대해 병장으로 제대했으며 그 후 복학해 70년에 졸업한다. 충주가 낳은 수재답게 반 총장은 졸업과 거의 동시에 외무고시에 차석으로 합격했다. 그리고 성실한 노력파의 장점을 과시하며 수석으로 연수원 생활을 마친다.

이후 외교부에 들어간 반 총장은 짧은 국내 근무를 마친 뒤 해외에 파견된다. 당시에는 성적에 따라 근무지를 정하는 것이 관행이어서, 성적 우수자는 대부분 한국의 중요한 우방이자 근무 여건이 좋은 미국 근무를 희망했다. 하지만 반 총장은 달랐다. 그는 막 업무를 시작한 인도의 뉴델리 총영사관으로 자원했다. 후진국으로 분류됐던 인도에서 일하면 생활비가 적게 들고, 오지 수당이 나와 수입이 썩 괜찮았기 때문이었다. 당시는 인도가 북한과의 수교만 맺고 있던 시기로 대사관으로 승격되기 전이었다. 반 총장은 그렇게 급여를 모아 전셋집에 살던 부모님에게 작은 집 한 칸이라도 마련해주고 싶었다고 한다. 이런 소박한 마음에 희망했던 인도 근무는 반 총장에게 큰 인연을 만들어준다. 평생 자신을 끌어준 당시 노신영 총영사를 상관으로 만난 것이다. 반 총장의 헌신적인 근무 자세와 뛰어난 업무 능력에 감탄한 노 총영사는 그 후에도 계속 그를 아끼고 끌어준다.

인도 근무를 마치고 귀국한 반 총장은 외무부 국제연합과 차석 서기관을 시작으로 외교관으로서 두각을 나타냈다. 초기에는 유엔 관련 업무를 담당하며 유엔 대표부 1등 서기관, 국제연합과장 등을 거친 뒤, 장관 비서관을 지내고 이후 외무부의 해외연수 프로그램을 통해 하버드대 케네디 행정대학원에서 석사학위를 취득했다. 연수를 마치고 돌아오자 당시 국무총리로 취임한 멘토 노신영 씨가 반 총장을 불러들여 의전비서관직을 맡아달라고 요청한다. 자신을 항상 끌어주던 은인의 부탁을 흔쾌히 수락한 반 총장은 2년간 노 총리를 정성껏 모셨다.

타고난 성실함, 그리고 몸에 밴 겸손으로 반 총장은 위아래를 막론하고 늘 인정받는 외교관이었다. "반潘의 반半만 하라"는 말이 외무부 내에서 회자될 정도였다. 그 덕에 반 총장은 부처 내에서 요직 중 요직으로 꼽히는 미주국 국장에 이어 주미 대사관 공사, 외교정책기획실장, 1차관보까지 빠르게 승진하며 누구보다 승승장구한다. 이후 1996년 2월 김영삼 정부가 출범하자 청와대 의전수석, 외교안보수석을 거쳐 오스트리아 대사, 외교부 차관으로 일했다.

늘 인정받고 중책을 도맡아 왔던 반 총장이지만 정권이 바뀌면서 일생일대의 시련을 맞기도 했다. 김대중 정부 시절인 2001년 2월, 한국을 방문한 블라디미르 푸틴 러시아 대통령과 김 대통령과의 정상회담 후 발표된 공동성명에서 당시 미국 부시 행정부가 꺼려했던 탄도탄요격미사일ABM조약을 지지한다는 내용이 들어가 엄청난 파장이 일었던 탓이다. 특히 당시 김대중 대통령은 방미 및 부시 대통령과 정상회담을 앞둔 상태였던 터라 ABM 조약 문제는 여간 민감한 이슈가 아니었다. 이 때문인지 김 대통령과 부시 대통령과의 정상회담은 역대 최악이라는 평이 나올 정도로 형편없는 분위기 속에 끝났다. 결국 청와대는 이런 일련의 사건에 대한 희생양을 찾은 끝에 당시 차관이었던 반 총장을 책임자로 지목하고 그를 경질했다. 반 총장은 최고의 외교관에서 하루아침에 실업자로 전락하게 된다.

하지만 반 총장이 쌓아온 인덕이 있었는지 구원자가 나타났다. 그 무렵 유엔 총회의장으로 뽑힌 한승주 당시 외무부 장관은 반 총장의 처지를 알고, 그를 총회의장 비서실장으로 임명해 뉴욕으로 보냈다. 당시 한 장관은 미국 대사 시절 함께 일했던 반 총장의 성실함과 능력에 반했다고 했다. 어쨌든 한 장관의 도움으로 새로운 일을 맡게 된 반 총장은 경력에 비해 무게감이 떨어지는 자리였지만 늘 그랬듯이 유엔 본부를 무대로 성심껏 일했다. 나쁜 일도 지나고 보면 새옹지마일 경우가 많은 법이다. 이 당시 유엔에서 일한 경험과 당시에 맺어둔 인간관계는 반 총장이 유엔 사무총장에 도전할 때 크나큰 역할을 한다. 1년 남짓 총회의장 비서실장으로 일하는 동안 대한민국은 김대중 정부에서 노무현 정부로 바뀌었다.

막 청와대로 입성한 노무현 대통령은 반 총장의 높은 평판을 듣고 외교장관으로 검토하기도 했지만, 당초 인수팀에서 외교를 담당하던 윤영관 교수를 장관으로 임명하고 반 총장에게는 외교보좌관으로 자신의 국제문제 가정교사가 되어 달라고 요청했다. 하지만 2004년 1월, 취임한지 1년도 되지 않은 시점에서 윤 장관은 일부 외교관의 '대통령 폄하 투서 사건'으로 사임하고 이 자리를 반 총장이 물려받는다. 이후 외교부 장관직을 수행하였고, 2006년 유엔 사무총장에 당선되었다.